Deutung des Wortes – Deutung der Welt im Gespräch zwischen Islam und Christentum

Beiheft 2014 zur Berliner Theologischen Zeitschrift

Herausgegeben in Verbindung mit den Theologischen Fakultäten an den Universitäten Berlin, Greifswald, Halle-Wittenberg, Jena, Leipzig und Rostock durch Cilliers Breytenbach (Berlin), Christof Gestrich (Berlin), Klaus Hock (Rostock), Heinrich Holze (Rostock), Thomas Klie (Rostock), Matthias Köckert (Berlin), Jürgen van Oorschot (Jena), Matthias G. Petzoldt (Leipzig), Jens Schröter (Leipzig), Notger Slenczka (Berlin), Anne M. Steinmeier (Halle), Michael Trowitzsch (Jena), Udo Tworuschka (Jena)

Deutung des Wortes – Deutung der Welt im Gespräch zwischen Islam und Christentum

XXII. Reihlen-Vorlesung / XVI. Bonhoeffer-Vorlesung

Notger Slenczka (Hrsg.)

EVANGELISCHE VERLAGSANSTALT
Leipzig

Bibliographische Information der Deutschen Nationalbibliothek
Die Deutsche Nationalbibliothek verzeichnet diese Publikation in der Deutschen Nationalbibliographie; detaillierte bibliographische Daten sind im Internet über http://dnb.dnb.de abrufbar.

Printed in Germany · H 7830

Das Buch wurde auf alterungsbeständigem Papier gedruckt.

Cover und Layoutentwurf: Kai-Michael Gustmann, Leipzig
Satz: Mario Moths, Marl
Druck und Binden: Hubert & Co., Göttingen

ISBN 978-3-374-03900-5
www.eva-leipzig.de

Inhalt

Einleitung

Notger Slenczka

1. Die *Stiftung Bonhoeffer-Lehrstuhl* unterstützt in regelmäßigen Abständen ‚Dietrich-Bonhoeffer-Vorlesungen', die im Wechsel an Theologischen Fakultäten in Deutschland bzw. an Theological Seminaries in den Vereinigten Staaten stattfinden. Die diesjährige Veranstaltung zum Thema ‚Islam' hat an der Theologischen Fakultät der Humboldt-Universität zu Berlin stattgefunden, und zwar in Zusammenarbeit mit der *Werner-Reihlen-Stiftung*. Diese Stiftung wurde von drei Brüdern im Gedenken an den in den letzten Kriegstagen gefallenen Bruder Werner Reihlen ins Leben gerufen und ermöglicht es, dass jährlich an der Theologischen Fakultät der Humboldt-Universität unter dem Namen ‚Werner-Reihlen-Vorlesung' ein Symposium zu interdisziplinär behandelten sozialethischen Themen stattfindet. Federführend für die diesjährige Veranstaltung waren an der Theologischen Fakultät lehrende Professoren, der Religionswissenschaftler Professor Dr. Andreas Feldtkeller und der Systematiker Professor Dr. Notger Slenczka.

2. Die Veranstaltung wurde unter dem Titel „Deutung des Wortes – Deutung der Welt" konzipiert und stellte damit die Aufgabe, aus christlicher und islamischer Perspektive die jeweilige Schrifthermeneutik und die Weltdeutung darzustellen und miteinander ins Gespräch zu bringen. Dabei war die Einsicht leitend, dass der interreligiöse Dialog, der damit aufgerufen ist, zwar einerseits eines gemeinsamen Fundamentes bedarf, um zu einer Verständigung zu führen, dass andererseits aber dieses Fundament unter den Bedingungen der Pluralisierung aller normativen Grundlagen des gesellschaftlichen Zusammenlebens nicht mehr in einfachen Konzepten zur Verfügung steht. Man kann sich dies mit einem einfachen Beispiel klar machen:

2.1. Die interreligiösen Dialoge zwischen Islam und Christentum hatten ihre Hochzeit nicht in der Gegenwart, sondern zur Zeit des europäischen Mittelalters, also parallel zu den militärischen Auseinandersetzungen, die wir in Spanien als Reconquista bzw. im Gebiet des heutigen Nahen Ostens als ‚Kreuzzüge' zusammenfassen. Es war unter anderem Thomas von Aquin, der in seiner – angeblich als Werk zur

Ausbildung von Missionaren unter den Moslems entworfenen – ‚Summa contra Gentiles' die Grundlagen eines solchen kontroversen Dialogs zusammenfasst: Jede Auseinandersetzung, so stellt er einleitend fest, bedarf einer gemeinsamen Grundlage, die für die Differenzen als Kriterium des Ausweises des Rechts oder des Unrechts einer Überzeugung gelten kann. Eine solche Grundlage darf nicht selbst zwischen den Parteien streitig sein; so stellt die Grundlage einer Auseinandersetzung der Kirche mit häretischen oder schismatischen Positionen die Schrift, Altes und Neues Testament, dar – dem Dominikaner-Orden, dem Thomas angehörte, war vom Papst nicht nur die Inquisition, sondern vor allem die Aufgabe der Auseinandersetzung mit den geistigen Grundlagen der als Häresie geltenden Albigenser- und Waldenserbewegung aufgetragen worden. Die Grundlage der Auseinandersetzung mit dem Judentum hingegen kann nicht das Neue Testament sein, das die Juden ablehnen, wohl aber das Alte Testament, das wieder beide damals streitenden Religionen anerkannten. Schwierig wird, so Thomas weiter, die Situation in der Kontroverse mit dem Islam, da es hier keine gemeinsamen Heiligen Schriften gibt. Hier ist, so schlägt Thomas vor, die gemeinsame Menschenvernunft die Grundlage, auf der die streitenden Parteien ihre Wahrheitsansprüche vergleichen und ihren Streit austragen – wobei Thomas darum weiß, dass die religiösen Einsichten nicht der Vernunft entspringen. Vielmehr ist zu unterscheiden: der christliche Glaube umfasst Aussagen über die Welt und über Gott, die allen Menschen zugänglich sind, weil sie der Vernunft erschlossen sind: Die Einsichten der natürlichen Vernunft über Gott und die Welt. Sodann gibt es Aussagen, die der Vernunft nicht zugänglich sind und deren Ursprung die Vernunft nicht ist, sondern die der Kirche geschenkte Offenbarung – aber diese Einsichten widersprechen der Vernunft auch nicht, sondern führen sie vollendend über sich selbst hinaus. Diese ‚Konvenienz' (Vereinbarkeit) der spezifisch christlichen Aussagen mit den Einsichten der Vernunft und die Tatsache, dass die Gnade bzw. die Offenbarung der Vernunft nicht widerspricht, sondern sie vollendet, ist nach Thomas ausweisbar und daher entscheidend im Streitgespräch mit Positionen wie dem Islam, die den christlichen Glauben und seine Aussagen als un- oder widervernünftig betrachten und ihn so glauben widerlegen zu können. Die Instanz wiederum, in der sich diese die streitenden Religionsparteien verbindende ‚Vernunft' darstellt, sind die Schriften des Aristoteles, deren Kommentierung unter ausführlicher Rezeption der arabischen Aristotelesdeutung genau aus diesem Grund ein wichtiges Anliegen des Thomas von Aquin und der Dominikanertheologen – etwa auch seines Lehrers Albertus Magnus – war.

2.2. Aber: Dieser Ansatz des interreligiösen Dialogs setzt also den Begriff einer einheitlichen, in jedem Kontext gleichermaßen gültigen, unveränderlichen Vernunft und ihr erschlossener ethischer und theoretischer Wahrheiten voraus, der unter den Bedingungen der Moderne und erst recht der Postmoderne nicht mehr erschwinglich ist: Die Kontextualität alles dessen, was als überzeitlich gültig in Anspruch genommen wird, das Aushandeln von Wahrheitskriterien nicht in den Schriften des Aristoteles, sondern in kontextgebundenen, kulturvarianten Diskurssituationen schließt eine einfache Bezugnahme auf ein allgemeingültiges, apriorisches, normatives Vernunftkonzept aus.

2.3. Als Grundlage eines Gespräches zwischen streitenden Großerzählungen des Christentums und des Islam kommt also ein normatives Konzept der Vernunft nicht in Frage. Es bleibt, so die der Konzeption der Veranstaltung zugrundeliegende Option, nur die Einsicht, dass sich in beiden religiösen Traditionen gemeinsame und jeweils vergleichbare *Probleme* stellen, die zur Bewältigung anstehen: Beide Traditionen haben sich dem Problem der Historisierung und der historischen Relativierung des Geltungsanspruches der Texte und Traditionen zu stellen, auf die sie sich für die Orientierung ihres Lebens und ihrer Weltsicht berufen. Beide Traditionen haben sich in ihren jeweiligen Gesellschaften dem Phänomen zu stellen und damit umzugehen, dass ihre Geltungsansprüche nicht unbestritten bleiben und in abnehmendem Maße das alleinige weltanschauliche Fundament der jeweiligen Gesellschaften darstellen – sie müssen sich ins Verhältnis setzen zu konkurrierenden religiösen Optionen. Und beide religiösen Traditionen stehen vor dem Phänomen einer säkularen Gesellschaft und gesellschaftlicher Strukturen bzw. einer staatlichen Institution, die sich als weltanschaulich neutral betrachten und, in unterschiedlichem Grad, entsprechend handeln.

2.4. Damit sind die drei Bereiche benannt, die jeweils durch Vorträge aus sehr unterschiedlichen christlichen und islamischen bzw. islamwissenschaftlichen Perspektiven erschlossen wurden: Die Verortung der jeweiligen Traditionen und die Selbstdeutung in der Situation des religiösen Pluralismus; die Bestimmung des Verhältnisses zur säkularen Gesellschaft des Westens und ihren weltanschaulichen Grundlagen; und die hermeneutischen Probleme und Chancen, vor die die Historisierung der Texte die Religionsgemeinschaften stellt.

Die drei Themenblöcke sollten jeweils aus christlicher und islamischer Perspektive thematisiert werden. Dabei kam es darauf an, in beiden religiösen Traditionen Probleme ebenso wie Chancen zu identifizieren – den christlichen Kirchen ist ein positives Verhältnis zu den pluralistischen Gesellschaften des Westens nicht etwa in die Wiege gelegt, sondern sie haben ihren Frieden mit dem Pluralismus oder mit der Menschenrechtstradition des Westens erst im vergangenen Jahrhundert gemacht. Die Veranstaltung war so angelegt, dass zunächst die Deutung der Situation des religiösen und weltanschaulichen Pluralismus in beiden religiösen Traditionen beschrieben werden sollte unter der Frage, wie diese Situation religiös gedeutet und in ein religiöses Selbstverständnis integriert wird („Pluralismus als Gefahr oder Chance?"). Dann wurde die wechselseitige Wahrnehmung der beiden Religionen und der ‚westlichen' (Rechts-)Kultur als Existenzsituation und als Gegenüber der religiösen Traditionen beschrieben; dabei sollte in einem eigenen Beitrag auch das Konzept des ‚Jihad' wahrgenommen und in die Analyse einbezogen werden („Deutung der Welt: Christliche und islamische Wahrnehmungen des westlichen Liberalismus und umgekehrt"). Schließlich sollten die hermeneutischen Grundlagen der beiden ‚Schriftreligionen' unter den Bedingungen des ‚historischen Bewusstseins' miteinander ins Gespräch gebracht werden („Deutung des Wortes").

2.5. Eingeladen waren sehr prominente islamische und christliche Theologen, Philosophen und Islamwissenschaftler möglichst unterschiedlicher Prägung – auf Seiten des Christentums waren Systematische Theologen und Theologen mit einem intensiven Interesse an einer Kulturhermeneutik des Christentums angefragt worden; die islamische Perspektive wurde von islamischen Theologen und säkularen Islamwissenschaftlern wahrgenommen, so dass sich ein kontroverses und für die Vortragenden wie für die Teilnehmer der Veranstaltung hochinteressantes Forum ergab.

3. Diese Tagung ist in diesem Beiheft zur Berliner Theologischen Zeitschrift dokumentiert. Leider haben nicht alle Beitragenden ihre Vorträge in schriftlicher Form zur Veröffentlichung abgegeben; im Folgenden werden nur die tatsächlich eingereichten Beiträge vorgestellt.

Eingeleitet wurde die Veranstaltung mit dem
3.1. Themenblock „Pluralismus – Gefahr oder Chance", in dem *Professor Jerusha Tanner Lamptey*, PhD (Union Theological Seminary, New York), das Verhältnis des Islam zum Pluralismus mit einem Vortrag über „Pluralism and Commitment: A Muslima Perspective" erschloss. Sie bot eine Darstellung der Modelle des Umgangs mit Pluralität im Islam (Anerkennung; Integration bei gleichzeitiger Höherwertung des Islam [Inklusivismus]; Exklusivismus) und wies darauf hin, dass im Koran alle Modelle vorkommen. Lamptey gab zu bedenken, dass man unterscheiden müsse zwischen einer lateralen und einer hierarchischen Bewertung – die hierarchische erfolge individuell nach ethischen Kriterien, die laterale hingegen stelle Gruppenzugehörigkeiten fest, unterscheide aber ohne Wertung: Kriterien der Gruppenzugehörigkeit (Zugehörigkeit zu einer bestimmten Religion / Volk etc.) werden im

Koran – entgegen dem üblichen Bild – nicht zur Grundlage einer Wertung im Gottesverhältnis; es werden nicht ‚die Christen' oder ‚die Juden' in ihrem Verhältnis zu Gott bewertet, sondern jeweils Individuen nach ethischen Kriterien; diese Kriterien seien Regeln der Frömmigkeit, die aber auch nicht an das Bekenntnis zum Islam gebunden sei – in der Diskussion wurden hier Parallelen zur christlichen Unterscheidung von sichtbarer und unsichtbarer Kirche gezogen.

Für eine christliche Perspektive auf das Phänomen des Pluralismus sei auf die XVII. Werner-Reihlen-Vorlesung ‚Toleranz als religiöse Forderung?' verwiesen; die Beiträge sind im Beiheft 2009 / 2010 der Berliner Theologischen Zeitschrift dokumentiert.

3.2. Die „Deutung des westlichen Liberalismus" war thematisch konzentriert auf die Rezeption des Menschenrechtsdiskurses im Christentum einerseits und im Islam andererseits; dazu trugen Vorträge von *Professor* Dr. *Friedemann Voigt* (Marburg): „Der lange Weg in den Westen: Das Christentum und die Rezeption der Menschenrechte", und *Professor* Dr. *Roswitha Badry* (Freiburg): „‚Universale' oder ‚Scharia'-Normen? Bemerkungen zur zeitgenössischen Menschenrechtsdebatte unter Muslimen" bei; während der Systematiker Voigt die Annäherung insbesondere des Protestantismus an die westliche Menschenwürde- und Menschenrechtstradition im 20. Jahrhundert und die dabei engagierten theologischen Begründungsfiguren nachzeichnete, stellte die Islamwissenschaftlerin Badry die Rezeption der Menschen- und Freiheitsrechte in der islamischen Diskussion dar.

3.3. Die Abendvorträge, zwei philosophische Beiträge, waren zweifellos ein Höhepunkt der Veranstaltung. Der Religionsphilosoph *Professor* Dr. *Reza Hajatpour* (Erlangen) sprach zum Thema „Vom Gottesentwurf zum Selbstentwurf: Die Gedanken eines islamischen Philosophen zu Ästhetik und Vollkommenheit"; er bot einen weitgespannten Überblick über den Zusammenhang von religiösem bzw. ethischem und ästhetischem Urteil in der islamischen Religionsphilosophie. Den Ausgangspunkt nahm er bei der Erschaffung des Menschen zum Ebenbild Gottes, was einerseits die Vollkommenheit, andererseits den Abstand zu Gott markiert und die Grundlage eines Bewusstseins der Bestimmung zur Vollkommenheit sein kann, das nur im Laufe einer Entwicklung erreichbar ist. Von dort aus wurden umfassend die einschlägigen Traditionen der islamischen Philosophie präsentiert mit dem Ziel, dem Zusammenhang der ‚Transzendentalien' (Gut, Wahr, Sein und eben ‚Schön') nachzugehen.

Der Inhaber des Guardini-Stiftungslehrstuhls an der Theologischen Fakultät der Humboldt-Universität, der katholische Philosoph und Bonhoeffer-Experte

Professor Dr. Ugo Perone (Turin / Berlin) entfaltete unter dem Titel „Anerkennung, Schutz und theologische Inanspruchnahme des Wirklichen" Bonhoeffers ‚christologische Ontologie', die Perone im Ausgang von den Aussagen zur ‚mündigen Welt' als Anerkennung der Situation der Moderne, als aus der eigentümlichen Verantwortungsethik Bonhoeffers geleiteter ‚Schutz' der Wirklichkeit und als Inanspruchnahme der Wirklichkeit für ein ‚Sein für den Nächsten' deutete. Der Vortrag verband in absolut gelungener Weise den Namensgeber Bonhoeffer mit dem Gesamtthema der Tagung (Deutung des Wortes – der Welt) und der Sektion der Veranstaltung, unter der der Vortrag verortet war (Deutung des westlichen Liberalismus).

3.4. Der Folgetag begann mit dem Beitrag zum ‚Jihad', den der Islamwissenschaftler *Professor Dr. Rüdiger Lohlker* (Wien) unter dem Titel „Die Festung des Glaubens" – Jihad gestern und heute" beisteuerte. Lohlker verglich einen Text zum Jihad aus dem 17. Jahrhundert mit einem in islamistischen Kreisen weitrezipierten Text aus dem 20. Jahrhundert. Er zeigte, dass im älteren Text, entstanden im Kontext der militärischen Auseinandersetzung zwischen dem Osmanischen Reich und Russland und gerichtet an einen Offizier, der militärische Jihad als ‚kleiner Jihad' nur knapp behandelt wird, während auf dem ‚großen Jihad' im Sinne des Kampfes gegen die Gegenwart des Bösen im jeweiligen Menschen das Hauptinteresse liegt – ein Kampf, der mit militärischen Bildern ausgemalt und allegorisch dargestellt wird. Demgegenüber konzentriert sich der jüngere Text praktisch vollständig auf den militärischen Jihad und behandelt den ‚großen Jihad' lediglich knapp als innere Vorbereitung auf den ‚kleinen' Jihad. Lohlker diagnostiziert anhand dieser Verschiebung und angesichts dessen, dass die neuere Position im Wesentlichen ohne Selbstvermittlung auf die Tradition auskommt, einen massiven Verlust an Traditionskenntnis; in der Diskussion wurden Vergleiche zu christlichen militärischen Bildern für den „Kampf des Glaubens" (etwa in der Tradition von Eph) herangezogen und Übereinstimmungen und Differenzen diskutiert.

3.5. Den letzten Abschnitt der Veranstaltung („Deutung des Wortes") bildeten zwei Beiträge zur Schrifthermeneutik: Der Systematiker *Professor Dr. Rochus Leonhardt* (Leipzig) zeigte unter dem Titel „Schriftbindung und religiöse Subjektivität im Protestantismus" in einem breiten Überblick über die reformatorische, insbesondere Luther'sche Hermeneutik, dass hier die Subjektivität, die Selbstwahrnehmung des Subjekts eine grundlegende Funktion in der Wahrnehmung der Schrift spielt; die Schrift wird wahrgenommen als Bestimmungs- und Ermöglichungsgrund von freier Subjektivität – die Lehre von der Schrift sei bei Luther ‚Platzhalter der Subjektivität'. Von dort aus ergibt sich ein differenziertes Bild des normativen Anpruchs, der sich mit dem ‚Schriftprinzip' verbindet: Die Schrift ist kein ‚heiliger' Text im gegenständlichen Sinne, sondern erweist sich im Umgang mit ihm als wirksames und befreiendes Bestimmen des Subjekts und nur so als Wort Gottes.

Professor Dr. *Nicolai Sinai* (Oxford) sprach über „Gottes Wort und menschliche Deutung. Überlegungen zum Verhältnis von islamischer Schriftauslegung und historischer Kritik" und stellte die Herausforderung heraus, vor denen die Koranexegese angesichts der distanzierenden und dem religiösen Gebrauch entfremdenden Wirkung des historischen Arbeitens steht; er verglich den Zugriff einer vorkritischen Exegese auf die Texte mit der historischen Arbeit am Text und zeigte, dass die vorkritische Exegese ein besonderer, möglicherweise im religiösen Gebrauch unverzichtbarer Zugang zum Text ist, der für die historische Exegese jedenfalls anregend ist und zur detaillierten Textanalyse und zum Ernstnehmen des Textes anleitet.

4. Leider ist es nicht möglich, im Rahmen der Präsentation der Beiträge die lebhaften und anregenden Diskussionen zu dokumentieren, zu denen die Vorträge bei der Veranstaltung selbst Anlass gegeben haben; wir hoffen, dass die Rezeption und Diskussion der nun schriftlich vorliegenden Texte ebenso gewinnbringend und aspektreich sein wird wie die Veranstaltung selbst, für die den unterstützenden Stiftungen – der Bonhoeffer-Lehrstuhl-Stiftung und der Werner-Reihlen-Stiftung – noch einmal herzlich gedankt sei.

Pluralism and Commitment
A Muslima Perspective

Jerusha Tanner Lamptey

Introduction

While the fact of religious plurality is widely recognized and experienced, debates continue to rage over the legitimacy of religious pluralism, that is, over the assertion that multiple religious traditions are true, valid, and salvifically effective. One of the primary reasons for these ongoing debates is the perception that religious pluralism impinges upon or challenges religious commitment. In this scenario, religious commitment is depicted as an "imperative" that arises from the exclusive, unique, and singular status of a tradition; religious commitment not only entails an affirmation of one particular religious tradition, but also simultaneously entails negation or dismissal of all other religious traditions. Therefore, when religious pluralism asserts the validity of many – if not all – religious traditions, it is represented as destabilizing the foundation upon which religious commitment is built. If multiple religious traditions are positively evaluated, then affiliation with any particular religious tradition can no longer be a question of "imperative" and becomes instead a question of personal preference or historical accident.

In contemporary Islamic discussions of other religions and religious 'others', this specific portrayal of the dialectic between religious pluralism and religious commitment is evident. Moreover, it results in diverse approaches that prioritize pluralism, that stress the exceptionality of the Islamic tradition, or that attempt to find an intermediate stance between these two. Notably, all of these approaches – as well as the portrayal of an inherent conflict between pluralism and commitment – are premised upon a common conception of religious difference. In all, religious difference is presented as that which unambiguously divides humanity through the erection of clear and static boundaries. Religious traditions are thus envisioned as being wholly distinct, with identifiable and fixed boundaries.

It is my contention that this particular conception of religious difference is profoundly problematic and theoretically restrictive. It is a conception of religious difference that not only fails to align with experiential reality but also fails to comprehensively grapple with and account for the complexity of the Qur'anic discourse on religious otherness.

In order to illustrate this, in this essay, I begin by briefly outlining three trends in contemporary Islamic discourse and the common conception of religious difference. I then highlight the limitations of the common conception of religious difference. Finally, I propose a way of "thinking differently about religious difference," a way that accounts for Qur'anic complexity and re-envisions the dialectic between pluralism and commitment.

Trends in Contemporary Islamic Discourse

The Qur'ānic depiction of the religious 'other' is inherently complex. The Qur'an explicitly and extensively discusses the topic of religious difference, sometimes referencing specific groups, such as the an-naṣara (the Nazarenes/Christians), yahūd (the Jews), and ahw-l-kitāb (the People of Scripture) but also using more general terminology, such as believers, hypocrites, disbelievers, and submitters. However, throughout this discourse, the Qur'ān does not consistently depict religious otherness as acceptable or unacceptable. At times, otherness is positively evaluated and at others it is blatantly scorned:

> *Those who believe, the Jews, the Nazarenes, and the Sabians – all those who believe in God and the Last Day and do good – will have their reward with their Lord. No fear for them, nor will they grieve.*[1]
> *[...] We have assigned a law and a path to each of you. If God had so willed, God would have made you one community, but God wanted to test you through that which God has given you, so race to do good: you will all return to God and God will make clear to you the matters you differed about.*[2]
> *The hypocrites will be in the lowest depths of Hell, and you will find no one to help them.*[3]

Moreover, the extensive – and seemingly ambivalent – discussion of religious otherness is tangled together with repeated Qur'anic affirmations of continuity

1 Qur'ān 2:62.
2 Qur'ān 5:48 (excerpt).
3 Qur'ān 4:145.

and commonality (or sameness) between religious communities, revelations, and prophets:

> *We have sent other messengers before you – some We have mentioned to you and some We have not – and no messenger could bring about a sign except with God's permission [...]*[4]
> *We sent to you [Muhammad] the Scripture with the truth, confirming the Scriptures that came before it, and with final authority over them [...]*[5]

These various elements of the Qur'ānic discourse have prompted the articulation of a variety of hermeneutical approaches, all of which aim to address – or make sense of – this complexity and apparent ambiguity. While one possible approach would be to deem the text inconsistent and thereby account for the apparent mixed messages, this strategy has not been employed by most historical or contemporary Islamic scholars, scholars who largely approach the Qur'ān as the inerrant Word of God. Rather, Islamic scholars have preferred hermeneutical strategies that rely upon notions such as chronology, progressive revelation, abrogation, distinctions between particular and universal verses, and prioritization of Qur'ānic principles or values. These strategies, with varying degrees of authority, have resulted in and continue to result in diverse depictions of the overarching Qur'ānic view of the religious 'other'.

The contemporary Islamic discourse in English bears witness to this hermeneutical diversity, with scholars voicing interpretations of the Qur'ānic discourse that can be grouped into three trends. First, there are those that prioritize the message of religious sameness, downplaying – even ignoring – Qur'ānic discussions of religious difference. This trend is evident, for example, in the writings of Asghar Ali Engineer and Abdulaziz Sachedina. Concerned with providing a theological justification for human rights and civil pluralism, Engineer downplays the particularities of the Islamic tradition and advances a view that the Qur'ān is primarily concerned with general ethical action, not specific tenets of belief or practice.[6] Sachedina argues that the shared human nature bestowed on all at the time of creation takes precedence over and reduces the importance of the particular – and conflict-producing – religious differences introduced through revelation.[7]

---

4 Qur'ān 40:78 (excerpt).

5 Qur'ān 5:48 (excerpt).

6 A. A. Engineer, Islam and Pluralism, in: The Myth of Religious Superiority. A Multifaith Exploration, ed. by P. Knitter, Maryknoll, NY 2005, 211–219.

7 A. Sachedina, The Qur'ān and Other Religions, in: The Cambridge Companion to the Qur'an, ed. by J. Dammen McAuliffe, Cambridge 2006, 291–309.

Comprising the second major trend are those scholars that aim to simultaneously account for the religious commonalities and the religious differences that are raised in the Qur'ānic message. In other words, this trend demonstrates an attempt to assert some degree of pluralistic affirmation while maintaining the exceptionality of the Islamic tradition. While this approach is much more comprehensive than the first trend, scholars who adopt it are only able to balance pluralism and exceptionality through models that depict religious communities as isolated or hierarchically ranked. Two prominent examples of this trend are found in the work of Seyyed Hossein Nasr and Muhammad Legenhausen. Nasr draws an analogy to solar systems, arguing for the integrity of different religious universes and their particularities. This approach manages to uphold both religious commonalities and differences, but does so only by treating religious universes as if they are homogenous wholes that exist in isolation from one another.[8] Critiquing most pluralistic views of religious diversity for devaluing religious practice and religious imperative, Legenhausen distinguishes between questions of truth, salvation, and correct religion. He then argues that, while other religions may be true and salvific, only Islam is the correct religion – the divinely commanded religion – in contemporary times.[9]

The prioritization of pluralism and the attempt to simultaneously affirm pluralism and exceptionality emerge clearly as the two dominant trends in contemporary Islamic scholarly discourse. There is, however, another, albeit notably less common, approach: the prioritization of religious exceptionality. The inverse of the prioritization of pluralism, this approach treats Qur'ānic messages on religious commonalities and continuity as negligible. Religious difference and the supposed clear-cut divisions between religions are emphasized. An example of this approach is found in the writings of Tim Winter.[10] Winter argues that revelation is a supersessionist event. Each new revelation arises as a corrective to the corruption of previous revelations and thus wholly invalidates previous teachings and communities. As such, in his view, all other religions besides Islam are void and abrogated.

---

8 S. H. Nasr, Religion and Religions, in: The Religious Other. Towards a Muslim Theology of Other Religions in a Post-Prophetic Age, ed. by M. Suheyl Umar, Lahore 2008, 59–81.

9 M. Legenhausen, A Muslim's Non-reductive Religious Pluralism, in: Islam and Global Dialogue. Religious Pluralism and the Pursuit of Peace, ed. by R. Boase, Surrey 2005, 51–73. (Legenhausen previously wrote on this topic in Islam and Religious Pluralism, London 1999).

10 T. Winter, The Last Trump Card. Islam and the Supersession of Other Faiths, Studies in Interreligious Dialogue 9, no. 2 (1999): 133–155; T. Winter, Realism and the Real. Theology and the Problem of Alternative Expressions of God, in: Between Heaven and Hell. Islam, Salvation, and the Fate of Others, ed. by M. H. Khalil, New York 2013, 122–150.

What is central to note is that – irrespective of their ultimate evaluation of the religious 'other' or of religious pluralism – all three trends are premised upon a common conception of religious difference. In all, difference is conceived of as that which unambiguously divides humanity through the erection of clear and static boundaries. In the first trend – the prioritization of pluralism – such boundaries are seen as impediments to the ultimate goal of tolerant interaction; boundaries and difference create conflict. Thus difference is downplayed, while sameness is emphasized. In the second trend – the attempt to simultaneously affirm pluralism and exceptionality – divisions and boundaries are upheld in an effort to address Qur'ānic messages on the value and divine intentionality of difference. Religions are therefore depicted as bounded wholes that either do not – or ideally would not – interact at all, or are related only through some sort of evaluative hierarchy. Separation and hierarchical evaluation uphold boundaries and difference, and, although sameness is acknowledged, it is not permitted to eradicate or blur such boundaries. The prioritization of religious exceptionality – although not as common – is an extreme example of this particular conception of the difference with its fixation on defining and enforcing distinct and fixed boundaries between various segments of humanity.

Limitations of the Common Conception of Difference

The conception of religious difference as being intimately tied to boundaries is problematic for two primary reasons. First, it leads to an excessive focus on the boundaries themselves and on the process of identifying that which demarcates a boundary. The boundary assumes great prominence as the symbol and marker of the division between insiders and outsiders, a symbol or marker that is depicted as clear, static, and unambiguously defined. This sort of definition is only achieved through the identification of a *simple* and *singular* threshold criterion. In the contemporary discourse, some such criteria are recognition of Muḥammad as a prophet or adherence to the specific rituals of Islam. While these are certainly important components in the Qur'ānic discourse on religious otherness, they are not the only components. Therefore, an excessive focus on boundaries necessary leads to a reduction or simplification of the complexity of the Qur'ānic discourse, as well as of the nature of religious identity and interaction.

The second reason that the shared conception is problematic that it is presupposes a certain genre of religious 'other'. If religious difference creates clear and static boundaries, then the religious 'other' in this scenario is one that is wholly discrete, clearly identified, clearly bounded. It is an 'other' that is unmistakably distinct from the religious 'self'. However, this genre of religious 'other' – not to mention religious 'self' – again reduces the complexity of the Qur'ānic discourse. The religious 'other' of the Qur'ān is unique and perplexing in that it is an 'other' that is simultaneously the same as and different from the 'self'.

Some insights drawn from the work of religious historian Jonathan Z. Smith can help to clarify this distinction. Smith acknowledges this boundary-focused view of the 'other' when he discusses the binary opposition of WE/THEY, or IN/OUT.[11] This stark dualism is characterized by a preoccupation with clearly defined, impenetrable boundaries, limits, thresholds, and pollution. As such, the primary mode of interaction depicted by this binary is a double process of containment, that is, keeping in and keeping out. However, Smith contends that 'othering' – the process whereby we make sense of the 'other' – is much more complex than the basic opposition of us and them. Othering actually involves multiple possible relations with the 'other'. Intriguingly, the deepest intellectual issues arise when the other is "too much like us," when the other is the *proximate* other in distinction from the *distant* other. Distant others are so clearly distinguished that they are insignificant and voiceless; since they are easily defined and contained, they require minimal exegetical effort. The proximate other, though, is much more complex and amorphous; it is the 'other' who claims to be 'you'. As such, the proximate other presents a direct and perpetual challenge to the worldview and identity of the 'self', forcing ongoing modification, reconsideration, and redrawing of boundaries. Therefore, proximate difference does not erect discrete and static boundaries, but on the contrary provokes questions about dynamic and multiple relations between the self and the other.

In my view, the Qur'ānic religious 'other' is *this* genre of other; it is the proximate religious other, or, what I have termed, the *Other-who-can-never-be-wholly-other.* As such, none of the three trends in contemporary Islamic discourse effectively accounts for both the proximity *and* the otherness of the proximate religious other. The trend of prioritizing pluralism partially addresses proximity, but neglects otherness by devaluing difference. The attempt to affirm both pluralism and exceptionality, conversely, neglects the full complexity of proximity by establishing clearly defined and bounded religious wholes. The focus on religious exceptionality relegates proximity and oversimplifies otherness.

11 J. Z. Smith, Relating Religion. Essays in the Study of Religion, Chicago 2004, 27. 230.

"Thinking Differently about Religious Difference"

Since the inability to effectively account for both proximity and otherness arises from the underlying conception of difference, it is necessary to identify and articulate an alternative conception. It is necessary to *think differently about religious difference itself.*

In my research, I draw resources for this "rethinking" of difference from Muslim women's interpretation of the Qur'ān – primarily the hermeneutical and theoretical approaches of Amina Wadud, Riffat Hassan, and Asma Barlas[12] – and feminist theology. While neither field is primarily concerned with religious difference, they do offer pointed critiques of dominant paradigms of human difference (specifically sexual difference). In doing so, they provide insights into and conceptual fodder for the articulation of alternative models of difference. These insights and raw conceptual materials can be critically extended to the topic of religious difference.

In the remainder of this essay, I will outline one such extension drawn from Muslim women's reinterpretation – the distinction between lateral and hierarchical religious difference – and highlight its rich implications for reinterpreting the Qur'ānic discourse on the religious 'other'.

In her work on the Qur'ān, sex, and gender, Asma Barlas draws a distinction between difference that differentiates laterally and difference that differentiates hierarchically. Her main contention is that sexual difference (that is, biological difference) is divinely intended and purposeful and as such should be acknowledged rather than ignored or downplayed. However, she argues that divinely intended sexual difference only differentiates "laterally" – meaning it distinguishes individuals without ascribing value.[13] Individuals, therefore, cannot – or should not – be assessed on the basis of their sexual biology.[14]

In addition to this non-evaluative form of difference – lateral difference – Barlas identifies another genre, hierarchical difference, which is associated with evalua-

12 A. Wadud, Qur'an and Woman. Rereading the Sacred Texts from a Woman's Perspective, New York 1999; R. Hassan, Feminism in Islam, in: Feminism and World Religions, ed. by A. Sharma and K. K. Young, Albany, NY 1999, 248–78; and A. Barlas, "Believing Women" in Islam. Unreading Patriarchal Interpretations of the Qur'ān, Austin, TX 2002.

13 Barlas, "Believing Women" in Islam (see footnote 12), 145.

14 Barlas, "Believing Women" in Islam (see footnote 12), 11.

tion and assessment. Citing Qur'an chapter 49, verse 13,[15] Barlas argues that hierarchical difference is evaluated only with respect to the concept of *taqwā* (piety or God consciousness). *Taqwā* is tied to and assessed on the individual level, rather than based on affiliation with a particular group, that is, men or women. But this does not mean that an individual can strive for or achieve *taqwā* in isolation. *Taqwā* is always defined in the context of multiple relationships. Every individual is capable and responsible for herself, but capacity and responsibility can only be actualized relationally and socially. In arguing for the distinction between lateral and hierarchical difference, she aims to illuminate the fact that there *are* multiple genres and to challenge the pervasive conflation and static linking of the two.

Building upon Barlas' distinction, it is possible to outline defining characteristics for both genres of difference, beginning with hierarchical difference. First, hierarchical difference is connected with accountability, judgment, rewards, and punishments. Second, evaluation is carried out only on the basis of conformity or non-conformity with the concept of *taqwā*. Third, the evaluation of *taqwā* – or hierarchical difference – is performed on an individual basis. It is, however, always connected to social and relational manifestations. In other words, every person is assessed individually, but that assessment is integrally related to the individual's interactions with others, both divine and human.

There are also three defining characteristics of lateral difference. First, lateral difference is a group phenomenon; it does not primarily refer to individual particularities, but rather to patterns and trends of difference at the group level. The fact that lateral difference is a group phenomenon, however, does not mean that lateral groups are completely discrete; groupings that denote lateral difference can overlap, intersect, and even be inclusive of other lateral groups. Second, lateral difference is divinely intended. Lateral difference, therefore, is not the result of degeneration, human error, or corruption. It is willed by God for a teleological purpose and, as such, should not be targeted for eradication or homogenization. Third, lateral difference never serves as the basis of evaluation. Evaluation is not tied to difference that is divinely intended. Moreover, evaluation is not conducted at the group level. It is important to clarify that this does not mean that there will be *no evaluation* whatsoever within groups of lateral difference; rather, it implies that a singular

15 Qur'ān 49:13: "People, We created you all from a single man and a single woman, and made you into races and tribes so that you should know one another. In God's eyes, the most honored of you are the ones most mindful of Him [has the most taqwā]: God is all knowing, all aware."

evaluation will not be uniformly ascribed to an entire group solely on the basis of membership in that group. As a result, in seeking to identify groups of lateral difference within the Qur'ānic discourse, the goal is not to find groups that are never evaluated, but rather groups that are *partially* and *diversely* evaluated.

The distinction between lateral and hierarchical religious difference and the identification of defining characteristics of both provide a novel roadmap for navigating the Qur'ānic discourse on religious difference. By re-reading the Qur'ānic discourse with an eye to identifying the two genres and understanding the relationships between them, certain pivotal nuances are illuminated. Perhaps the most striking and thought-provoking is that the delineation between hierarchical and lateral difference corresponds with a distinction in terminology.

Hierarchical religious difference (that is, evaluative, *taqwā*-based, individual religious difference) is connected to terms and concepts such as *īmān* (belief), *kufr* (disbelief), *nifāq* (hypocrisy), and *islām* (submission), in all of their various grammatical forms. As the result of comprehensively tracing these concepts throughout the Qur'ān, it becomes apparent that they denote various – and *particular* – manifestations of *taqwā* or the lack thereof. In the Qur'ān, the central evaluative role of *taqwā* expressed in Qur'ān 49:13 is coupled with explanations of the multifaceted nature of *taqwā*, for example:

> *True goodness does not consist in turning your face towards East or West. The truly good are those who believe in God and the Last Day, in the angels, the Scripture, and the prophets; who give away some of their wealth, however much they cherish it, to their relatives, to orphans, the needy, travelers and beggars, and to liberate those in bondage; those who keep up the prayer and pay the prescribed alms; who keep pledges whenever they make them; who are steadfast in misfortune, adversity, and times of danger. These are the ones who are true, and it is they who are the* muttaqūn, *it is they who manifest* taqwā.[16]

Hierarchical religious concepts, including *īmān* (belief), *kufr* (disbelief), *nifāq* (hypocrisy), and *islām* (submission), are then continuously juxtaposed to these central features of *taqwā*:

> *True* BELIEVERS (muʾminūn) *are those whose hearts tremble with awe when God is mentioned, whose faith increases when God's revelations are recited to them, who put their trust in their Lord.*[17]

16 Qurʾān 2:177.

17 Qurʾān 8:2.

> *But* THOSE WHO BELIEVED (allaḏīna āmanū), *did good deeds, and humbled themselves before their Lord will be companions in Paradise and there they will stay.*[18]

> *The* DISBELIEVERS (allaḏīna kafarū) *will remain in doubt about it until the Hour suddenly overpowers them or until torment descends on them on a Day devoid of all hope.*[19]

> *When humans suffer some affliction, they pray to their Lord and turn to God, but once they have been granted a favor from God, they forget the One they had been praying to and set up rivals to God, to make others stray from God's path. Say, 'Enjoy your* INGRATITUDE (kufr) *for a little while. You will be one of the inhabitants of the Fire.'*[20]

Moreover, manifestations of the *taqwā*-related concepts of belief, submission, disbelief, and hypocrisy are assessed individually:

> *You who believe, you are responsible for your own souls; if anyone else goes astray it will not harm you so long as you follow the guidance; you will all return to God, and God will make you realize what you have done.*[21]

They are also tied closely to praise and disdain, as well as promises of reward or punishment:

> *Who could be better in religion than those who submit* (aslama) *themselves wholly to God, do good, and follow the religion of Abraham, who was true in faith* (ḥanīf)*? ...*[22]

> *The worst creatures in the sight of God are those who reject* (kafarū) *Him and will not believe.*[23]

> *In fact, any who submit* (aslama) *themselves wholly to God and do good will have their reward with their Lord: no fear for them, nor will they grieve.*[24]

> *We shall send those who reject Our revelations* (kafarū) *to the Fire. When their skins have been burned away, We shall replace them with new ones so that they may continue to feel the pain. God is mighty and wise.*[25]

---

18 Qurʾān 11:23.
19 Qurʾān 22:55.
20 Qurʾān 39:8.
21 Qurʾān 5:105.
22 Qurʾān 4:125 (excerpt).
23 Qurʾān 8:55.
24 Qurʾān 2:112.
25 Qurʾān 4:56.

In distinction from the hierarchical concepts of religious difference, lateral religious difference (that is, group difference that is divinely intended, and not the basis of evaluation) is associated with terminology that refers to specific *groups*, such as *an-naṣārā* (Nazarenes, Christians), *yahūd* (Jews), and *Ahlu-l-kitāb* (People of Scripture). Tracing these terms throughout the Qur'ān, it becomes apparent that they refer to diverse communities that exist as a result of God's will:

> *... We have assigned a law and a path to each of you. If God had so willed, God would have made you one community, but God wanted to test you through that which God has given you. So race to do good. You will all return to God and God will make clear to you the matters you differed about.*[26]

> *We have appointed acts of devotion* (mansak) *for every community* (umma) *to observe, so do not let them argue with you about this matter. Call them to your Lord – you are on the right path – and if they argue with you, say, 'God is well aware of what you are doing'*[27].

More notably – and the cause of many interpretive debates – these groups are *partially* and *variously* evaluated. This is highlighted through common refrains that, for example, describe "*some* among the people of the Book" as praiseworthy and others as blameworthy:

> *Some of the People of the Scripture believe in God, in what has been sent down to you and in what was sent down to them: humbling themselves before God, they would never sell God's revelation for a small price. These people will have their reward with their Lord. God is swift in reckoning.*[28]

> *Some of the People of the Scripture would dearly love to lead you astray, but they only lead themselves astray, though they do not realize it.*[29]

Since such evaluations are partial and diverse, they cannot be prompted by lateral religious difference, by the communitarian identity. If they were, then they would be holistically and homogeneously applied to the entire group. These evaluations, rather, are prompted by the manifestations of particular forms of hierarchical difference among *individual members* of the lateral group. This is made explicit in Qur'ān 3:199 when reference is made to original Arabic; the "some among the People of the Scripture" that are praised are those that believe (*yu'minu*), those that mani-

26 Qur'ān 5:48 (excerpt).
27 Qur'ān 22:67.
28 Qur'ān 3:199.
29 Qur'ān 3:69.

fest *īmān*. It is equally explicit in other Qur'ānic verses that reprimand those who *disbelieve* (manifest *kufr*) among the People of the Scripture, such as Qur'ān 98:1:

> *Those who disbelieve* (kafarū) *among the People of the Scripture and the associators were not about to change their ways until they were sent clear evidence.*[30]

Implications

Although this is a very brief and limited introduction to the delineation between hierarchical and lateral religious difference within the Qur'anic discourse, it points to certain weighty implications. To begin, the coexistence of divergent assessments of religious 'others' has been typically explained through abrogation, chronology, or specification of Qur'ānic praise to a very small contingent of the People of the Scripture or other religious communities. The reconceptualization of religious difference as consisting of two genres, however, presents an alternative and unique hermeneutical option. The divergent assessments are no longer contradictions, but rather *multiple possible intersections* or *pairings* of lateral and hierarchical difference.

Additionally, if hierarchical and lateral difference are separate genres, they should not be conflated or treated as synonymous. No one hierarchical category (including believers or disbelievers) can be treated as an automatic synonym for a lateral religious tradition. People of the Scripture, for example, are not automatically disbelievers based upon their communal affiliation as People of the Scripture. If they are described in this fashion, as disbelievers, it is due to the fact that they manifest disbelief. Conversely if they are described as believers, it is not necessarily because they are rare exemplars or covert converts to the path of Muhammad; rather, they may be described as believers because they simply manifest belief. Similarly, yet provocatively, members of Muhammad's community are not believers because they are members of his community, but rather because – and only if – they manifest belief.

Hierarchical evaluation is never fixed or holistically applied to an entire lateral religious group because it is not ascribed on the basis of communal affiliation; hierarchical religious evaluation is individually assessed. Therefore, while there is hierarchical assessment of *taqwā*, this assessment is not confined to or defined by the boundaries between divinely intended lateral communities. In fact, hierarchi-

30 Qur'ān 98:1.

cal difference is uniquely characterized by its lack of denotative stability. It does not denote or correspond exactly and statically with specific groups. It can cut across and through *all* categories of lateral religious difference, creating various intersections and challenging the notion of discrete and fixed boundaries.

However, the lack of denotative stability in reference to lateral communities should not be misconstrued as indicating that *taqwā* and its related concepts lack definite content. In the Qur'ān, hierarchical concepts are specific, evaluative and social; certain actions, behaviors, and beliefs in relation to God and humanity are positively evaluated and others are negatively evaluated. Strikingly, it is only by delineating between the two distinct yet dynamically interrelated genres that it is possible to navigate between two objectionable extremes, between exclusivism and relativism, between an excessive focus on exceptionality and a simplified prioritization of pluralism. By distinguishing between hierarchical and lateral religious difference, it is possible to avoid the presentation of *taqwā* as confined to one reified, lateral community, and also to avoid the depiction of *taqwā* as a relativistic and nebulous form of belief.

It is also by distinguishing between hierarchical and lateral religious difference that it becomes possible to more holistically comprehend the complexity of the proximate religious other, the Other-who-can-never-be-wholly-other. Difference is no longer conceived of as that which divides humanity through impermeable boundaries. Difference is rather the dynamic intersections that produce various (perhaps even infinite) combinations of religious proximity and religious otherness. As such, the options are no longer to prioritize sameness and proximity to the detriment of otherness, or to neglect the intricacies of proximity through isolation and linear hierarchies. With this reconceptualization, with this rethinking of difference, the new and primary option is to focus on the dynamic intersections themselves without collapsing the two genres, without depicting them in a static or exclusive relationship, and without returning to a reliance upon oversimplified threshold criteria.

Such an acknowledgement of and focus on the dynamic intersections, though, will necessitate that we deeply probe the intricacies of hierarchical religious difference itself. In order to avoid reverting to reliance on the notion of static, distinct boundaries between groups, we will need to obtain a more robust view of what the evaluative concepts and overarching Qur'ānic discourse actually entail. If belief and disbelief are no longer ascribed on the basis of communal affiliation, then what exactly are belief and disbelief? How exactly do they conform to or diverge from the central evaluative standard of *taqwā* in all of its dynamic, social, and relational complexity? Answering these questions becomes the heart of the interpretative task.

Moreover, it is through this reconceptualization that the relationship between religious pluralism and commitment is re-envisioned. Pluralism remains a positive understanding of multiple religious traditions. In acknowledgement of the various strands of the Qur'ānic discourse, this positive understanding includes recognition of the divine origin of diverse religious communities. It also includes the tensive recognition of ongoing divine intentionality and purposefulness within this diversity; communal diversity is not explained away – or simplified – through supersession or corruption, through hermeneutical strategies that are deployed in order to retain the primacy and exceptionality of the Islamic tradition. Rather, the proximate religious other – the Other-who-can-never-be-wholly-other – is acknowledged and engaged, envisioned as an intentional creation of God that provokes critical and constant examination of the self and a deeper understanding of God.

Pluralism also becomes an assertion of potentiality; no religious tradition – no form of lateral religious difference – definitively places a person in the correct relationship with God or guarantees salvation. Nor does any religious tradition definitively place a person outside of these possibilities. These possibilities are no longer attained through communal identification.

As a result, religious commitment is also re-envisioned. Religious commitment is no longer an imperative that arises from the exclusive, unique, and singular status of a particular religious tradition, thus requiring negation of all others. Commitment is now appended to the sphere of *taqwā*, to hierarchical religious difference, to that which cuts across and through all lateral religious communities. An imperative remains but it is no longer an imperative based on communal affiliation. Religious imperative and commitment can no longer be proclaimed or claimed. Rather they must be perpetually enacted with attention to the distinction between lateral and hierarchical religious difference and with a robust appreciation of the dynamism and multifaceted nature of hierarchical religious difference itself.

Abstract

Ongoing debates continue to rage over the legitimacy of religious pluralism due largely to the perception that religious pluralism impinges upon or challenges religious commitment. In contemporary Islamic discussions of other religions and religious 'others', this specific view of the dialectic between religious pluralism and religious commitment is evident. In order to identify a new way to understand the relationship between pluralism and commitment, this essay begins by outlining three prominent trends in contemporary Islamic discourse and their common conceptualization of religious difference. It then illuminates the limitations of this common conception of religious difference. Finally, it proposes a way of "thinking differently about religious difference", a way that accounts for Qur'anic complexity and re-envisions the dialectic between pluralism and commitment.

Immer wieder sorgen gegenwärtig Debatten über die Rechtmäßigkeit des religiösen Pluralismus für erregte Gemüter, was vor allem der Wahrnehmung geschuldet ist, religiöser Pluralismus schwäche die religiöse Bindung oder stelle diese gar infrage. In der gegenwärtigen islamischen Diskussion über andere Religionen und „religiös Andere" ist diese spezielle Auffassung der Dialektik zwischen religiösem Pluralismus und religiöser Bindung evident. Um einen neuen Weg zu identifizieren, die Beziehung zwischen beiden zu verstehen, beginnt dieser Aufsatz damit, drei prominente Entwicklungen im gegenwärtigen islamischen Diskurs und deren gemeinsame Fassung des Begriffs religiöser Verschiedenheit zu skizzieren. Danach werden die Grenzen dieser geläufigen Konzeption religiöser Verschiedenheit beleuchtet. Schließlich schlägt dieser Aufsatz einen Weg vor, mit religiösen Differenzen anders und differenzierter umzugehen; einen Weg, der die Komplexität des Korans in Rechnung stellt und neu die Dialektik zwischen Pluralismus und religiöser Bindung herausstellt.

Der lange Weg in den Westen
Das Christentum und die Rezeption der Menschenrechte

Friedemann Voigt

Am 10. Dezember ist der Tag der Menschenrechte. Es wird an den 10. Dezember 1948 gedacht, an dem die Generalversammlung der UN die „Allgemeine Erklärung der Menschenrechte" verabschiedet hat. Nicht nur die Politik und NGOs wie Amnesty International nutzen diesen Tag, um an die Menschenrechte zu erinnern und zu ihrer Einhaltung zu mahnen. Auch die Evangelische Kirche in Deutschland veröffentlicht ein Materialheft, das als Grundlage für Gottesdienste zu diesem Anlass dienen soll. Es geht unter dem Thema „Menschenrechte in der Wirtschaft" um die Arbeitsbedingungen in der Textilindustrie Bangladeschs. In dem dort enthaltenen Gottesdienstvorschlag ist ein Erbarmensruf, das Kyrie, enthalten, welches so lautet: „Ich schäme mich, wie achtlos ich immer wieder über die Nachrichten von Menschenrechtsverletzungen hinweggehe. Gerade deshalb klage ich dir, Gott, dass immer wieder Menschen unterdrückt werden und zu Opfern von Ausbeutung werden. Lass es nicht zu, dass es den Helfern der Unterdrückung immer wieder gelingt, ihr ausbeuterisches Handwerk unentdeckt zu betreiben. Und hilf mir, mich der Versuchung des billigen Konsums nicht zu beugen."[1] Zur Zeit der Französischen Revolution klangen christliche Gebetsrufe zu den Menschenrechten noch ganz anders. In prägnanter Kürze hieß es bei den Anglikanern damals: „Vor Freiheit, Gleichheit und den Menschenrechten, bewahre uns, o Herr."[2]

1. Vom Saulus zum Paulus. Die Akzeptanz der Menschenrechte durch die Christentümer

Die Menschenrechte, vor denen die Anglikaner Ende des 18. Jahrhunderts göttlichen Schutz erflehten, werden in lehramtlichen Verlautbarungen des römischen Katholi-

---

1 Made by Humans. Menschenrechte in der Wirtschaft. Materialheft für einen Gottesdienst zum Tag der Menschenrechte am 10. Dezember 2013, hg. v. Kirchenamt der EKD, Hannover 2013, 18.

2 Zit. nach K. Kunter, Der lange Weg zur Anerkennung: Die Kirchen und die Menschenrechte nach 1945, in: A. Liedhegener / I.-J. Werkner (Hg.), Religion, Menschenrechte und Menschenrechtspolitik, Wiesbaden 2010, 153–174: 154.

zismus des 19. Jahrhunderts als „Wahnsinn“ und verurteilenswerte „Irrtümer“ bezeichnet[3], dem Protestantismus war bis weit ins 20. Jahrhundert der Gedanke, der Mensch werde zum Zentrum des Rechts gemacht, Ausdruck menschlicher Hybris und Zeichen einer kirchenfernen und gottabgewandten Welt. Es ist in der Tat ein langer Weg von dort bis zu kirchlichen Handreichungen mit Erbarmensrufen und Fürbittgebeten für die Einhaltung der Menschenrechte in Bangladesch und der Proklamation einer Religion der Menschenrechte durch protestantische Theologen heute.

Die ablehnende Haltung gegenüber den Menschenrechten änderte sich im Katholizismus erst mit dem Zweiten Vatikanischen Konzil und der Enzyklika „Pacem in terris“ aus dem Jahr 1963. Die zentralen Menschenrechte wurden in ihrer Fassung der UNO-Erklärung von 1948 als Konsequenzen einer dann wiederum christlich begründeten Menschenwürde in die katholische Soziallehre fest integriert.[4] Natürlich ist der Katholizismus ein komplexes Gebilde, in dem es sehr unterschiedliche historische und regionale Ausprägungen gibt. Seit Hans Maiers Untersuchung zu Katholizismus und Französischer Revolution ist bekannt, dass es durchaus schon sehr früh Strömungen gab, welche die Menschenrechte mit einem liberal umgeformten Katholizismus konstruktiv verbinden konnten.[5] Gleichwohl ist für den „offiziellen“ Katholizismus der eben geschilderte Wandel der Verhältnisbestimmung zu den Menschenrechten aufgrund seiner lehramtlichen Struktur relativ klar und eindeutig zu bestimmen.

Der Protestantismus besitzt bekanntlich weder organisatorisch noch lehrmäßig eine vergleichbare Struktur. Seine konfessionellen, historischen und regionalen Ausprägungen sind vielfältig. Lehrmäßig ist er dadurch gekennzeichnet, dass es „den Protestantismus“ nur im Plural der theologischen Positionen gibt.[6] Eine Darlegung seiner Geschichte mit bzw. gegen die Menschenrechte hat daher enzyklopädische Ausmaße. Im deutschen Protestantismus, der im Folgenden im Zentrum dieser Betrachtung stehen wird, hat sich die Annäherung an die Menschenrechte

3 K. Hilpert, Die Haltung zu den Menschenrechten in der katholischen Kirche, in: M. Delgado / V. Leppin / D. Neuhold (Hg.), Schwierige Toleranz. Der Umgang mit Andersdenkenden und Andersgläubigen in der Christentumsgeschichte, Fribourg/Stuttgart 2012, 279–291: 284.

4 Zum Katholizismus vgl. Hilpert, Haltung (s. Anm. 3).

5 H. Maier, Gesammelte Werke. Bd. 1: Revolution und Kirche. Zur Frühgeschichte der Christlichen Demokratie, München 2006 (zuerst 1959). Diese Spuren sind von einer Reihe weiterer Arbeiten vertieft worden, vgl. z. B. H.-J. Große-Kracht, Kirche in ziviler Gesellschaft. Studien zur Konfliktgeschichte von katholischer Kirche und demokratischer Öffentlichkeit, Paderborn 1997; R. Uertz, Vom Gottesrecht zum Menschenrecht. Das katholische Staatsdenken in Deutschland von der Französischen Revolution bis zum II. Vatikanischen Konzil (1789–1965), Paderborn 2005.

6 Dazu klassisch: D. Rössler, Positionelle und kritische Theologie (1970), in: ders., Überlieferung und Erfahrung. Gesammelte Aufsätze zur Praktischen Theologie, Tübingen 2006, 140–154.

erst seit den 1970er Jahren, dann aber geradezu umbruchartig vollzogen. Innerhalb weniger Jahre wurde sich den Menschenrechten nicht nur angenähert, sondern sie wurden sich geradezu angeeignet. Wir werden das noch näher betrachten (s.u. 2.2).

In der Orthodoxie, die selbstverständlich einen relevanten Teil des Christentums ausmacht, auf die hier aber nicht näher eingegangen werden kann, scheinen sich hingegen mit einer gewissen zeitlichen Verzögerung diese unterschiedlichen Positionen gegenwärtig synchron abzubilden. Das ist jedenfalls das Bild, das in der entsprechenden Forschungsliteratur gezeichnet wird.[7]

Römischer Katholizismus und Protestantismus haben also eine Geschichte mit den Menschenrechten, die von einer scharfen Ablehnung im 18. und 19. Jahrhundert bis zu einer hohen Zustimmung in der Gegenwart reicht. Die Erfahrungen des Totalitarismus des 20. Jahrhunderts und seiner massiven Missachtung menschlicher Würde und die Ausbreitung der Menschenrechte als Weltethos nach dem Zweiten Weltkrieg haben entscheidend dazu beigetragen, dass im Christentum die Haltung zu den Menschenrechten überdacht wurde.

Inzwischen sind die Menschenrechte in einem solchen Maße in die Geschichte des westlichen Christentums integriert, dass schon einmal der Gedanke geäußert wurde, ob nicht davon gesprochen werden müsse, dass „die Christentumsgeschichte [...] in das Verständnis der Menschenrechte integriert“ wurde.[8] Dies lenkt die Aufmerksamkeit darauf, dass das heute übliche Verständnis einer Identität oder zumindest einer Übereinstimmung christlicher Vorstellungen mit den Menschenrechten stets das Resultat einer hoch konstruktiven Leistung ist. In den letzten Jahren ist nicht nur die Literatur angestiegen, welche die Wurzeln der Menschenrechte in Katholizismus und Protestantismus freilegen will. Darüber hinaus gehört es geradezu zum guten Ton historischer Rückblicke dieser Provenienz, die jahrhundertelange Abwehrhaltung von Kirche und Theologie gegen die Menschenrechte zu beklagen – freilich nicht ohne auf die heutige hohe Zustimmung zu verweisen. Die christliche Religion der Menschenrechte schreibt hier ihre Geständnisliteratur, inklusive Bekehrungsgeschichte. Aus dem menschenrechtsverfolgenden Saulus ist der Paulus der Menschenrechte geworden.

---

7 Vgl. A. Brüning / E. v. d. Zweerde, Orthodox Christianity and Human Rights, Leuven 2012; V. N. Makrides, Die Menschenrechte aus orthodox-christlicher Sicht. Evaluierungen, Positionen und Reaktionen, in: M. Delgado / V. Leppin / D. Neuhold (Hg.), Schwierige Toleranz. Der Umgang mit Andersdenkenden und Andersgläubigen in der Christentumsgeschichte, Fribourg/Stuttgart 2012, 293–320.

8 T. Rendtorff, Religionsfreiheit – Krise des Christentums? Zum grundrechtlichen Status der Menschenrechte in christentumstheoretischer Perspektive, in: F. Nüssel (Hg.), Theologische Ethik der Gegenwart. Ein Überblick über zentrale Ansätze und Themen, Tübingen 2009, 207–225: 220.

2. Die protestantische Auseinandersetzung mit den Menschenrechten im Spiegel der staatsrechtlichen Debatte im 20. Jahrhundert

Im Folgenden soll die Frage nach dem Christentum und den Menschenrechten im Spiegel nicht theologischer, sondern rechtswissenschaftlicher Darstellungen verfolgt werden. Die Bedeutung des Christentums wird in diesen Darstellungen sowohl in historischer Perspektive verhandelt, nämlich bei der Rekonstruktion der Genese der Menschenrechte. Diese Frage nach der Bedeutung wird aber auch systematisch verhandelt, nämlich bei der Erörterung der motivationalen, bindungsmäßigen Voraussetzung der Geltung weltlichen Rechts. In der Verfolgung dieser beiden Fragestellungen finden sich in den rechtswissenschaftlichen Texten die theologischen Debatten ihrer Zeit aufgehoben und in eigener Weise zugespitzt.

2.1 Georg Jellinek: Die protestantischen Wurzeln der Menschenrechte

„Die Idee, unveräußerliche, angeborene, geheiligte Rechte des Individuums festzustellen, ist nicht politischen, sondern religiösen Ursprungs. Was man bisher für ein Werk der Revolution gehalten hat, ist in Wahrheit eine Frucht der Reformation [...].“[9] Dies ist die berühmte These Georg Jellineks (1851–1911) aus seiner Studie *Die Erklärung der Menschen- und Bürgerrechte*, zuerst im Jahr 1895 veröffentlicht. Es ist durchaus unangemessen, den Juden Jellinek als Protagonisten protestantischer Hegemonialansprüche zu verdächtigen, noch mehr, dem Staatsrechtler, der er war, theologisch-apologetischen Ehrgeiz zu unterstellen.[10]

Jellineks Studie hat ihren Ort vielmehr im Grundlagenstreit natur- und positivrechtlicher Positionen. Jellinek trat dafür ein, die „subjektiven öffentlichen Rechte“, er verstand darunter vor allem die Menschen- und Bürgerrechte, *positivrechtlich* grundzulegen. Deshalb ging es ihm darum, die Herkunft der Deklaration der Menschenrechte aus dem naturrechtlichen Denken zu lösen. Gegen die herrschende Überzeugung, die Menschenrechte seien in der französischen Erklärung von 1789

9 G. Jellinek, Die Erklärung der Menschen- und Bürgerrechte. Ein Beitrag zur modernen Verfassungsgeschichte, in 3. Aufl. bearb. von W. Jellinek, München/Leipzig ^{4}1927, 57.

10 Jellineks These besaß wegen der naturrechtlichen Tradition des Katholizismus einen konfessionspolitischen Subtext, vgl. dazu die Bemerkungen von W. Jellinek im Vorwort zur dritten Auflage der Menschenrechtsstudie: W. Jellinek, Vorwort zur dritten Auflage (1919), in: Jellinek, Erklärung (s. Anm. 9), III–XIV.

erstmals formuliert und gründeten also in einer naturrechtlichen Überzeugung von der Gleichheit der Menschen, wollte er nachweisen, dass diese französische Deklaration bis in einzelne Formulierungen hinein auf Vorbildern der amerikanischen *bills of rights* beruht.[11] Diese wiederum lassen sich nach Jellinek aus den „Pflanzungsverträgen" der Einwanderer ableiten, in denen die Religion von den gesetzlichen Regelungen ausgenommen wurde, um der Konfessionsvielfalt der Einwanderer zu einer friedlichen Koexistenz zu verhelfen.[12] Die Einsicht in die konstitutive Bedeutung der *Religionsfreiheit* konnte Jellinek dann bis zu den puritanischen Flüchtlingen aus England zurückverfolgen. Im englischen Kongregationalismus sah Jellinek die Gewissensfreiheit aus der Verfassung der reformierten Kirche entstehen. Dort war die Autonomie der einzelnen Gemeinde stark ausgebildet. Grund dafür war die Annahme, die Gemeinschaft der Gläubigen, die Gemeinde, sei allein dem Haupt dieser Gemeinde, Christus, verpflichtet. Christus entscheide über die Vergabe der kirchlichen Ämter, der Landesherr habe diesbezüglich also keine Kompetenz. Jellinek identifiziert in diesem „souveräne[n] Individualismus auf religiösem Gebiete" die Keimzelle der Erklärung der Menschenrechte, weil in seiner Folge die Forderung und Anerkennung unbeschränkter Gewissensfreiheit entstanden sei.[13] Der religiöse „Individualismus" bezeichnet allerdings zunächst das Recht der einzelnen *Gemeinde* und wurde erst im Umformungsprozess zu den Menschenrechten zu einem der einzelnen Person zukommenden Begriff.

Hier wird schon deutlich: Jellineks These von den reformatorischen Wurzeln der Menschenrechte ist alles andere als die Behauptung einer direkten Wirkung, die von Luther und Calvin zum modernen Verständnis der Menschenrechte reicht. Vielmehr ist es eine komplexe historische Rekonstruktion, in der Religions- und Verfassungsgeschichte sowie die Genese der Menschenrechte in Verhältnissen gegenseitiger Bedingung und Modifikation stehen.

Daher gehört seine Studie zu den Arbeiten, mit denen die Debatte um die Beziehung von Reformation und moderner Welt um 1900 gerade gegen die in der protestantisch dominierten und durchaus kulturkämpferisch konnotierten Geschichtsschreibung des 19. Jahrhunderts neu justiert wurde.[14] Gerade nicht

11 Insbesondere die *bills of rights* Virginias, vgl. Jellinek, Erklärung (s. Anm. 9), 20–34.

12 Vgl. Jellinek, Erklärung (s. Anm. 9), bes. 46.

13 Jellinek, Erklärung (s. Anm. 9), 43.

14 Jellinek sind diese religions- und theologiegeschichtlichen Implikationen seiner Studie durch den Austausch mit Troeltsch und Weber deutlicher geworden. Er hat in den überarbeiteten Auflagen seiner Menschenrechtsstudie die entsprechenden Ausführungen auch präzisiert. Vgl. dazu F. Voigt, Vorbilder und Gegenbilder. Zur Konzeptualisierung der Kulturbedeutung der Religion

ein „deutscher“ Protestantismus Martin Luthers ist hier der Modernisierungsmotor der Kultur, sondern das Reformiertentum in seinen individualistischen angloamerikanischen Fortbildungen. Hier werden nun die weiteren Kontexte dieser Studie Jellineks erkennbar, die zugleich erklären, weshalb die Arbeit im deutschen Protestantismus weitgehend ignoriert wurde. Jellineks Menschenrechtsstudie ist nämlich als ein Beitrag zur Frage der Konsolidierung und Ausgestaltung der deutschen Verfassung zu lesen, für die er in den Westen verweist. Die Menschenrechte treten dann in erneuerter und zugespitzter Form als Kennzeichen der westlichen „Zivilisation“ hervor.

Jellineks positivrechtliche Grundlegung gehört in den Zusammenhang der liberalen Verfassungstheorien der zweiten Hälfte des 19. Jahrhunderts, welche die Frage der natur- und vertragsrechtlichen Begründung einer politischen Ordnung des Staats zugunsten der Fragen ihrer konkreten Gestaltung zurückstellten.[15] Es ist das Spezifikum der deutschen Rechts- und Verfassungsgeschichte, dass diese für den liberalen Verfassungsstaat charakteristische Phase der Konsolidierung – also Absehung von der Begründung der Verfassung, Konzentration auf die inhaltliche Gestaltung – durch die schwere Krise und den Zusammenbruch des Rechtsstaats in der deutschen Geschichte der ersten Hälfte des 20. Jahrhunderts konterkariert wurde. Carl Schmitt ist es gewesen, der dafür die Deutung angeboten hat, es sei eben das „politische und soziale Sicherheitsgefühl der Vorkriegszeit“ gewesen, welches dazu verleitet habe, die Begründung der Verfassung zu vernachlässigen, und so die Autorität des liberalen Verfassungsstaates entscheidend geschwächt habe.[16] Hiermit wurde ein Deutungsmuster gegeben, welches weit über die Frage der Verfassung hinaus die ganze Kultur betraf und in eigener Weise auch in der Theologie als Kritik am Kulturprotestantismus geübt wurde.

Wie tief diese Verfassungsfrage auch für Jellinek mit der Frage nach der Religion verknüpft ist, zeigt, dass es gerade die Religionsfreiheit ist, die er als Präzedenzfall einer menschenrechtsorientierten Gesellschaftsordnung identifiziert. Hier geht es um das kulturelle Selbstverständnis der Epoche und die Fragen ihrer rechtspolitischen Ausgestaltung. So erkennen wir nun auch den ganzen Umfang

---

bei Eberhard Gothein, Werner Sombart, Georg Simmel, Georg Jellinek, Max Weber und Ernst Troeltsch, in: F.W. Graf / W. Schluchter (Hg.), Asketischer Protestantismus und der ‚Geist‘ des modernen Kapitalismus. Max Weber und Ernst Troeltsch, Tübingen 2005, 155–184: bes. 167–171.

15 Vgl. D. Grimm, Art. Verfassung (II), in: Geschichtliche Grundbegriffe: historisches Lexikon zur politisch-sozialen Sprache in Deutschland, hg. v. Otto Brunner, Werner Conze und Reinhart Koselleck, Bd. 6, Stuttgart 1990, 863–899: 886ff.

16 Grimm, Verfassung (s. Anm. 15), 894.

der Vorbehalte, die sich mit dem Thema Christentum und Menschenrechte in der Perspektive des deutschen Protestantismus noch vor 100 Jahren verbunden haben. Der Weg in den Westen schien nur um den Preis einer starken Relativierung der Kulturbedeutung von Reformation und Luthertum möglich. Das hätte aber nicht nur theologisch und mentalitätsmäßig eine geradezu revolutionäre Umwälzung des deutschen Protestantismus bedeutet. Die Übernahme von menschenrechtsorientierten Verfassungsgrundsätzen nach nordamerikanischem Vorbild betrifft darüber hinaus das gesamte Verhältnis von Staat und Kirche. Die Aufgabe des Staatskirchentums war für den deutschen Protestantismus des Kaiserreichs so gut wie undenkbar. Dass die Menschenrechte und die Orientierung an der westlichen Kultur unter diesen Bedingungen dem deutschen Protestantismus wenig attraktiv erschienen, ist daher gewissermaßen verständlich, wenn auch in vieler Hinsicht problematisch. Es ist jedoch wichtig, die Komplexität dieser Vorbehalte zu verstehen. Es ist ihre theologische, religiöse, kulturelle und politisch-rechtliche Vieldimensionalität, die sie so persistent macht. Denn es reicht durchaus nicht, nur eine Variable zu verändern: Selbst wer bereit war, eine theologische Annäherung an die Menschenrechte in Betracht zu ziehen, wollte nicht auch die lutherische Tradition aufgeben, wie im Falle Bonhoeffers[17], der „natürliche Rechte“ des leiblichen und geistigen Lebens erwog, sie aber doch nur als Phänomene der gefallenen Welt begreifen konnte. Wer im Reformiertentum seine theologische Heimat hatte, konnte in der Demokratie eine „Analogie“ göttlicher Weltordnung identifizieren, vermochte sich aber dennoch nicht mit dem Gedanken einer in der Natur des Menschen gegebenen Würde arrangieren, wie Karl Barth, der dies als „heillose Verirrung und Blasphemie“ brandmarkte.[18] Diese hier nur angedeuteten Exempel und Namen zeigen, wie komplex das Verhältnis von Protestantismus und Menschenrechten in der ersten Hälfte des 20. Jahrhunderts war.

Diese Problematik blieb dem Protestantismus bis in die 1970er Jahre eingeschrieben. Zur Schilderung der Wende und Aneignung der Menschenrechte ziehe ich nun Martin Heckels Heidelberger Akademieabhandlung „Die Menschenrechte im Spiegel der reformatorischen Theologie“ aus dem Jahr 1987 heran.[19]

17 H.-E. Tödt, Dietrich Bonhoeffers theologische Ethik und die Menschenrechte, in: ders., Theologische Perspektiven nach Dietrich Bonhoeffer, Gütersloh 1993, 138–145.

18 K. Barth, Die Kirchliche Dogmatik I/2. Die Lehre vom Wort Gottes. Prolegomena zur Kirchlichen Dogmatik, Zürich 51960, 444.

19 Vgl. M. Heckel, Die Menschenrechte im Spiegel der reformatorischen Theologie, in: ders., Gesammelte Schriften. Staat, Kirche, Recht, Geschichte, Bd. 2, Tübingen 1989, 1122–1193, die Seitenangaben im Folgenden beziehen sich auf dieses Werk.

2.2 Martin Heckel: Die Menschlichkeit der Menschenrechte und die Theologie

Der Staatskirchenrechtler und Rechtshistoriker Martin Heckel (*1929) greift von Beginn seines Aufsatzes die These einer Kontinuität im Verhältnis von Reformation und Menschenrechten scharf an – übrigens in expliziter Kritik an Jellinek. Heckel betont: „Die Freiheit und Gleichheit des modernen Staats- und Rechtssystems stammt nicht aus der Reformatorischen Theologie“ (1139). Vielmehr habe die Menschenrechtsthematik den Reformatoren „fern“ gelegen (1123). Die Freiheitsemphase der Theologie Luthers deutet Heckel strikt geistlich: „*Freiheit* ist zuvörderst die Freiheit vor Gott, die aus der Rechtfertigung des Sünders erwächst“ (1134), sie ist „geistliche Freiheit“ (1135) aus der Wahrheit der Verkündigung und ihres Absolutheitsanspruches auf den Menschen. Das sei gegen alle verklärenden und harmonistischen Darstellungen der Aufklärung und des 19. Jahrhunderts festzuhalten, welche mit der Reformation die moderne Welt beginnen sehen. Aber die Reformation habe „[m]ittelbar [...] und gegen ihre eigene Absicht“ zur Entstehung der Menschenrechte beigetragen. Das „personale Glaubensmoment“ sei in der Reformation als „existentielle Heilsbedingung“ erkannt worden. Damit habe der Protestantismus den „*Individualismus* und die *Autonomie* der sittlichen Persönlichkeit“ „mächtig gefördert“ (1140). Mit der theologischen Wertschätzung des weltlichen Berufs habe die Reformation ferner eine „vertiefte *Weltzuwendung*“ begründet, welche für die Entstehung der Menschenrechte von Bedeutung sei (1141). Es handle sich um „*Säkularisierung* und Fortbildung, ja Verfremdung der genuin reformatorischen Gedanken, die hier historisch bestimmend wurde“. (1141) In altständischen Freiheitsrechten und freilich noch partikular geltender Religionsfreiheit des 16. und 17. Jahrhunderts zeichnen sich theologisch legitimierte Entwicklungen ab, an die dann die moderne vernunftrechtliche Begründung der Menschenrechte anschließen konnte. Aber diese theoretischen Begründungslinien wie auch die Praxis der europäischen und nordamerikanischen Freiheitskämpfe haben nach Heckel doch nur „für die philosophische Idee der Menschenrechte den Boden aufgelockert“ (1145). Es ist diese Tradition des modernen westlichen Denkens, welcher Heckel in aller Deutlichkeit die Entwicklung des Gedankens der Menschenrechte zuschreibt.

Nach Schilderung der ablehnenden Haltung der protestantischen Theologie gegenüber den Menschenrechten im 19. und 20. Jahrhundert, auf die hier verzichtet werden kann, kommt Heckel dann zu der Darstellung jener Wende hin zu den Menschenrechten. Es ist eine Wende, deren Anstoß die Theologie „von außen her“ empfing: „Die *Praxis* ging voran“, schreibt Heckel (1162) und meint damit die Bestrebungen im Ökumenischen Rat der Kirchen und im Lutherischen Weltbund. Dabei sei es „in den Anfangsjahren" der Ökumene vor allem die Initiative der angelsächsischen Vertreter gewesen, denen das Menschenrechtsverständnis „unproblematisch und seine freiheitliche Akzentuierung selbstverständlich" war (1162). In der Folgezeit sei dann die Erfahrung gewesen, dass die Berufung auf die Menschenrechte für die christlichen Kirchen in vielen nicht-westlichen Staaten zu einer Überlebensnotwendigkeit wurde. Zeitgleich vollzog sich eine positionell-theologische Aufladung und Vereinnahmung der Menschenrechte. Mit der Ausweitung der Ökumene auf die Länder der Dritten Welt haben, so Heckel, „alsbald Spezialanwälte verschiedene[r] Genitivtheologien", gemeint sind Theologien der Revolution, der Befreiung, der Hoffnung etc., die Menschenrechte als Konkretionen christlicher Weltverantwortung beansprucht (1162f.). In Heckels Darstellung wird betont, wie dieser Prozess einerseits zu seiner Sensibilisierung für weltweite Menschenrechtsverletzungen und vielfältige Notstände beigetragen hat, andererseits aber sowohl die Frage des Inhalts der Menschenrechte wie die theologische Durchklärung der Beziehung von Christentum und Menschenrechten unbefriedigend blieb. Es kam nun zu einer Pluralisierung von Menschenrechtskonzepten in ein westlich-liberales Verständnis, eine marxistisch-leninistische Menschenrechtstheorie und eine Menschenrechtskonzeption der Dritten Welt. Dabei sind die beiden letztgenannten Theorien darin einig, dass sie ein Abrücken von den am Individuum orientierten, klassischen liberalen Freiheitsrechten zugunsten sozialer Grundrechte forderten, die auf Umwandlung der sozio-ökonomischen Bedingungen zielten. In den marxistisch-leninistischen Konzeptionen wurde dies mit einer sozialistischen Organisation von Wirtschaft und Gesellschaft identifiziert, so dass die Menschenrechte als „Mittel des Klassenkampfes" aufgefasst wurden (1169) und die Aufstellung von Menschenrechtskatalogen weitgehende Übereinstimmung mit sozialistischen Staatsverfassungen annahm. Die Konzeptionen der Dritten Welt übertrugen den sozialistischen Klassenkampf auf den Nord-Süd-Konflikt und verknüpften sich mit befreiungstheologischen Motiven, so dass die Umgestaltung der Weltwirtschaftsordnung als Durchsetzung und Realisierung des Reiches Gottes identifiziert wurde.

Heckels spitze Formulierung von der „unheiligen Dreispaltigkeit" (1181) der Menschenrechtskonzeptionen im ökumenischen Prozess weist darauf hin, dass aus diesem unklaren Geflecht von Konzepten, die sich überlagern und miteinander verschmelzen, auch keine klare ökumenische Perspektive hervorgehen konnte. Weder die Identifikation mit einem der Konzepte noch die Aufstellung eigener Menschenrechtskataloge durch die Kirchen, wie sie etwa Mitte der 1970er

Jahre unternommen wurden,[20] seien hier erfolgversprechend, da es zunächst einer Klärung des Menschenrechtsverständnisses durch die Theologie bedürfe. Besonders prangert Heckel an, dass in diesem Prozess die Menschenrechte „*theologisch* überanstrengt und überfrachtet" würden (1183). Aus den Menschenrechten werde so ein „umfassendes Weltsanierungsprogramm" gemacht, die juristische Geltung werde „verwechselt mit der Totalität des sozialethisch Wünschbaren" (1183). Dies gehe Hand in Hand mit einer ideologisch begründeten, in der Sache aber unhaltbaren Verzeichnung liberaler Freiheitsrechte als Machtmittel einer „Ausbeutungs-Besitzbourgeoisie", denen ein humaner Altruismus sozialistischer Grundrechte entgegengestellt wird (1184f.).

Die Verdrängung der eigenen westlichen Identität in eine „Büßerrolle" (1175) für die Ungerechtigkeiten dieser Welt und die Anreicherung, damit aber auch einhergehende Entdifferenzierung des Verständnisses der Menschenrechte, sieht Heckel gewissermaßen als Fortführung jener reflexiven und politischen Verweigerungshaltung des deutschen Protestantismus am Beginn des 20. Jahrhunderts, seine eigene Tradition modernitätsfähig wahrzunehmen. Es ist aber überaus interessant, dass Heckel eben an dieser Stelle auf ein dezidiert lutherisches Reflexionsinstrument zurückgreift, um dieser Entdifferenzierung der Menschenrechtsdebatte entgegenzuwirken. Er beschließt nämlich seine Studie mit einem leidenschaftlichen

20 Vgl. den Menschenrechtskatalog des Ökumenischen Rats der Kirchen von 1974, der von der EKD übernommen wurde: Vgl. Die Menschenrechte im ökumenischen Gespräch. Beiträge der Kammer der Evangelischen Kirche in Deutschland für öffentliche Verantwortung, hg. v. Kirchenkanzlei der Evangelischen Kirche in Deutschland, Gütersloh 1979, bes. 20–22. Sowohl der Lutherische Weltbund als auch der Reformierte Weltbund haben in den 1970er Jahren Menschenrechtserklärungen abgegeben: Vgl. LWB-Vollversammlung. Evian 1970. Menschenrechtserklärung, in: Ein lutherischer Materialband über Menschenrechte, hg.v. J. Lissner / A. Sovik, im Auftrag der Studienkommission des Lutherischen Weltbundes, Stuttgart 1978, 1–3; LWB-Vollversammlung. Daressalam 1977. Menschenrechtserklärung, in: Ein lutherischer Materialband über Menschenrechte, hg.v. J. Lissner / A. Sovik, im Auftrag der Studienkommission des Lutherischen Weltbundes, Stuttgart 1978, 55–57; Die theologische Basis der Menschenrechte. Schlussbericht einer Studie des Reformierten Weltbundes, erarbeitet auf einer Konsultation in London vom 18. bis 21. Februar 1976, epd-Dokumentation Nr. 15/1976, 3–9. Vgl. die Vorlage zu diesem Bericht von Jürgen Moltmann, Theologische Erklärung der Menschenrechte, ebd., 10–25.
Für die römisch-katholische Kirche ist vor allem die Enzyklika *Pacem in terris* von Johannes XXIII. aus dem Jahr 1963 zu nennen, die ebenfalls einen eigenen Katalog von Menschenrechten enthält: Vgl. Die Friedensenzyklika Papst Johannes' XXIII. Über den Frieden unter allen Völkern in Wahrheit, Gerechtigkeit, Liebe und Freiheit (= Pacem in terris), Freiburg i. Br. 1963; Die Kirche und die Menschenrechte. Ein Arbeitspapier der Päpstlichen Kommission Justitia et Pax, München/Mainz 1976. Vgl. dazu auch W. Huber / H. E. Tödt, Menschenrechte. Perspektiven einer menschlichen Welt, Stuttgart 1977, 42f.

Plädoyer für die Zwei-Reiche-Lehre, dem zentralen sozialethischen Lehrstück des Luthertums.

Die „*Menschlichkeit*" (1189) und „*Weltlichkeit*" (1192) der Menschenrechte gelte es gegen die Vereinnahmung der Menschenrechte durch die Theologie zu bewahren. Und weiter: „Im theologischen Durchdenken und Weiterdenken der Zwei-Reiche-Lehre muß die reformatorische Theologie versuchen, ihren Weg zum geistlichen Dienst an der Welt und ihrer Rechtsnot von heute zu finden und dabei die Versuchungen zur ideologieanfälligen Selbstsäkularisierung ebenso zu vermeiden wie eine globale Neoklerikalisierung oder den unevangelischen Rückzug aus der Welt" (1193).

Soll nun also der Speer, der die Wunde schlug, die Wunde heilen? Ausgerechnet im Luthertum, dessen Kritik am modernen Verständnis von Individualismus und Autonomie ein Hinderungsgrund für die Aufnahme der Menschenrechte im deutschen Protestantismus war, und zudem noch in dessen Zwei-Reiche-Lehre als Grund für die deutsche Autoritätshörigkeit identifiziert wurde, soll nun die Möglichkeit gefunden sein, einem vom liberalen Freiheitsgedanken getragenen Menschenrechtsverständnis den Weg zu ebnen? Und welches Interesse hat ausgerechnet ein Staatskirchenrechtler an dieser theologischen Aufgabe? Die Antwort findet sich, werden diese beiden Aspekte in ihrem Zusammenhang erkannt: Gerade in der Integration des Luthertums in die Geschichte eines liberalen Menschenrechtsverständnisses ergibt sich die Möglichkeit, zugleich die Traditionen des religiösen und des politischen Denkens in Deutschland seit dem 19. Jahrhundert als selbständigen Weg Deutschlands in den Westen zu rekonstruieren. Das ist ein Kommentar zu den Debatten um das Selbstverständnis der Bundesrepublik der 1980er Jahre. Damit wird auch die verfassungstheoretische Tiefenstruktur dieser Rekonstruktionsperspektive erkennbar: Es geht Heckel damit um die Grundlagen der Überzeugung und Motivation der Bürger im demokratischen Rechtsstaat, um die berühmten Voraussetzungen des modernen Verfassungsstaates, die dieser sich selbst nicht geben kann.

3. Der Weg in die westliche Demokratie: Menschenrechte als Grundrechte

Auf die eben anhand Heckel skizzierte Tiefenstruktur des komplexen Verhältnisses von Christentum und modernen Rechtsprinzipien hat Carl Schmitt mit einer vielzitierten These hingewiesen: „Das metaphysische Bild, das sich ein bestimmtes Zeitalter von der Welt macht, hat dieselbe Struktur wie das, was ihr als Form ihrer politischen Organisation ohne weiteres einleuchtet."[21] Spätestens wenn die Menschenrechte als Grundrechte in konkrete Verfassungen eingehen und zum fundamentalen Bezug für das Verständnis der Verfassung werden, drängt sich auch die Frage nach der theologisch-ethischen Struktur der Grundrechte auf. Diese Frage ist hier nach zwei Seiten zu verfolgen: Für das grundrechtlich verfasste Gemeinwesen stellt sie sich als die Frage nach der Verankerung der Grundrechte im Weltbild seiner Bürgerinnen und Bürger. Und für Kirche und Theologie stellt sie sich als die Frage nach der Zusammengehörigkeit von grundrechtlicher Ordnung und christlichem Glauben.

Dass damit ein relevanter Aspekt der Thematik „Christentum und Menschenrechte" berührt ist, zeigt schon ein Blick auf die Geschichte des deutschen Protestantismus: Während sich in den 1970er Jahren in Theologie und Kirche also eine Annäherung und Aneignung der Menschenrechte vollzog, hat es bis 1985 gedauert, bis erstmals in einer Denkschrift die Evangelische Kirche in Deutschland ein positives Verhältnis zum „Staat des Grundgesetzes" und seiner Demokratie dokumentierte. Die Grundrechte werden dort als „das wichtigste und für den demokratischen Rechtsstaat spezifische Verfassungselement" bezeichnet.[22] Die Denkschrift von 1985 ist zweifellos das Dokument des deutschen kirchlichen Protestantismus, mit dem dieser sich in großer Nähe zur westlichen liberalen Demokratie versteht. Die Grundrechte werden dort als „Respektierung eines Freiraums für die Bürger" und in diesem freiheitlichen Verständnis dann auch als „Ausgangspunkt für soziale Verpflichtungen des Staates" bezeichnet.[23] Wichtig ist hier die Reihenfolge! Die Grundrechte wurden so in der Denkschrift dem klassischen liberalen Verständnis als individuelle Freiheits- und Abwehrrechte gegenüber dem Staat soweit angenähert, wie es sprachlich möglich war, ohne den protestantischen Konsens zu gefährden. Denn die Auffassung einer engen Korrespondenz zwischen liberalen Grundrechten als individuellen Freiheitsrechten und der demokratischen politischen Ordnung war im deutschen Protestantismus damals noch nicht ohne Weiteres theologisch vollständig angeeignet. Und das gilt bis heute.

Einer der damals für diese Denkschrift mitzeichnenden Verantwortlichen, der verdiente protestantische Sozialethiker Martin Honecker, hat kürzlich in einem Beitrag auf die Demokratiedenkschrift zurückblickend Folgendes geschrieben: „Für mich hat freilich Demokratie als Form der Herrschaftsübertragung keinen

21 C. Schmitt, Politische Theologie. Vier Kapitel zur Lehre von der Souveränität, Berlin ^{9}2009, 50f.

22 Evangelische Kirche und freiheitliche Demokratie. Der Staat des Grundgesetzes als Angebot und Aufgabe. Eine Denkschrift der Evangelischen Kirche in Deutschland, hg. v. Kirchenamt im Auftrag des Rates der Evangelischen Kirche in Deutschland, Gütersloh 1985, 26.

23 Evangelische Kirche und freiheitliche Demokratie (s. Anm. 22), 26f.

absoluten Rang. Prioritäten haben für mich vielmehr im Blick auf jeden konkreten Staat die Achtung der Menschenwürde, die Wahrung der Menschenrechte, Rechtsstaatlichkeit, Unabhängigkeit der Gerichte, Gewaltenteilung, Machtbeschränkung. Demokratie kann diese Grundlagen einer menschenwürdigen politischen Ordnung aller geschichtlichen Erfahrung nach besser sicherstellen als andere Staatsverfassungen. Jedoch verbietet sich eine theologische Überhöhung der Demokratie als Staatsform; sie ist eine menschliche, geschichtlich entstandene Einrichtung und eben gerade nicht ‚gottgewollt', wie man es vom Monarchen im Obrigkeitsstaat behauptete."[24]

Hier treffen die klassischen protestantischen Vorbehalte gegen Demokratie und Menschenrechte in prägnanter Weise zusammen, allerdings werden die Menschenrechte nun ausgespart und die Vorbehalte allein gegen die Demokratie gerichtet. Sind etwa in diesem Verständnis die Menschenrechte „gottgewollt" und daher das Ewige im Zeitlichen der konkreten Herrschaftsform Demokratie? Und wer sind eigentlich die Vertreter dieser „theologischen Überhöhung der Demokratie", vor der hier gewarnt wird? Im deutschen Protestantismus werden sie kaum zu finden sein, aber die Warnung vor ihnen und die tautologische Beschwörung, dass die Demokratie keine gottgewollte oder – so heißt es auch in der genannten Denkschrift von 1985 – „keine ‚christliche Staatsform'" ist,[25] sind so etwas wie das Schibboleth des deutschen politischen Protestantismus, seitdem er sich mit Demokratie und Menschenrechten arrangiert hat. Der Weg in den Westen im Sinne einer theologischen Akzeptanz liberaler Demokratie ist für den deutschen Protestantismus nur *eine* Option unter anderen für die Aneignung der Menschenrechte gewesen und das gilt wohl bis heute. Vielmehr scheint in einer breiten Strömung des Protestantismus die Bejahung der Menschenrechte einschließlich ihrer Aufladung mit sozialen und (welt-)politischen Inhalten ein Mittel zu sein, sich zum demokratischen Verfassungsstaat in Distanz zu setzen, indem sie als Medium der Kritik ihm gegenüber in Anschlag gebracht werden. Dies kann von der Kritik an der Realität der Demokratie bis zu einer grundsätzlichen ideellen Distanzierung reichen. In dem Maße, in dem dabei die Menschenrechte theologisch begründet und beansprucht werden, übernehmen sie die Funktion des „kirchlichen Wächteramts" und seiner autoritären Ansprüche gegenüber dem modernen Staat und führen dies gegenüber dem demokratischen Verfassungsstaat fort.

---

24 M. Honecker, Demokratie als Lebensform. Die evangelische Kirche in Deutschland und ihre Einstellung zur politischen Kultur, DtPfrBl 113 (2013), 492–496: 495.

25 Evangelische Kirche und freiheitliche Demokratie (s. Anm. 22), 14.

Den Vorbehalten und der Unsicherheit des Protestantismus im Verhältnis zur Demokratie entspricht nun auf Seiten der *Verfassungstheorie* ebenfalls eine Unsicherheit über die Rolle des Christentums für die Menschenrechte und die Verfassung. Damit ist zur anderen Seite der These Carl Schmitts von der Korrespondenz metaphysischer Überzeugung und politischer Organisation überzugehen. Schmitt selbst hatte diese These auf dem Hintergrund eines vormodernen Verständnisses von Religion gewonnen, deren Säkularisierung die Frage der Legitimation einer weltlichen Ordnung der Moderne als ihre Achillesferse hinterlassen habe. Schmitts autoritärer Begriff von staatlicher Souveränität kompensierte dies in problematischer Weise. Dies gehört in die schwierige und komplexe Geschichte der Abgrenzung von der westlichen Demokratie.[26] Aber auch mit der erfolgreichen Implementierung einer Demokratie westlichen Zuschnitts in der Bundesrepublik 1949 ist die Frage nach der konstitutiven Rolle der christlichen Religion für das Bestehen dieses demokratischen Rechtsstaates bei den Staatsrechtlern und Verfassungstheoretikern virulent geblieben. Mit dem berühmten Böckenförde-Diktum, der freiheitliche, säkularisierte Staat lebe von Voraussetzungen, die er selbst nicht garantieren könne,[27] ist dieses Thema sprichwörtlich geworden.

In der jüngeren Vergangenheit war der Streit um die Neukommentierung des Grundgesetzes durch Matthias Herdegen im Jahre 2003 symptomatisch.[28] Herdegens Formulierung, bei der Menschenwürdegarantie des Artikel 1 handele es sich um einen „Begriff des positiven Rechts", dessen historisch und systematisch vielfältige Qualifizierung metaphysischer und religiöser Art für das Rechtsverständnis nicht konstitutiv sei, löste eine weite Debatte über die Gefahr aus, hier werde so etwas wie der bundesrepublikanische Grundkonsens von der überpositiven Qualität der Menschenwürde und der von ihr regierten Grundrechte in Frage gestellt.[29] Dabei war für viele dieser Kritiker Herdegens klar, dass die Menschenwürde eben

26 Zur Demokratiekritik in Theologie und Rechtswissenschaft der Weimarer Zeit vgl. K. Tanner, Die fromme Verstaatlichung des Gewissens. Zur Auseinandersetzung um die Legitimität der Weimarer Reichsverfassung in Staatsrechtswissenschaft und Theologie der zwanziger Jahre, Göttingen 1989.

27 E.-W. Böckenförde, Die Entstehung des Staates als Vorgang der Säkularisation, in: ders., Recht, Staat, Freiheit, Frankfurt a. M. [5]2013, 92–114: 112.

28 Vgl. dazu M. Herdegen, Art. 1, Abs. 1, in: T. Maunz / G. Dürig (Hg.), Grundgesetz Kommentar, Bd. 1, Lfg. 42, München 2003; E.-W. Böckenförde, Die Würde des Menschen war unantastbar. Abschied von den Verfassungsvätern: Die Neukommentierung von Artikel 1 des Grundgesetzes markiert einen Epochenbruch, in: Frankfurter Allgemeine Zeitung 3.9.2003, 33f.; J. Isensee, Menschenwürde: die säkulare Gesellschaft auf der Suche nach dem Absoluten, AÖR 131 (2006), 173–218.

29 Vgl. H. Kreß, Ethik der Rechtsordnung. Staat, Grundrechte und Religionen im Licht der Rechtsethik, Stuttgart 2012, 121f.

im christlichen Glauben ihre „Quelle" habe, „aus der die Verfassungstheorie schöpfen" müsse, so der Staatsrechtler Josef Isensee.[30]

Es geht hier ganz offenkundig um das, was Carl Schmitt als die Relation von metaphysischer Überzeugung und politischer Organisation ins Auge gefasst hat. Denn wir erkennen: Hier wird von Staatsrechtlern ein Zusammenhang von christlichem Glauben und Verfassungsverständnis postuliert, für den es auf der Seite von Kirche und Theologie keine allgemein geteilte theologische Begründung gibt. An die Stelle eines solchen geklärten Verhältnisses von christlichem Glauben und demokratischer Verfassung tritt vielmehr von deren Seite die Affirmation der Menschenwürde und der Menschenrechte.

Hier gilt es freilich zu unterscheiden: Was politisch und gesellschaftlich ja durchaus Sinn macht, nämlich die Berufung auf einen sehr unterschiedlich gefüllten, aber breit anerkannten Konsens, die Sicherung der Menschenwürde, ist sowohl staatsrechtlich als auch theologisch dennoch unbefriedigend. Denn hier gilt es zu klären, wie das Verhältnis von Christentum und Menschenrechten sinnvollerweise zu denken ist. So betrachtet, ist die Aktualität von Carl Schmitts These geradezu unheimlich, denn sie verweist auf eine Aufgabe von Staatstheorie und Theologie, die bis heute noch nicht gelöst ist und die sich unter Bedingungen des pluralen, religiös neutralen demokratischen Verfassungsstaates mit neuer Dringlichkeit stellt. Diese Debatte ist heute von neuem Interesse und erfährt vor allem durch Rechtswissenschaft, Philosophie und Politikwissenschaft Aufmerksamkeit.[31] Das ist an dieser Stelle nicht zu vertiefen, zeigt aber den Horizont an, in welchem die hier vorgeschlagene Verknüpfung von theologischem Menschenrechts- und Demokratiediskurs zu diskutieren ist. Dafür lässt sich aus dem Dargelegten eine Aufgabenbeschreibung an die Theologie reformulieren – und sie klingt wie die Quadratur des Zirkels: Das konstruktive Interesse der Theologie an den Menschenrechten erfordert die theologische Begründung des Verzichts auf die theologische Begründung der Menschenrechte. Und doch ist genau dies die Aufgabe. Denn die Selbstbegrenzung der Theologie ist zugleich die Lebensbedingung der Religion im Pluralismus der konkreten Religionen. Die von und mit Heckel identifizierten Aufgaben stellen sich in erneuerter und zugespitzter Weise: Menschenrechtsethos und staatsbürgerliche und religiöse Identität sind

30 Isensee, Menschenwürde (s. Anm 28), 209; vgl. Kreß, Ethik (s. Anm. 29), 122.

31 Einen Einblick in die Debatte bieten: H. Dreier / E. Hilgendorf (Hg.), Kulturelle Identität als Grund und Grenze des Rechts. Akten der IVR-Tagung vom 28.–30. September 2006 in Würzburg, Stuttgart 2008; W. Huber / C. Waldhoff / U. Di Fabio (Hg.), Die Verfassungsordnung für Religion und Kirche in Anfechtung und Bewährung, Münster 2008; F. W. Graf / H. Meier (Hg.), Politik und Religion. Zur Diagnose der Gegenwart, München 2013.

so zu verbinden, dass daraus eine für die Zivilgesellschaft und ihren religiösen Pluralismus tragfähige Voraussetzung wird. Dazu sollen abschließend einige kurze Beobachtungen und Überlegungen geäußert werden.

4. Die Zusammenbestehbarkeit von christlichem Glauben und modernen Menschenrechten als Aufgabe der Theologie

Die fortgeschrittene Anerkennung, Bejahung und Beanspruchung der Menschenrechte durch das Christentum hat, so die These aus dem bisher Gesagten, offenbar zum Effekt, dass das Bemühen, ein positives Verhältnis zu demonstrieren, auf Kosten einer differenzierten theologischen Darlegung betrieben wird. Im Blick auf die gegenwärtige Diskussionslage im Protestantismus zeigt dies die heute wieder verstärkt zu beobachtende Tendenz staatsrechtlicher und theologischer Beiträge, in der Reformation Menschenrechte angelegt oder vorformuliert zu sehen, welche sich als individuelle Freiheitsrechte und sogar soziale Rechte identifizieren lassen.[32] Nicht nur im Falle der Menschenrechte, aber auch dort, erhält die Reformationsdeutung eine Schlüsselstellung: Nur wenn es gelingt, einerseits den historischen Abstand sowie die inhaltliche Differenz von reformatorischer Theologie und modernem Menschenrechtsverständnis festzuhalten, andererseits die Beziehung zwischen protestantischer Frömmigkeit und moderner Welt zu identifizieren, wird es dem Protestantismus gelingen, in selbständiger und selbstbewusster Weise zu den Menschenrechten ein konstruktives Verhältnis zu gewinnen. Die Theologie darf nicht hinter dieses Problemniveau zurückgehen. Es ist nicht die Aufgabe akademischer Theologie, zugunsten apologetischer oder politischer Interessen zur Entdifferenzierung historischer und systematischer Komplexität beizutragen.

Die andere Seite derselben Medaille ist es, die vorhandene Bindung an die Menschenrechte als eine „unbedingte, heilige Pflicht" theologisch zu legitimieren, indem sie den konkreten Religionen als Anknüpfungspunkt für die eigene „Interpretation des göttlichen Heilswillens" anempfohlen wird, die dann wiederum dem Zweck dienen soll, „die Motivation der Gläubigen, sich für die

32 Vgl. z. B. F. Lohmann, Die Bedeutung des Protestantismus für die Menschenrechtserklärungen der Moderne, in: A. Liedhegener / I.-J. Werkner (Hg.), Religion, Menschenrechte und Menschenrechtspolitik, Wiesbaden 2010, 126–152; G. Robbers, Menschenrechte aus der Sicht des Protestantismus, in: Handbuch der Grundrechte in Deutschland und Europa, Band I: Entwicklung und Grundlagen, Heidelberg 2004, 387–411.

Durchsetzung dieser Rechte einzusetzen", zu steigern.[33] Die Menschenrechte derart religiös aufzuladen, ist aber ihrem primären Sinn als liberaler Freiheitsrechte widerläufig. Sie formulieren ja zunächst und gerade eine Grenze gegenüber allen Bestimmungen des individuellen Heils der Seele und dienen der Abwehr von Bedingungen personaler Würde, die von Dritten gestellt werden. Darüber hinaus ist es – darauf hat etwa Norberto Bobbio verwiesen – von der Aufladung der Menschenrechte mit religiöser Motivation bis zum Fanatismus nicht mehr weit.[34]

Theologisch ist die Rede von einer „Religion der Menschenrechte" problematisch – gerade die Unterscheidung eines Gottesglaubens von den Menschenrechten ist die Bedingung für den Glauben wie die Menschenrechte. Denn im Glauben geht es gerade um die Unabhängigkeit des Frommen von der Welt, die aber nicht in der natürlichen Beschaffenheit des Menschen gründet, sondern in der aller Tätigkeit vorausliegenden Gottesbeziehung des Menschen. Die Religionsfreiheit dient ja gerade dazu, diesen freien Verkehr des Christen mit Gott zu ermöglichen – sie ist die weltliche äußere Ordnung, welche sich aus der Einsicht in und dem Respekt vor der inneren Freiheit des Menschen entwickelt hat. Aber um ihrer Geltung als weltliche Ordnung willen, muss sich die Begründung dieser weltlichen Ordnung auch in weltlicher Weise vollziehen. Für die Christen selbst ist eine solche Begründung im strengen Sinne gar nicht notwendig, da sie aus eigenen Gründen das erfüllen, was dem Zusammenleben der Menschen dient. Für das Christentum gilt: „*Ethik aus Freiheit* ist der Richtungssinn des Glaubens."[35] Um diesem komplexen Verhältnis von christlicher und weltlicher Freiheit zu genügen, hat der Protestantismus mit der Zwei-Reiche-Lehre ein höchst differenziertes Instrument zur Beschreibung und normativen Würdigung der Differenz und *Zusammenbestehbarkeit* (Ernst Troeltsch) von Religion und Recht ausgebildet, dessen Leistungskraft in Bezug auf das komplexe Thema der Menschenrechte weiter zu erkunden ist. Dies geht über den Rahmen dieses Beitrags hinaus und ist an dieser Stelle nicht durchzuführen. Die hier vorgenommene Rekonstruktion legt aber nahe, dass es gute theologische Gründe nicht nur dafür gibt, auf eine „Religion der Menschenrechte", sondern auch auf eine theologische Begründung der Menschenrechte zu verzichten. Die theologische Energie wäre vielmehr in die Frage zu investieren, wie sich eine solche freiheitsdienliche weltliche Ordnung nun auch gestalten lässt. Die

33 So W. Gräb, vgl. http://religionsphilosophischer-salon.de/3150-die-erklaerung-der-menschenrechte-bekenntnisgrundlage-einer-universalen-religion-von-prof-wilhelm-graeb-fundamental-vernunftig-religios-aus-freier-einsicht-interviews-mit-prof-wilhelm-grab (20.01.2014).

34 N. Bobbio, Ethik und die Zukunft des Politischen, Berlin 2009, bes. 121f.

35 T. Rendtorff, Das Verfassungsprinzip der Neuzeit, in: Handbuch der christlichen Ethik, Bd. 2: Problemfelder ethischen Handelns, Freiburg i. Br. 1993, 215–233: 227.

Sorge um die Arbeitsbedingungen in Bangladesch ist eine Möglichkeit. Es liegt aber buchstäblich nahe, zu einer vertieften Erörterung von Verfassung und Grundrechten hierzulande zu kommen. Aus dem hier Dargelegten könnte eine theologische Folgerung lauten, den individuellen Freiheitssinn, aus dem soziale Verantwortung folgt, aus eigenen theologischen Gründen zu verteidigen, zu stärken und auch zu entwickeln. Das wäre dann auch eine selbständige theologische Weise, sich an der historischen wie normativen Wechselwirkung von modernem demokratischen Verfassungsstaat und Menschenrechten konstruktiv zu beteiligen.[36] In solchen Beiträgen zur Zusammenbestehbarkeit von christlichem Glauben und modernen Freiheitsrechten liegt eine zentrale Aufgabe protestantischer Ethik, die dann auch ein Beitrag zu Fragen unserer kulturellen und politischen Identität ist. Derart theologisch reflektiert ist der Weg des Westens dann ein Weg, dessen Verlauf vom Protestantismus weiter mitbestimmt wird.

Abstract

Der Beitrag rekonstruiert die Annäherung des Christentums an die Menschenrechte im Spiegel staatsrechtlicher Darstellungen. An den Studien Georg Jellineks und Martin Heckels wird gezeigt, wie sowohl Ablehnung als auch Zustimmung zu den Menschenrechten durch die Theologie vielfach von politischen und kulturellen Interessen mitbestimmt sind, die eine Distanz zu liberalen westlichen Ideen aufweisen. Demgegenüber schlägt der Beitrag die Verknüpfung von Menschenrechts- und Demokratiediskurs mit dem theologischen Freiheitsverständnis vor, was einen Verzicht der Theologie auf eine Begründung der Menschenrechte bedeutet.

This article reconstructs the relationship between Christianity and human rights in accounts of constitutional law. The studies of Georg Jellinek and Martin Heckel reveal the political and cultural reasons for the acceptance and rejection of the human rights in protestant theology, which is dominated by a critical view of western liberal ideas. In contrast this article recommends the nexus of the ideas of human rights and democracy with a theological concept of liberty as a positive contribution of protestant theology that renounces exclusive theological reasons for the human rights.

36 Zur Wechselwirkung von demokratischem Rechtsstaat und Menschenrechten vgl. R. Alexy, Die Institutionalisierung der Menschenrechte im demokratischen Verfassungsstaat, in: S. Gosepath / G. Lohmann (Hg.), Philosophie der Menschenrechte, Frankfurt a. M. 1998, 244–264.

„Universale" oder „Scharia"-Normen? Bemerkungen zur zeitgenössischen Menschenrechtsdebatte unter arabischen Muslimen[1]

Roswitha Badry

1. Einleitende Worte zu Thema, Titel und Fokus

Es war noch nie einfach, über Menschenrechtsfragen zu sprechen oder zu schreiben. Das hängt nicht etwa nur damit zusammen, dass das Thema (wie fast jedes andere) vielschichtig ist und kontrovers diskutiert wird, sondern vielmehr damit, dass es in hohem Maße politisiert ist, mithin häufig verkürzt bzw. manipuliert präsentiert, als politisches Instrument eingesetzt und als solches wahrgenommen wird. Abgesehen von der grundsätzlich positiven Besetzung des Terminus Menschenrechte (im Folgenden MR) besteht weltweit gesehen kein Konsens über die konkrete Bedeutung, den Umfang, die genauen Inhalte und die Umsetzbarkeit der fundamentalen Rechte. Auf wissenschaftlicher Ebene wird mit Blick auf die unterschiedlichen Positionierungen i.d.R. zwischen Universalisten, Kul-

1 Bei den nachfolgenden Ausführungen handelt es sich weitgehend um eine überarbeitete und aktualisierte Fassung einiger meiner publizierten Aufsätze zum Themenbereich (a) sowie von zwei bisher nicht veröffentlichten Vorträgen (b). Zu (a): R. Badry, Religion und Staat im Islam: Grenzen der Toleranz, in: J. Kokott / B. Rudolf (Hg.), Gesellschaftsgestaltung unter dem Einfluss von Grund- und Menschenrechten, Baden-Baden 2001, 283–301; dies., Zwischen Selbstbehauptung und Selbstverteidigung. Zur Menschenrechtsdebatte unter Muslimen, in: M. Rappenecker (Hg.), Das Recht, Rechte zu haben. Menschenrechte und Weltreligionen, Freiburg i. Br. 2004, 47–79; dies., Das Instrument der Verketzerung, seine Politisierung und der Bedarf nach einer Neubeurteilung der „Scharia" und der Apostasiefrage im Islam, in: T. G. Schneiders (Hg.), Islam-Verherrlichung. Wenn die Kritik zum Tabu wird, Wiesbaden 2010, 117–129; dies., Der friedvolle ‚*gender-dschihad*' muslimischer Aktivistinnen gegen patriarchalische Lesarten des Korans – „Islamischer Feminismus" in der Diaspora als Wegbereiter für ein globales Phänomen?, Freiburger Geschlechterstudien 25 (2011), 139–157. Zu (b) „Universal" and „Shari'a" Norms: Remarks on the Contemporary Debate among Muslims on Religious Freedom and Equality, (gehalten am 14.01.2010 in Frankfurt a. M., Doktorandenkolloquium von Prof. Dr. S. Schröter); „Staatsmuftis", „Medienstars", „Islamistische Hassprediger" und Reformtheologen: Zum schwierigen Verhältnis von Staat und Religion in zeitgenössischen islamischen Kontexten (gehalten am 04.03.2010 in Salzburg, Tagung der KWR/Kontaktstelle für Weltreligionen, Wien).

turrelativisten und Revisionisten unterschieden, historisch und religionstheologisch zwischen Exklusivisten, Inklusivisten und Pluralisten[2] und im islamischen Kontext zwischen Säkularisten, Traditionalisten bzw. Fundamentalisten und Reformern bzw. Modernisten. Obwohl auf politisch-diplomatischer Ebene gerne an die MR appelliert wird, so wurden und werden sie doch mindestens ebenso oft aus fadenscheinigen Gründen (wie nationale Sicherheit, Tradition, Religion, öffentliches Interesse oder öffentliche Moral) verletzt und ignoriert. Ohne Zweifel ist seit dem sogenannten „Kampf gegen den internationalen Terror“ ein alarmierender Anstieg der MR-Verstöße und Beschneidungen zu verzeichnen. Man denke z.B. an den Einsatz von Drohnen sowie Folter, den NSA-Skandal, die Einschränkung rechtsstaatlicher sowie die Ausweitung polizeistaatlicher Mechanismen. Zur Legitimierung fragwürdiger staatspolitischer Entscheidungen und in den sie begleitenden öffentlichen Debatten kommt es dabei häufig zur (Re-)Produktion verzerrter, stereotyper Vorstellungen und Bilder vom „Wir“ und den „Anderen“.[3] Ganz deutlich wird dieses Phänomen bei der Frage, wie es denn, salopp formuliert, „die Muslime“ mit MR und Demokratie halten. Seit den 1970er Jahren, d.h. seit dem Erstarken des islamischen Fundamentalismus und der Deklaration „islamischer MR-Erklärungen“, stand diese Frage im Mittelpunkt zahlreicher Publikationen. Nicht selten deuten bereits Titel wie „Islam und MR“ oder „MR im Islam (bzw. im islamischen Recht, der Scharia)“ auf eine polemische oder apologetische Behandlung des Themas, wobei die Dynamik im Islam und islamischen Recht ebenso unterschlagen wird wie diejenige im Konzept der MR. Weder ist der Islam bzw. das islamische Recht ein monolithischer Block mit einheitlich

---

2 Obwohl diese Typisierung nicht unumstritten ist, wird sie z. B. im Rahmen der Diskussion über MR und Weltreligionen recht häufig verwendet. Zur Begrifflichkeit vgl. u.a.: H. M. Vroom, Art. Theologie der Religionen I. Religionsphilosophisch, in: RGG⁴ (2005), 307–309, bes. 308; C. Schwöbel, Art. Theologie der Religionen II. Dogmatisch, in: RGG⁴ (2005), 309–311, bes. 311; W. Gantke, Art. Pluralismus I. Religionswissenschaftlich, in: RGG⁴ (2003), 1400f. Zur Anwendung im MR-Diskurs unter Muslimen z.B.: A. S. Asani, 'So That You May Know One Another': a Muslim American Reflects on Pluralism and Islam, The Annals of the American Academy of Political and Social Science 588 (July 2003), 40–51.

3 Mit Bezug zur Debatte um MR siehe z.B. A. Chase, Introduction: Human Rights and Agency in the Arab World, in: ders. / A. Hamzawy (Hg.), Human Rights in the Arab World: Independent Voices, Philadelphia 2006, 1–17: 13–15. Zu wesentlichen Elementen des stereotypen Bildes über Islam/Muslime, das oft über konventionelle Medien vermittelt wird (Gewaltbereitschaft, religiöser Fanatismus, Bedrohung des Westens, Rückständigkeit, Intoleranz, Demokratieunfähigkeit, starres Festhalten an überkommenen Glaubenssätzen, Unterdrückung der Frau/Muslimin), siehe z.B. S. Schenk, Das Islambild im internationalen Fernsehen. Ein Vergleich der Nachrichtensender *Al Jazeera English*, *BBC World* und *CNN International*, Berlin 2009, bes. 45–52 (mit weiteren Literaturverweisen).

akzeptierten Nomen und Werten, noch sind die MR statisch und unwandelbar. Seit der Verabschiedung der (völkerrechtlich unverbindlichen) „Allgemeinen Erklärung der MR" (fortan UDHR) durch damals 56 Mitglieder der Vereinten Nationen im Dezember 1948 wurde das Konzept in weiteren MR-Dokumenten und über 20 Konventionen ausformuliert. Mittlerweile ist von der „3. Generation" der kollektiven MR[4] die Rede. Und der Prozess der Ausweitung und unter Umständen damit einhergehenden Verwässerung der MR ist noch keinesfalls abgeschlossen. Folglich ist es anachronistisch, wenn nicht geradezu absurd, vormodernes Recht an heutigen Maßstäben zu messen. Wenn also manche Staaten mit muslimischer Mehrheitsbevölkerung MR-Konventionen unter Vorbehalt mit Pauschalverweis auf „die Scharia"[5] ratifizieren, so ist es den staatlichen Autoritäten anzulasten, nicht dem Islam oder islamischen Recht an sich. Es ist bezeichnend, dass die heftigsten Islam-Kritiker mit den glühendsten Befürwortern eines islamischen Staates, basierend auf der Scharia, übereinstimmen, wenn es darum geht, die Vereinbarkeit von Islam und MR zu leugnen.[6]

Warum ich im Titel meines Beitrags „Universale" und „Scharia"-Normen in einfache Anführungszeichen gesetzt habe, sollte nach diesen allgemeinen Vorbemerkungen deutlich geworden sein. In beiden Fällen handelt es sich um ein von Menschen geschaffenes ideales Konstrukt, das von den jeweiligen extremen, essentialistisch (in MR-Fragen exklusivistisch, kulturrelativistisch) argumentierenden Befürwortern mit entsprechendem hegemonialen Deutungs- und Machtanspruch verbunden wird. Die zwei Begriffe („universal", „scharia-gemäß") werden von den

4 Diese umfassen u. a. das Recht auf Entwicklung, intakte Umwelt oder kulturelle Verschiedenheit. Zur „1. Generation" der MR zählen dagegen die individuellen Schutzrechte auf Freiheit und Gleichheit aller Bürger/innen eines Staates, zur „2. Generation" die sozialen Anspruchsrechte (Recht auf Bildung, Arbeit usf.) gegenüber dem Staat. Die individuellen wie sozialen Rechte sind bereits in der UDHR angelegt und wurden 1966 in zwei (verbindlichen) Pakten fixiert. Zu den drei ‚MR-Generationen' z. B.: W. Reinhardt, Die abendländischen Grundlagen der modernen Menschenrechte, in: Rappenecker (Hg.), Menschenrechte (s. Anm. 1), 25–45: 28f.; M. Friedrich, Die Menschenrechte als Mittel zu Zwecken, in: Rappenecker (Hg.), Menschenrechte (s. Anm. 1), 17–23: 17f.

5 Es sei erwähnt, dass in diesem Artikel eine vereinfachte, ‚eingedeutschte' Schreibweise für arabische Termini verwendet wird. – Zur Vielschichtigkeit des Begriffs „Scharia", der wörtlich etwa „Weg zur Wasserquelle" bedeutet und im Koran nur an einer Stelle vorkommt, allerdings nicht in der Bedeutung von religiösem Gesetz oder Recht (dazu C. Wilde / J. D. McAuliffe, Art. Religious Pluralism, in: Encyclopaedia of the Qur'an 4 (2004), 398–419: 402): M. Rohe, Das islamische Recht: Geschichte und Gegenwart, München 2009, 9–18 u.a.; D. J. Stewart, Art. shari'a, in: G. Bowering (Hg.), The Princeton Encyclopedia of Islamic Political Thought (2013), 496–505.

6 So auch L. M. Safi, Towards an Islamic Tradition of Human Rights, American Journal of Islamic Social Studies 18 (2001), 16–42: 16, s. a. 17, 18 mit kritischen Bemerkungen zur Forschungsliteratur, online verfügbar: www.accis.net/pdfs/Pol_Safi.pdf (30.12.2013).

jeweiligen Parteiungen mit hoher Symbolkraft belegt und als unabänderlicher Bestandteil der spezifischen kulturellen Identität ins Spiel gebracht.[7]

Im Folgenden werde ich mich auf die arabischen Länder und die Tendenzen in der Diskussion um Freiheits- und Gleichheitsrechte konzentrieren. Ganz ähnliche Strömungen sind in anderen Gebieten mit muslimischer Mehrheitsbevölkerung zu verzeichnen.[8] Zum einen gilt es, anhand eines knappen historischen Rückblicks die Hintergründe für die unterschiedliche Wahrnehmung der MR im arabischen Raum zu beleuchten und sich zu vergegenwärtigen, dass die Erfahrungen in kolonialer wie postkolonialer Zeit nachhaltig prägend waren und sich erst seit den 1990er Jahren ein Wandel in der Perzeption abzeichnet. Zum anderen soll der Überblick über die Tendenzen im neuzeitlichen MR-Diskurs einen Eindruck von der Vielstimmigkeit vermitteln. Gleichzeitig stehen die (zumindest rhetorische und argumentative) partielle Annäherung zwischen moderaten Islamisten und progressiven Reformern sowie die Herausbildung eines Minimalkonsenses in der breiten Bevölkerung im Vordergrund der Überlegungen.

2. Wichtige Zäsuren in der Rezeption der MR im arabischen Raum

Die erste Bekanntschaft mit europäischen Naturrechtslehren und verfassungsmäßig verankerten bürgerlichen Freiheitsrechten machten muslimische Araber im 19. Jahrhundert. auf zweierlei Art. Zum einen kam es nicht zuletzt auf Druck der westlichen Großmächte, die sich als Schutzmächte nicht-muslimischer religiö-

7 S. Mokhtari, The Middle East and Human Rights: Inroads Towards Charting its Own Path, Northwestern Journal of International Human Rights, 10 (2012), 194–201: 197, merkt unter dem Eindruck jüngerer Ereignisse an, dass es im Zeichen des „Kampfes gegen den Terror“ fraglich geworden ist, wer eigentlich für eine „universelle“ und wer für eine ‚kulturrelativistische‘ Position steht. Die herkömmliche „West-Ost-Richtung“ der MR habe sich anscheinend in ihr Gegenteil verkehrt.

8 Einen Überblick über ähnliche Strömungen in weiteren Gebieten mit muslimischer Mehrheitsbevölkerung (Iran, Türkei, Malaysia, Indonesien usf.), aber auch im Diaspora-Kontext vermitteln mehrere Sammelbände zum Themenkomplex, darunter: K. Amirpur / L. Ammann (Hg.), Der Islam am Wendepunkt: liberale und konservative Reformer einer Weltreligion, Freiburg i.Br. 2006 (und öfter); S. Hunter (Hg.), Reformist Voices of Islam: Mediating Islam and Modernity, Armonk (NY) 2009; K. Vogt / L. Larsen / C. Moe (Hg.), New Directions in Islamic Thought: Exploring Reform and Tradition, London 2009, 2011; Z. Mir-Hosseini / K. Vogt / L. Larsen / C. Moe (Hg.), Gender and Equality in Muslim Family Law: Justice and Ethics in the Islamic Legal Tradition, London 2013. Für Indonesien sei zudem folgender jüngerer Artikel genannt: S. Ari/in, IIndonesian Discourse on Human Rights and Freedom of Religion or Belief: Muslim Perspectives, BYU Law Review 3 (2012), 775–808.

ser Minderheiten betrachteten, zur Einleitung von Reformen in Staat und Gesellschaft.[9] Zum anderen war es Vertretern der „neuen Bildungselite", darunter Diplomaten, Reisende und Stipendiaten in europäischen Ländern, zu verdanken, mit ihren Berichten, Übersetzungen und Schriften maßgeblich zur Vermittlung des neuen Gedankenguts beigetragen zu haben. Reformer der ersten Generation versuchten die Vereinbarkeit der Ideen mit dem Islam nachzuweisen. Mit der anfänglichen Offenheit, ja Euphorie für Liberalismus und Konstitutionalismus verband sich die Hoffnung, als gleichberechtigtes Mitglied der internationalen Staatengemeinschaft akzeptiert zu werden. Spätestens nach dem Ersten Weltkrieg, als abgesehen von Teilen der Arabischen Halbinsel, die gesamte arabische Welt unter westeuropäischer Kontrolle (Kolonial- oder Mandatsherrschaft) stand, hatten sich diese Erwartungen zerschlagen. Aus Enttäuschung über die nicht eingehaltenen europäischen Versprechungen grenzten sich einige Vertreter der zweiten Reformer-Generation[10] stärker von westlichen Werten und Konzepten ab und betonten stattdessen die Besonderheiten des islamischen Modells. So rief die Mutterorganisation des islamischen Fundamentalismus, die 1928 gegründete ägyptische Muslimbruderschaft (MB), dazu auf, die Gesellschaft zu islamisieren und die Scharia anzuwenden, um den Wertezerfall (sprich Nachahmung des Westens) aufzuhalten; die Errichtung eines islamischen Staates basierend auf dem islamischen Gesetz wurde aber in den ersten Jahrzehnten ihres Bestehens nicht als prioritär angesehen.[11]

Die Erfahrungen in der Kolonialzeit wie auch die fortgesetzten westlichen Interventionen in der postkolonialen Phase haben über viele Jahrzehnte dazu beigetragen, MR-Diskurse vornehmlich als ein Instrument imperialistischer Interessen-Politik wahrzunehmen.[12] Diese überwiegende Perzeption wurde

---

9 Die sog. *Tanzimat*-Reformen im Osmanischen Reich seit 1839 (Verfassung 1876) wirkten sich auch auf die arabischen Provinzen des Imperiums aus. In Tunesien wurden Freiheits- und Gleichheitsrechte zunächst im „Fundamentalpakt" (1857), dann in der ersten arabischen Verfassung (1861) festgeschrieben; Letztere wurde unter dem französischen Protektorat (seit 1881) suspendiert. Zu diesen und weiteren Zäsuren siehe z.B. den folgenden Überblicksartikel: N. Hashemi / E. Quresh, Art. Human Rights, in: J. L. Esposito (Hg.), The Oxford Encyclopedia of the Islamic World 2 (2009), 454–462: 455–457 (zu Osmanischem Reich, Tunesien).

10 W. Ende, Art. Salafiyya. 2. In Egypt and Syria, in: The Encyclopaedia of Islam, second edition 8 (1995), 906–909: 907.

11 M. El-Ghobashy, The Metamorphosis of the Egyptian Muslim Brothers, International Journal of Middle East Studies 37 (2005), 373–395: 376f.

12 Dazu auch Khaled Abou El Fadl, The Human Rights Commitment in Modern Islam, (edited version of an article first published in J. Runzo / N. Martin / A. Sharma (Hg.), Human Rights and Responsibilities in the World Religions, Oxford 2003), in: Musawah (Hg.), Wanted; Equality and Justice in the Muslim Family, 113–178: 117f.: http://www.musawah.org/sites/default/files/wanted-KAEF-EN.pdf (10.10.2013).

i.d.R. von der post-kolonialen autoritären Führungselite gefördert und mit Verweis auf die westliche[13] Haltung in der Palästina-Frage untermauert. Die breite Bevölkerung wertete die Tatsache, dass der Westen im Falle der verbündeten arabischen Staaten sowie Israels weitgehend über MR-Verstöße hinwegsah, als Beweis für den „doppelten Standard“ in der MR-Politik der führenden westlichen Staaten. Für die innerarabische MR-Diskussion hatte diese Wahrnehmung zur Folge, dass zwei Positionen - die apologetische, teils pragmatische und die defensive, teils kulturrelativistische - lange Zeit vorherrschend waren. Diese dominierenden Sichtweisen zeichneten sich bereits 1948 in der Argumentation des saudischen und des pakistanischen Vertreters während der UN-Debatte über die UDHR ab.[14] Beide beriefen sich auf den Koran. Für den Saudi waren konkret Art. 16 (Gleichheitsgrundsatz unabhängig von Geschlecht und Religionszugehörigkeit bei Eheschließung) und Art. 18 (Religionsfreiheit, einschließlich Religionswechsel) inakzeptabel; er argumentierte, der Entwurf der MR-Charta basiere größtenteils auf westlichen Kulturmustern. Der Pakistani, ein Angehöriger der Ahmadiyya,[15] befürwortete dagegen die Charta unter Berufung auf Koranverse, welche auf eine freie Entscheidung des Individuums in Glaubensfragen und persönlichen Angelegenheiten deuten. Während Saudi-Arabien sich schließlich für Stimmenthaltung (neben Südafrika, der Sowjetunion u.a.) entschied, stimmten abgesehen von Pakistan, Afghanistan und Iran die arabischen Länder Ägypten, Irak, Libanon, Syrien und die Demokratische Republik Jemen für die Annahme der MR-Deklaration – allesamt Staaten, die sich zum damaligen Zeitpunkt ihrer politischen und ökonomischen Abhängigkeit von den Westmächten bewusst waren. Tatsächlich standen die arabischen Länder Ende 1948 noch ganz unter dem Eindruck der UN-Resolution 181 zur Teilung Palästinas (vom November 1947), der Gründung Israels (14.05.1948) und dem ersten arabisch-israelischen Krieg, der erst Anfang 1949 durch Waffenstillstandsabkommen mit den beteiligten arabischen Staaten beigelegt wurde.

1967, das Jahr einer weiteren, noch größeren Katastrophe für Palästinenser (UN-Resolution 242, November 1967) wie Araber, markiert zugleich den Ausgangspunkt für den Aufstieg Saudi-Arabiens zu einer Regionalmacht und das Erstarken

---

13 Mit „Westen“ sind hier und im Folgenden in erster Linie die ehemaligen Kolonial- und Mandatsmächte, England und Frankreich, sowie die USA gemeint.

14 Siehe ausführlicher mit weiteren Verweisen Badry, Selbstbehauptung (s. Anm. 1), 53–55.

15 Zu dieser Erneuerungsbewegung, die sich im 19. Jh. auf dem indischen Subkontinent aus dem Islam entwickelt hat, kurz W. Schmucker, Sekten und Sondergruppen, in: W. Ende / U. Steinbach (Hg.), Der Islam in der Gegenwart, München [5]2005, 712–732: 730–32.

des islamischen Fundamentalismus in den 1970er Jahren.[16] Die erneute arabische Niederlage gegen Israel wurde von der Bevölkerungsmehrheit als Beweis für das Scheitern der säkularen Ideologien gewertet. Die islamische Alternative erschien vielen attraktiv – nicht zuletzt wegen des sozialen, karitativen Engagements islamistischer Organisationen. In den 1970er und 1980er Jahren traten einige islamische Gruppierungen und Chefideologen mit Vorschlägen für eine spezifisch islamische Verfassung oder MR-Charta hervor und verfassten umfangreiche Traktate zum „islamischen System". Diese Bestrebungen erfolgten im Rahmen einer auch in anderen Teilen der Welt zu beobachtenden Suche nach kultureller Identität und Authentizität. Kulturrelativistische Standpunkte wurden hoffähig. Eine Anzahl an Wissenschaftlern stellte die universale Anwendbarkeit der MR oder umfassender Kategorien wie „Religion" und „Moral" auf nicht-westliche Traditionen in Frage, andere befürworteten zumindest eine größere kulturelle Sensibilität. In den vergangenen Jahren ist auch diese Position auf den Prüfstand gekommen. Revisionisten, MR-Aktivisten wie Wissenschaftler, identifizieren die MR nun als wichtige universale Erfahrung in Reaktion auf moderne Staatenbildung und kapitalistische Wirtschaftsproduktion.

Ende der 1980er, Anfang der 1990er Jahre keimten erneut Hoffnungen auf eine Liberalisierung in den autokratisch regierten arabischen Ländern auf. Endogene wie exogene Faktoren waren dafür ausschlaggebend – der Zerfall der Sowjetunion und anschließende Reformen in Osteuropa ebenso wie das Versprechen von Veränderungen („politische Öffnung") seitens arabischer Staatschefs. Auch wenn sich die staatlichen Liberalisierungsansätze bald als kurzlebig und als Farce herausstellten, so war der langfristige Effekt die Entstehung einer aufkeimenden Zivilgesellschaft. Zahlreiche Nicht-Regierungsorganisationen (NROs) für verschiedene Belange, darunter MR- und Frauenrechtsorganisationen, wurden ins Leben gerufen, Forschungszentren, transnationale Print- und audiovisuelle Medien kamen als neue Akteure und Meinungsführer zum Vorschein.[17] Waren Diskussionen über MR bisher überwiegend auf intellektuelle Zirkel, Oppositionspolitiker und MR-Aktivisten begrenzt, so erreichten sie seit den 1990er Jahren dank der Aktivitäten der erwähnten Organisationen und Institutionen die Aufmerksamkeit einer

16 R. L. Euben, Art. fundamentalism, in: G. Bowering (Hg.), The Princeton Encyclopedia of Islamic Political Thought (2013), 178–188.

17 C. Jürgensen, Die Menschenrechtsdebatte, in: S. Faath (Hg.), Politische und gesellschaftliche Debatten in Nordafrika, Nah- und Mittelost: Inhalte, Träger, Perspektiven, Hamburg 2004, 295–318; ders., Die Frauengleichstellungsdebatte, in: Faath (Hg.), Debatten (s. o.), 319–344; Armando Salvatore, Art. civil society, in: G. Bowering (Hg.), The Princeton Encyclopedia of Islamic Political Thought (2013), 98f.

breiteren Öffentlichkeit. Davon zeugt nicht nur eine Vervielfachung der Publikationen, sondern auch die zunehmende Präsenz des Themas MR in den Medien.[18] Einen gewissen Erfolg konnten säkulare Frauenrechtsaktivist/innen verbuchen, indem sie ihre Regierungen aufforderten, die CEDAW (kurz: „Frauenrechtskonvention“)[19] zu ratifizieren und das Familienrecht zu revidieren (vgl. v.a. Marokko). Die arabischen MR-Organisationen haben ihrerseits mit ihren Berichten schonungslos die prekäre MR-Lage im Raum offengelegt.

Besonders bemerkenswert ist die sogenannte „Casablanca-Deklaration“, die von der ersten internationalen Konferenz der arabischen MR-Bewegung 1999 verabschiedet wurde.[20] Das Dokument bekennt sich vorbehaltlos zu internationalen MR-Standards und lehnt jeden Versuch ab, die Berufung auf kulturelle oder religiöse Besonderheiten dazu zu benutzen, die Universalität der MR anzufechten. Gleichzeitig erkennt die Deklaration die Notwendigkeit an, MR auf der Basis der eigenen Kultur zu legitimieren. Doppelte MR-Standards in der westlichen Außenpolitik werden ebenso kritisiert wie MR-Verstöße in der arabischen Welt. Die Anerkennung des Selbstbestimmungsrechts der Palästinenser wird ebenso gefordert wie eine Reform der UN. Dass die Tätigkeiten und Teilerfolge der NROs von den arabischen Regimen durchaus als Gefahr gesehen wurden, zeigen die Maßnahmen, die diese ergriffen, um der Entwicklung entgegenzusteuern und wieder der staatlichen Kontrolle zu unterstellen. Sie gründeten ihre eigenen staatlichen NROs[21] und verabschiedeten ein strikteres Verbändegesetz. Misstrauisch beäugt wurde die finanzielle und moralische Unterstützung durch westliche und internationale Organisationen, was nicht selten zum Anlass genommen wurde, um strafrechtliche Verfahren gegen missliebige NROs einzuleiten (z.B. Ibn Khaldun Centre, Kairo, unter Leitung des international anerkannten Soziologen Saad Eddin Ibrahim, im Jahre 2000).

Wie erwähnt, hat sich die MR-Lage nach dem 11. September 2001 dramatisch verschärft. Anti-Terror-Gesetze wurden in der arabischen Welt auch dazu genutzt, um Oppositionelle jeglicher Couleur zum Schweigen zu bringen. Gleichzeitig haben Strukturanpassungspläne, die vom Weltwährungsfonds und der Weltbank seit den

---

18 Jürgensen, Menschenrechtsdebatte (s. Anm. 17), 295.

19 Die CEDAW wurde mittlerweile (Stand Ende 2013) von allen Staaten der Arabischen Liga ausgenommen Sudan und Somalia ratifiziert, gleichwohl mit unterschiedlichem Grad der Nutzung des Scharia-Vorbehalts. Links zum Text der Konvention, den Mitgliedsstaaten, ihren Vorbehalten und Berichten hält die folgende Website bereit: http://www.un.org/womenwatch/daw/cedaw/ (30.12.2013).

20 Dazu ausführlicher Badry, Selbstbehauptung (s. Anm. 1), 51f.

21 So genannte „GoNGOs“ („Governmental NGOs“) oder „RoNGOS“ (‚Royal NGOs) – zu diesem Phänomen z. B. Jürgensen, Frauengleichstellungsdebatte (s. Anm. 17), 325–328.

1980er Jahren einigen arabischen Staaten auferlegt wurden, zur Verelendung breiter Bevölkerungskreise geführt. Es erstaunt deswegen nicht, dass sich der massive soziale und politische Unmut 2011 in einer Welle an Massenprotesten Bahn brach. Auch wenn die ursprünglichen Ziele wegen der Langlebigkeit überkommener Strukturen und/oder der Einmischung von außen (auf kurze Sicht) nicht erreicht wurden, der Kampf in vielen Ländern, nicht nur Syrien, weitergeht und sich bei vielen Aktivisten Ernüchterung eingestellt hat, so steht doch für viele Beobachter fest, dass, längerfristig betrachtet, 2011 einen wichtigen Wendepunkt darstellt. Erstmals sind Menschen aus allen Bevölkerungssegmenten zusammen auf die Straße gegangen, um mit Mut und Ausdauer, überwiegend gewaltfrei, demokratische Freiheits- und Partizipationsrechte, soziale Gerechtigkeit und ein Leben in Würde einzufordern. Die jahrelange Aufklärungsarbeit der MR-Organisationen an der Basis hat ihre ersten Früchte getragen. Die Differenzierung zwischen dem hohen Wert unveräußerlicher universaler MR und ambivalenter nationaler und internationaler MR-Politik scheint sich durchzusetzen. Zukunftsweisend ist meines Erachtens insbesondere der Ruf nach einem Leben in Würde, der die Protestbewegung von Marokko bis Oman einte.[22]

3. Ansätze und Strömungen in der muslimischen MR-Debatte

Wenn wir nun zu den Tendenzen in der zeitgenössischen MR-Debatte unter Muslimen kommen, gilt es zunächst festzustellen, dass sich das Meinungsspektrum enorm erweitert hat. Unter die vorherrschenden Strömungen früherer

22 Mokhtari, Inroads (s. Anm. 7), 194–196; N. Hashemi, The Arab Spring Two Years On: Reflections on Dignity, Democracy, and Devotion (= Rezension zu drei Publikationen aus dem Jahre 2012 zum sog. „arabischen Frühling" von R. Owen, T. Ramadan, H. Dabashi), Ethics and International Affairs (EIA, Carnegie Council) 13.05.2013, 1,2: http://www.ethicsandinternationalaffairs.org/2013/the-arab-spring-two-years-on-reflections-on-dignity-democracy-and-devotion-full-text/ (16.10.2013); zur Zentralität des Rufes nach Würde: S. Procházka, The Voice of Freedom: Remarks on the Language of Songs from the Egyptian Revolution 2011, Orient-Institut Studies 2 (2013), 1–11, 4f, 11 (Online-Ressource). Es ist bezeichnend, dass in den von Procházka untersuchten 33 ausgewählten „Revolutionsliedern" das Wort Islam nie und das Wort Muslime nur selten erwähnt wird. Der Ruf nach menschlicher Würde war (und ist weiterhin) so zentral im Repertoire der Aktivist/innen, dass sich selbst König Abdallah II. in seiner Ansprache anlässlich des 67. jordanischen Unabhängigkeitstages dazu veranlasst sah, ihn besonders hervorzuheben: Arab Spring's call for human dignity has become voice of our century – King, Jordan Times 25.05.2013: http://jordantimes.com/arab-springs-call-for-human-dignity-has-become-voice-of-our-century---King (16.10.2013). Er selbst war allerdings dem „jordanischen Frühling" mit Repression und kosmetischen Veränderungen in der Regierung begegnet.

Dekaden – Traditionalisten, Fundamentalisten, Reformer und Säkularisten – haben sich diverse Zwischentöne und diskursive Praktiken bzw. Argumentationsstrategien gemischt. Einerseits spiegelt diese Vielfalt den Trend zur verstärkten Nationalisierung und Individualisierung im religiös-politischen Diskurs wider, die auch ein Resultat des erweiterten Zugangs zu Bildung und Information ist. Andererseits hat die vermehrte Diskussion über MR seit den 1990er Jahren selbst traditionalistische und fundamentalistische Vertreter dazu veranlasst, ihre Positionen zu überdenken und neu zu formulieren. Auf jeden Fall lassen sich die Antworten auf MR-Fragen nicht mehr so leicht in klar abgrenzbare Kategorien einordnen. Auch wenn die Bandbreite der Positionierungen damit nur angedeutet werden kann, habe ich mich zur Darlegung der neueren Tendenzen in der MR-Diskussion für eine Art Kombination aus der o.g. Kategorisierung, der Differenzierung zwischen Exklusivisten, Inklusivisten und Pluralisten, sowie dem Ansatz von Abdullah Saeed[23] entschieden. Saeed unterscheidet drei grundlegende Herangehensweisen bei der Deutung des ethisch-rechtlichen Gehalts im Koran und in anderen religiösen Quellen: *textualists* (Literalisten), *semi-textualists* und *contextualists*. Es sei betont, dass die genannten Kategorien Idealtypen beschreiben, die in sich mehr oder weniger große Heterogenität aufweisen. Zudem sind die Übergänge oft fließend. Dennoch lassen sich, v.a. mit Blick auf die zentralen Spannungsfelder[24] im muslimischen MR-Diskurs – Meinungspluralität, Religionsfreiheit (inkl. Religionswechsel) und Geschlechtergleichheit – recht eindeutige Tendenzen ausmachen.

3.1 „Textualists“: Extrem konservative, exklusivistische Stimmen

Unter diesen Idealtyp lassen sich ultra-konservative Vertreter unter traditionellen religiösen Gelehrten (sog. „Puritaner“ wie z.B. saudisch-wahhabitische Staatsmuftis) oder extreme islamische Fundamentalisten subsumieren. Letztere werden in der Fachliteratur wie im medialen Diskurs mit unterschiedlichen Begriffen (so Qutbisten[25], militante Islamisten, Dschihadisten, Neo-Salafiten[26] oder

23 A. Saeed, Interpreting the Qur'an: Towards a contemporary approach, London/New York 2006, bes. 1–4 zur Beschreibung der Haupttypen.

24 S. a. Abou El Fadl, Human Rights (s. Anm. 12), 117f.; D. Mednicoff, Art. Human Rights, in: G. Bowering (Hg.), The Princeton Encyclopedia of Islamic Political Thought (2013), 226f.

25 Die Bezeichnung bezieht sich auf den ägyptischen Muslimbruder Sayyid Qutb (1906–66), dessen *Ma'alim fi t-tariq* (Wegmarken) zur Programmschrift der militanten Dschihad-Gruppen wurde.

26 Der Terminus deutet auf die jüngere Verschmelzung salafitisch-reformerischen (Berufung auf die „frommen Vorfahren“, die islamische Urgemeinde) und wahhabitischen Gedankenguts.

jetzt auch „Salafisten") belegt. Sie folgen im Allgemeinen einem literalistischen Ansatz gegenüber Koran und Sunna, der prophetischen Tradition. Das göttliche Gesetz aus historischer Perspektive und unter Einbeziehung des jeweiligen sozialen Kontextes zu betrachten, lehnen sie ab. Sie beharren auf der Exklusivität und Einzigartigkeit des Islam. Der Islam gilt ihnen als separates, eigenständiges, selbstgenügsames holistisches System von Glaubenslehren und Gesetzen, das die Welt formen und sich nicht an außer-islamische Systeme anpassen sollte. Demokratie, Säkularismus, Feminismus haben als „unerlaubte Neuerungen" keinen Platz in ihren Vorstellungen.

Diese Haltung ist aus der Debatte um die *Hakimiyya* (alleinige Souveränität Gottes) und der Aufforderung nach Reinigung der Gesellschaft von allen nicht-islamischen (*dschahili*) Wesenszügen hervorgegangen. Wird Gott als einziger Gesetzgeber angesehen, folgt daraus, dass jede normative Position, die aus menschlicher Vernunft oder sozialhistorischer Erfahrung abzuleiten ist, als illegitim eingestuft wird. Diese Puritaner vertreten nicht unbedingt eine kulturrelativistische Position; vielmehr behaupten sie, dass alle Rechte, derer sich der Mensch erfreuen solle, bereits in der von Gott offenbarten gerechten und moralischen Scharia-Ordnung angelegt sind. Auch wenn sich die Anhänger dieser exklusivistischen Sicht oft auf Koranverse und prophetische Dikta berufen, so entpuppt sich ihr Verständnis von Islam bzw. islamischem Recht bei näherem Hinsehen doch schnell als extrem reduktionistisch. Der Großteil des islamischen Kulturerbes wird ausgeklammert, das islamische Gesetz auf wenige konkrete Rechtssätze beschränkt. Kompromisse oder Zusammenarbeit mit andersdenkenden Muslimen oder Nicht-Muslimen sind nicht vorgesehen. Obwohl diese Sicht zahlenmäßig eine kleine Minderheit darstellt, erheben deren Anhänger einen absoluten Geltungsanspruch. Dieser geht einher mit der Dämonisierung der religiösen und politischen Gegner, der Kriminalisierung jeder abweichenden Haltung, der Wahrnehmung von Heterogenität als Bedrohung und der Institutionalisierung systematischer Diskriminierung auf der Basis von Ethnizität und Geschlecht.[27]

W. Ende, Salafiyya (Anm. 10), 907, 908; zu den Wahhabiten (von ihrer Entstehung im 18. Jh. bis zum 20. Jh.): E. Peskes / W. Ende, Art. Wahhabiyya, The Encyclopaedia of Islam, second edition 11 (2000), 39–47.

27 Zur Argumentation der „Exklusivisten": Abou El Fadl, Human Rights (s. Anm. 12), 120–123; R. Badry, "Democracy" versus "Shura-cracy": Failures and Chances of a Discourse and Its Counter-Discourse, in: T. Theophanov / P. Samsareva / Y. Peev / P. Pavlovitch (Hg.), 30 Years of Arabic and Islamic Studies in Bulgaria, Sofia 2008, 329–345: 335f.

3.2 „Semi-textualists": Apologetische sowie pragmatische („moderate"), partiell inklusivistische Stimmen

„Semi-textualists" sind dagegen in der jüngeren Geschichte wie in der Gegenwart sehr viel stärker als der erstgenannte Typ vertreten. Sie folgen im Wesentlichen den „textualists", insoweit es sich um die Buchstabentreue gegenüber scheinbar eindeutigen Koranversen (bzw. Scharia-Regelungen) und um die Vernachlässigung des sozio-historischen Kontextes handelt. Allerdings verwenden sie bis zu einem gewissen Grad eine modernisierte Sprache. Unter ihnen finden sich sowohl eher konservative religiöse Gelehrte wie der prominente „Medien-Mufti" Yusuf al-Qaradawi als auch Vertreter der maßgeblichen islamisch-fundamentalistischen Parteien, Tochterorganisationen der ägyptischen MB oder auch die nach dem Sturz Ben Alis und Mubaraks legalisierten Parteien unterschiedlicher fundamentalistischer Couleur und einige „islamische Feministinnen".[28]

Die gemeinsame heuristische Devise der Apologeten unter ihnen lautet in etwa: Alle lobenswerten und wertvollen modernen Errungenschaften, darunter die MR, finden sich bereits im Islam, wurden von ihm entdeckt und realisiert. Einzelne, aus dem Zusammenhang gerissene Koranverse oder Prophetendikta werden angeführt, um (duldende, nicht anerkennende) Toleranz und MR nachzuweisen. Traditionelle Ansichten offenbaren sich, wenn z.B. die allgemeine Bedeutung der MR durch Verweis auf „die Scharia" eingeschränkt, die Religionsfreiheit auf die vom Islam im Allgemeinen tolerierten monotheistischen Religionen oder auf Konversion zum Islam begrenzt oder von gleichwertigen, nicht aber gleichen Rechten der Geschlechter gesprochen wird. Da Scharia nicht näher bestimmt wird, ergibt sich dadurch ein potentiell sehr weiter Interpretationsspielraum. Als Beispiel können die diversen islamischen MR-Deklarationen bzw. Verfassungsentwürfe dienen, die sich zwar formal an Begriffe und Konzepte der UDHR angleichen, aber durch den nicht konkretisierten Scharia-Vorbehalt für alle Rechte und Freiheiten nicht internationalen Standards entsprechen.[29] Dasselbe gilt für die „MR-Deklaration von Kairo", die 1990 von der Organisation der Islamischen Konferenz, eine 1973 gegründete internationale Organisation, der alle muslimischen Länder angehören, verabschiedet wurde (s. Generalvorbehalt in Art. 24).[30] Es überrascht deswegen nicht, dass arabische MR-Organisationen (wie das angesehene *Cairo Institute for Human Rights*

28 Zur Problematik des Terminus und zum Entstehungskontext: Badry, *„gender-dschihad"* (s. Anm. 1), 139–141.

29 Auch wenn in den Übersetzungen ins Englische oder Französische der neutral wirkende Begriff *law* bzw. *loi* benutzt wird.

30 Zur Deklaration: Hashemi / Quresh, Human Rights (s. Anm. 9), 459f.

Studies) die Erklärung als unzureichend einstuften[31], denn es bleibt die Frage: Wer legt die Scharia fest, wer bestimmt, wer ein Gelehrter ist oder zur Auslegung des islamischen Gesetzes befugt ist.

Seit den 1990er Jahren haben sich manche Vertreter dieser Sichtweise weiter dem reformerischen Diskurs angenähert; dazu haben sie argumentative Versatzstücke aus deren Repertoire übernommen, wie die Berufung auf das Prinzip der *maslaha* (des öffentlichen Wohls), der *maqasid* (Zweckbestimmungen der Scharia) oder des Grundsatzes der *bara'a al-asliyya*, der ursprünglichen Erlaubtheit, d.h., alles gilt als erlaubt, solange eine primäre religiöse Quelle es nicht ausdrücklich verbietet.[32] So heißt es z.B. im Programm der ägyptischen „Partei für Gerechtigkeit und Freiheit" (FJP) von 2011, dass sie eine zeitgemäße Interpretation der normativen islamischen Quellen unter Berücksichtigung der *maslaha* (u.a.) anstrebe. Gleichwohl werden Rechte und Freiheiten als „Gottesgabe" (*hibat Allah*) an die Menschen tituliert – eine Formulierung, die an die Präambel der Unabhängigkeitserklärung der USA aus dem Jahre 1776 erinnert, in der es heißt, dass der Mensch vom Schöpfer gewisse unveräußerliche Rechte (Leben, Freiheit, Streben nach Glück) verliehen bekommen habe.[33] Im FJP-Programm wird der gängige Ausdruck für MR (*human rights, huquq al-insan*) nicht verwendet; stattdessen ist von Grundrechten oder Grundprinzipien die Rede.[34] Ebenso aufschlussreich ist in diesem Zusammenhang, dass zwar islamistische sozial-karitative NROs belegt sind, nicht aber MR-NROs.

Einen wichtigen Impuls zu diesem Positionswechsel hat die von Qaradawi propagierte Idee der *wasatiyya* („Mittelweg", *mainstream*) geleistet. Der Neologismus bezieht sich auf Koransure 2: Vers 143, nach der Gott die Muslime zu einer *umma wasatan*, „einer Gemeinde in der Mitte" gemacht hat. Entsprechend wirbt man für einen islamischen Mittelweg zwischen den Extremen. Hinter dem Begriff verbergen sich, wie nicht anders zu erwarten, wenn die Eckpunkte nicht näher qualifiziert sind, verschiedene Ansätze, um eine muslimische Identität mit moderner Lebensweise zu vereinbaren. Militanter Extremismus wie traditionalistische Weltabge-

31 Jürgensen, Menschenrechtsdebatte (s. Anm. 17), 307, (s.a. „Pariser Erklärung") 308.

32 Zu diesen sekundären Rechtsprinzipien im Besonderen sowie zur Lehre von den Rechtsquellen und Methoden im Allgemeinen: Stewart, shari'a (s. Anm. 5), 503; Rohe, Recht (s. Anm. 5), 43–73.

33 Reinhardt, Grundlagen (s. Anm. 4), 30f.

34 Freedom and Justice Party (FJP, Egypt), Election Program. Parliamentary Election 2011 (Freedom … Justice … Development … Leadership), II.1 und II.3: http://www.fjponline.com/uploads/FJP-program.pdf (02.01.2014). Auf Arabisch war das Programm bis Ende Juli 2013 abzurufen auf der Homepage der Partei: www.hurryh.com/ (23.07.2013). Zum Programm s. a. Freedom and Justice Party, Egypt's Election Watch, Ahram Online and Jadaliyya 03.12.2011: http://english.ahram.org.eg/News/24939.aspx (07.01.2014). Zu den ideologischen Veränderungen innerhalb der MB seit den 1980ern: el-Ghobashy, Metamorphosis (s. Anm. 11), 377ff.

wandtheit werden abgelehnt, die Anwendung von Scharia-Grundsätzen aber als göttlich gegebene Lebensordnung auch in der modernen Gesellschaft befürwortet.

Der 1926 in Ägypten geborene und an der Theologischen Hochschule al-Azhar ausgebildete ehemalige Muslimbruder Qaradawi gehört selbst zu den konservativsten Vertretern dieses Ansatzes.[35] Seine Reputation verdankt er vor allem seiner medialen Präsenz, die ihm seit den 1970ern (bes. ab 1996) in Qatar eingeräumt wurde, wo er seit 1961 residiert und wirkt. Zudem ist er Mitbegründer und seitdem Vorsitzender des Europäischen Rates für Fatwa und Forschung (ECFR). 1988 machte er auf die Notwendigkeit aufmerksam, auf alle Rechtstraditionen gleichermaßen zurückzugreifen, um eine Position der Mitte zu begründen. Diese Methoden des *talfiq* und *tachayyur* (Kombination von Rechtsschulen, Auswahl der zeitgemäßen Meinung) sind allerdings ebenso wenig neu wie die Suche nach dem mittleren Weg. Auch wenn der Medienmufti seine Sicht als neu, undogmatisch und moderat anpreist, sich selbst als rational und ausgewogen präsentiert, so stellt sich seine Rechtsmethodik bei näherer Betrachtung schnell als alter Wein in neuen Schläuchen heraus. Sein Diskurs folgt weitgehend den Parametern der klassischen Jurisprudenz, dem *Fiqh*, den er oberflächlich mit einigen modernen Elementen, was Diktion und Themenvielfalt angeht, vermischt. Seine umstrittenen Äußerungen und Rechtsgutachten (zur Todesstrafe bei Apostasie eines Muslim oder bei „Unzucht“ von Verheirateten, zu palästinensischen Selbstmordattentätern, zur Polygynie u.a.) belegen, dass es mit seiner Offenheit und Toleranz nicht weit bestellt ist. Mit uneingeschränkter Anerkennung der Pluralität von Meinungen und Lebenskonzepten tun sich Konservative und Fundamentalisten bekanntlich schwer, nicht nur im islamischen Kontext.

Aufschlussreich sind hier auch die Thesen einer sogenannten „islamischen Feministin“, die sich aber selbst nicht so bezeichnet wissen möchte: die ägyptische Politologin Heba Raouf Ezzat (Jg. 1965).[36] Wie andere Islamisten beruft sie sich auf Koran und Sunna sowie verschiedene Instrumente, um das Recht weiterzuentwickeln. Dabei macht sie jedoch nur in begrenztem Maße Gebrauch vom *idschtihad* (eigenständige Rechtsauslegung auf Basis der Grundlagentexte) oder sekundären Rechtsprinzipien, so dass ihr Konzept letztlich ambivalent ist

---

35 B. Gräf, The Concept of *wasatiyya* in the Work of Yusuf al-Qaradawi, in: Dies. / J. Skovgaard-Petersen (Hg.), Global Mufti: The Phenomenon of Yusuf al-Qaradawi, London 2009, 213–238; dies., Yûsuf al-Qaradâwî, Ägypten/Qatar: Das Erlaubte und das Verbotene im Islam, in: Amirpur / Ammann, Wendepunkt (s. Anm. 8), 109–117.

36 Zu den folgenden Ausführungen R. Sinder, Fremde Freiheit: Islamistischer Freiheitsbegriff und feministische Theorie, Freiburg 2014, Kap. 11–13, bes. 132–160; s.a. kurz Jürgensen, Frauengleichstellungsdebatte (s. Anm. 17), 324f.

und ihr Freiheitsbegriff individueller Selbstbestimmungsrechte entbehrt und sinnentleert wirkt. Einerseits spricht sie für den „Kreis der Umma" (öffentlichen Bereich) von Geschlechtergleichheit mit Blick auf das Recht, aber auch die Pflicht der politischen Partizipation. Wenn es andererseits um den „Kreis der Familie", also den privaten Bereich geht, dann gemahnt sie zwar zu „politischer Arbeit" in der Familie, behält aber im Anschluss an die Vormundschaft (*qiwama*) des Mannes die Entscheidungsgewalt dem männlichen Familienoberhaupt vor. Grundlegende Glaubensinhalte aus Koran und Sunna dürfen nach Ezzat nicht hinterfragt werden.

Kompromissbereiter geben sich dagegen die jüngeren Vertreter einer „islamischen Demokratie" wie der Anführer der tunesischen Nahda-Partei, Rachid al-Ghannouchi (Jg. 1941), ebenfalls Mitglied des europäischen Fatwa-Rates, der im Anschluss an Qaradawi meint, Freiheit müsse sogar Priorität vor der Anwendung der Scharia eingeräumt werden. Gleichzeitig betont er, wie Ezzat, es sei die Pflicht der Bürger, ihr demokratisches Recht auf Wahl auszuüben, um die beste Person zu wählen, unabhängig von Religions-, ethnischer, Gruppen- oder Geschlechtszugehörigkeit. Allerdings hält auch er Säkularismus nicht für eine wesentliche Vorbedingung für Demokratie, und Abfall vom Islam sei zwar nicht mit dem Tode zu bestrafen, bleibe aber ein religiös-politisches Vergehen. Er erkennt durchaus die Gefahr des Machtmissbrauchs durch interessengesteuerte Interpretation der Scharia. Die Lösung sei, die Entscheidung dem Mehrheitswillen der Wähler zu überlassen.[37]

Noch weiter gehen die sogenannten Abtrünnigen aus der ägyptischen MB, die sich bereits 1996 als *Wasat*-Partei formierten, welche aber erst 2011 legalisiert wurde. Wegen Kritik an innerparteilichen Entscheidungs- und Führungsmechanismen hatten sie sich einst von der MB losgelöst. In ihrem Parteiprogramm beschreiben sie sich selbst als zivile Partei mit einem „islamischen Referenzrahmen", wobei der Islam nicht nur als Religion, sondern auch als Zivilisation und Kultur charakterisiert wird. Diskriminierung basierend auf Religions- oder Geschlechtszugehörigkeit seien abzulehnen. Bei den Diskussionen um eine neue ägyptische Verfassung (2012) haben sie sich aber im Unterschied zu säkularen Vertretern dagegen ausgesprochen, sich vorab auf verbindliche übergeordnete Prinzipien zu einigen,

37 Ausführlich zu Ghannouchis Vorstellungen zur „islamischen Demokratie" (vor dem Wahlsieg seiner Partei in Tunesien nach dem Sturz Ben Alis): K.K. Wöhler-Khalfallah, Der islamische Fundamentalismus, der Islam und die Demokratie. Algerien und Tunesien: Das Scheitern postkolonialer „Entwicklungsmodelle" und das Streben nach einem ethischen Leitfaden für Politik und Gesellschaft, Wiesbaden 2004, bes. 397–413; D. L. Johnston, *Maqasid al-Shari'a*: Epistemology and Hermeneutics of Muslim Theologies of Human Rights, Die Welt des Islams 47 (2007), 149–187: 171–176.

um individuelle und Minderheitenrechte zu schützen und den nicht-religiösen Charakter des Staates festzuschreiben.[38]

Nach dem Sieg der islamistischen Parteien in Tunesien und Ägypten sahen sich viele Beobachter in ihrer Vorannahme bestätigt, dass die Annäherungen an reformerische Positionen weitgehend Rhetorik und Strategien zur Machtergreifung waren. Bereits zuvor fiel auf, dass viele Repräsentanten der vermeintlich moderaten Richtung nur in sehr vager und allgemeiner Form von Demokratie und MR sprachen. Sie betonten v.a. die Werte und Normen einer liberalen Demokratie, die ihren Anliegen, solange sie in der Opposition waren, entsprachen: Rechtsstaatlichkeit, freie Presse und freie Wahlen, Repräsentativität und Rechenschaftspflicht der Regierung. Dass besonders die Pflicht zur Wahl unterstrichen wurde, deutet an, dass man sich eines Sieges bei freien Wahlen ziemlich sicher war. Wenn es dagegen um die „ungewollten" Begleiterscheinungen von liberaler Demokratie ging, so etwa dem „ungezügelten" Individualismus, dem Säkularismus, Materialismus oder Atheismus, wurde deutlich Unwillen bekundet. Ähnlich problematisch waren Stellungnahmen zum Status von Frauen, religiösen und politischen Minderheiten außerhalb der „*Scharia*-gemäßen Wertmaßstäbe".

Letztlich kann also auch die Mehrzahl der lange Zeit als ‚moderat' betrachteten Versuche zur Verknüpfung von Scharia und Modernität nicht überzeugen. Die Entwürfe bieten keine kohärente Plattform, weil wesentliche Fragen, wie diejenige nach dem Verstehen und Deuten der islamischen Grundlagentexte, ausgeklammert werden, weiterhin ein idealisiertes Islambild mit den Verfehlungen westlicher MR- bzw. Demokratiepraxis kontrastiert sowie ein historisch unkritisches Bild der frühen islamischen Gemeinde gezeichnet wird und monokausale Erklärungsansätze für die unerwünschten Entwicklungen in der muslimischen Welt geboten werden.

Die Ansätze bleiben textzentriert, die Einbeziehung rechtshermeneutischer Prinzipien erfolgt selektiv und orientiert sich stärker an den engeren als an den weiteren Deutungen mittelalterlicher oder neuzeitlicher Gelehrter.[39] Systematischer gehen demgegenüber die sog. Kontextualisten vor.

---

38 Zur Wasat-Partei: I. Lübben / I. Fawzi, Ein neuer islamischer Parteienpluralismus in Ägypten? Hizb al-Wasat, Hizb al-Shari'a und Hizb al-Islah als Fallbeispiele, Orient 41 (2000), 229–281: 261–275; Al-Wasat Party, Jadaliyya (mit Ahram Online) 18.11.2011: http://www.jadaliyya.com/pages/index/3152/al-wasat-party (18.10.2013); Hizb al-Wasat, Barnamadsch (Parteiprogramm, arabisch): http://www.alwasatparty.com/program.php (18.10.2013).

39 Zu den unterschiedlichen *maslaha-maqasid*-Ansätzen im Mittelalter und im 19./20. Jh.: F. Opwis, *Maslaha* in Contemporary Islamic Legal Theory, Islamic Law and Society 12 (2005), 182–223.

3.3 „Contextualists": „Konservative" und „progressive" reformerische Stimmen (Revisionisten, Pluralisten)

Wie der Ausdruck bereits andeutet, betonen die Kontextualisten im Allgemeinen den sozialgeschichtlichen Hintergrund des ethisch-rechtlichen Gehalts der Offenbarungsschrift sowie ihrer späteren Auslegungen und Umsetzungen. Der jüngeren Generation von Reformern geht es aber nicht allein wie ihren Vorgängern um den Nachweis der Dynamik, Flexibilität und Pluralität innerhalb des Islam oder um den Nachweis der Kompatibilität von MR bzw. Demokratie und Islam. Sie lassen sich vielmehr sowohl von dem reichen islamischen Erbe inspirieren als auch von neueren wissenschaftlichen Ansätzen und Erkenntnissen. Den Koran neu zu lesen und den Islam neu zu denken, lautet die Devise – nicht in apologetischer Manier, sondern unter Zugrundelegung klarer Prämissen und hermeneutischer wie epistemologischer Prinzipien. Das mag nicht immer ganz konsequent durchgehalten werden, aber die Bestrebungen der muslimischen Modernisten zielen auf eine grundlegende Erneuerung des arabisch-islamischen Denkens, auf einen Bruch mit dem logozentrischen, zirkulären Denken der Traditionalisten und Islamisten. Wegen ihrer unkonventionellen Ideen werden die muslimischen Modernisten und säkularen Kräfte wie schon Querdenker in der Vergangenheit oft zur Zielscheibe harscher Kritik. Sie stehen gleich dreifach unter Druck[40]: Zum einen werden sie vom religiösen Establishment oder anderen selbst ernannten Hütern der religiösen Ordnung angefeindet und verketzert; zum anderen sehen staatliche Autoritäten ihren „Diskurs der Befreiung" von überkommenen Denk- und Verhaltensmustern als Gefahr der gesellschaftlichen Ordnung; darüber hinaus erschweren anti-islamische Stimmen im Westen ihr Anliegen, da diese ihrerseits anti-westliche Tendenzen in den muslimischen Ländern erzeugen. Wegen ihrer Verbindungen zum Westen (Ausbildung, Gastprofessuren usf.; Rezeption westlicher Theorien) sind die muslimischen Querdenker leicht als „Agenten des Westens" zu diffamieren.

Auch die Repräsentanten dieser Tendenz umfassen ein weites Spektrum, konservativere wie progressivere Stimmen, wenn man so will: Philosophen wie der Algerier Mohammed Arkoun[41] oder der Marokkaner Mohammed Abed al-Jabri[42], Lite-

---

40 M. Kamrava (Hg.), The New Voices of Islam. Reforming Politics and Modernity: A Reader, London/New York 2006, 23f.

41 Zu ihm (1928–2010), der v. a. in Frankreich lebte und lehrte: Ursula Günther, Mohammed Arkoun: towards a radical rethinking of Islamic thought, in: S. Taji-Farouki (Hg.), Modern Muslim Intellectuals and the Qur'an, Oxford/New York 2004, 125–167.

42 Zu ihm (1936–2010), der bewusst nur auf Arabisch publizierte: M. Gaebel, Von der Kritik des arabischen Denkens zum panarabischen Aufbruch, Berlin 1995; M. al-Jabri, Democracy, Human

raturwissenschaftler wie der Ägypter Nasr Hamid Abu Zayd[43]; Juristen wie der aus Ägypten stammende Khaled Abou El Fadl[44], Historiker wie der Tunesier Mohamed Talbi[45], Ingenieure wie der Syrer Muhammad Schahrur[46], non-konformistische religiöse Gelehrte wie der Libanese ‘Abdallah al-‘Alayili[47], „islamische Feministinnen“ wie die marokkanische Soziologin Fatima Mernissi[48] oder die Historikerin Amira El Azhary Sonbol[49] ägyptischer Herkunft. Es handelt sich also um einzelne Intellektuelle unterschiedlicher Disziplinen, die sich erst in jüngerer Zeit zu gemeinsamen Diskussionsforen, real wie virtuell, zusammengefunden haben. Wie sieht

---

Rights and Law in Islamic Thought, London 2009 (Aufsatzsammlung); ders., Kritik der arabischen Vernunft: die Einführung (Teilübers.), Berlin 2009.

43 Zu ihm (1943–2010) u. a.: T. Hildebrandt, Nasr Hamid Abu Zaid: Interpretation – die andere Seite des Textes, in: Amirpur / Ammann (Hg.), Wendepunkt (s. Anm. 8), 127–135; N. H. Abu Zaid, Gottes Menschenwort. Für ein humanistisches Verständnis des Koran, ausgewählt, übersetzt und mit einer Einleitung von T. Hildebrandt, Freiburg/Basel/Wien 2008; N. Kermani, From revelation to interpretation: Nasr Hamid Abu Zayd and the literary study of the Qur’an, in: Taji-Farouki (Hg.), Intellectuals (s. Anm. 41), 169–192.

44 Zu ihm (Jg. 1963): B. Krawietz, Khaled Abou El Fadl, Ägypten/USA: Mit der Scharia gegen den Puritanismus, in: Amirpur / Ammann, Wendepunkt (s. Anm. 8), 118–126.

45 M. Talbi (Jg. 1921), Religious Liberty: A Muslim Perspective, in: Kamrava (Hg.), New Voices (s. Anm. 40), 105–117; R. L. Nettler, Mohamed Talbi on understanding the Qur’an, in: Taji-Farouki, Intellectuals (s. Anm. 41), 225–239; „Mein Glaube ist die Freiheit“. Ein Gespräch mit dem tunesischen Denker Mohamed Talbi (geführt von B. Stauffer), NZZ 15.09.2003: http://www.nzz.ch/aktuell/startseite/article93AL9-1.303563 (07.01.2014). Anfang 2013 wurde ihm die Gründung einer „Association Internationale des Musulmans Coraniques“ untersagt – Mohamed Tabli avertit „Choisissez. Il est encore temps pour sauver les meubles, demain il sera trop tard“, Tunisie Focus 16.03.2013: http://www.tunisiefocus.com/politique/mohamed-talbi-avertit-choisissez-il-est-encore-temps-pour-sauver-les-meublesdemain-il-sera-trop-tard-40586/ (07.01.2014).

46 L. Mudhoon, Muhammad Schahrûr, Syrien: Für ein zeitgenössisches Koran- und Islamverständnis, in: Amirpur / Ammann, Wendepunkt (s. Anm. 8), 136–145; Andreas Christmann, ‘The form is permanent, but the content moves’: the Qur’anic text and its interpretation(s) in Mohamad Shahrour’s *al-Kitab wal-Qur’an*, in: Taji-Farouki, Intellectuals (s. Anm. 41), 263–295; S. Syamsuddin, Die Koranhermeneutik Muhammad Sahrurs und ihre Beurteilung aus der Sicht muslimischer Autoren: Eine kritische Untersuchung, Würzburg 2009. – Zu einem weiteren interessanten Autodidakten in Sachen Islam-Auslegung, Gamal al-Banna (1920–2013), dem jüngeren Bruder des Gründers der ägyptischen MB: I. Lübben, Gamâl al-Bannâ, Ägypten: Gerechtigkeit für alle, in: Amirpur / Ammann, Wendepunkt (s. Anm. 8), 164–172; N. El-Hennawy, Gamal al-Banna leaves behind a legacy of controversial views on Islam, Egypt Independent 17.02.2013: http://www.egypt.independent.com/news/gamal-al-banna-leaves-behind-legacy-controversial-views-Islam (07.01.2014).

47 M. Sing, Progressiver Islam in Theorie und Praxis. Die interne Kritik am hegemonialen islamischen Diskurs durch den „roten Scheich“ ‘Abdallah al-‘Alayili (1914–1996), Würzburg 2007.

48 R. Rhouni, Secular and Islamic Feminist Critiques in the Work of Fatima Mernissi, Leiden/Boston 2010.

49 Badry, „gender dschihad“ (s. Anm. 1), 148f.

nun die Argumentation dieser unkonventionellen Kräfte aus? Welcher Methoden oder diskursiven Strategien bedienen sie sich, um Gleichheits- und Freiheitsrechte islamisch zu begründen und zu verankern?[50]

Die Neuinterpretation der islamischen Glaubens- und Rechtsquellen setzt abgesehen von ihrer historischen Kontextualisierung ihre Hierarchisierung voraus. Der Koran genießt absolute Autorität, sein ontologischer Status als Wort Gottes wird nicht in Frage gestellt. Es sei allerdings strikt zwischen Text und Interpretation zu differenzieren, zwischen Religion und religiösem Denken, zwischen dem Glauben mit seinen Werten und Prinzipien und der organisierten Religion mit ihren Institutionen, Gesetzen, Praktiken. Während das Erkennen der absoluten Wahrheit allein Gott dem Allmächtigen und Allwissenden vorbehalten ist, sei das religiöse Verständnis des Menschen *per se* fehlbar, stets subjektiv, kontextabhängig, von Vorannahmen und Vorwissen geprägt, mithin wandelbar und als permanenter Prozess zu begreifen. Sozialer Wandel resultiere, wie ein flüchtiger Blick in die exegetischen und rechtlichen Werke belegt, in der Pluralität von Meinungen und Verstehensweisen. Dieser Dissens (*ichtilaf*), im islamischen Recht seit jeher ein anerkanntes Prinzip, ist Teil des menschlichen Wesens und von Gott gegeben, denn heißt es nicht in Koran 5:48: „Und wenn Gott gewollt hätte, hätte er euch zu einer einzigen Gemeinschaft (umma) gemacht [...]" (Übers. R. Paret)? Für muslimische Modernisten impliziert diese Tatsache die Ablehnung jeglichen Deutungsmonopols und – in Verbindung mit anderen Versen – die Begründung einer Ethik des Pluralismus. Die gemeinhin als zweite primäre Glaubens- und Rechtsquelle anerkannte „Tradition" (Sunna) des Propheten und der frühen Gemeinde, gesammelt in umfangreichen *Hadith*-Kompendien[51], um ein Vielfaches umfangreicher als der Koran, habe wegen der berechtigten Zweifel an der Echtheit zahlreicher Überlieferungen als der „Hl. Schrift" nachgeordneten Quelle zu gelten. Stünden Überlieferungen eindeutig im Widerspruch zum Koran, so seien sie als fragwürdig zurückzuweisen. Das betrifft u.a. die vom klassischen islamischen Recht vorgesehene Todesstrafe bei Ehebruch, Homosexualität oder Apostasie vom Islam. Dass es in der Vor-Moderne durchaus Minderheitenmeinungen gab, die die Todesstrafe in diesen Fällen ablehnten, gilt manchen als zusätzlicher Beleg. Um misogyne Wirkungen mehrerer als schwach

---

50 Dazu u. a. Badry (s. bei allen Anm. 1), Religion und Staat, 295–300; dies., Selbstbehauptung, 63–73; dies., „gender-dschihad", 142–144; dies., Verketzerung, 125–127; s. a. M. Browers, Islam and Political *Sinn*: The Hermeneutics of Contemporary Islamic Reformists, in: dies. / C. Kurzman, An Islamic Reformation?, Lanham u. a. 2004, 54–78 (u. a. zu Abu Zayd, Arkoun und Schahrur).

51 Einen Überblick zur klassischen „Traditionswissenschaft", muslimischen und westlichen *Hadith*-Kritik u. a. verschafft J. A. C. Brown, Art. Hadith, in: G. Bowering (Hg.), The Princeton Encyclopedia of Islamic Political Thought (2013), 211–214.

angesehener prophetischer Überlieferungen einzudämmen, die dennoch in die theologisch-rechtliche Literatur eingeflossen sind, um Geschlechterdiskriminierung zu rechtfertigen, erbringen einige der kritischen Denker den Nachweis, dass zahlreiche Traditionen auf vor- und außerislamisches Gedankengut zurückgehen (so Details im Schöpfungsbericht und zur Vertreibung von Adam und Eva aus dem Paradies).

Da er als prioritär gilt, konzentriert sich die größere Zahl der Querdenker (sog. „Koranisten“) auf den Koran, den Prozess der Offenbarung, Vermittlung und Interpretation ebenso wie auf einzelne Begriffe und Themen, und zwar u.a. mit philologischen, historisch-kritischen oder literaturwissenschaftlichen Methoden. Konsens ist, dass der Koran widersprüchliche Aussagen enthält und deswegen eines hermeneutischen Zugriffs bedarf, um den Sinn und Zweck der Offenbarungen zu eruieren. Die klassische Abrogationstheorie, nach der jüngere Verse ältere aufheben, stelle nur eine Möglichkeit dar. Zudem wird betont, dass der Koran kein Rechtshandbuch darstellt, sondern vielmehr allgemeine Richtlinien für eine praktische Ethik biete. Weil der Koran weder chronologisch noch thematisch geordnet ist, sei er nicht, wie in der vormodernen Exegese üblich, Vers für Vers, sondern als Ganzes im thematischen und historischen Kontext zu lesen – unter Verwendung des hermeneutischen Prinzips, den Koran möglichst aus sich selbst heraus zu verstehen. Auf diese Weise sei der Kerngehalt der Schrift zu ermitteln, und so ließen sich die übergeordneten moralischen Zielvorstellungen der koranischen Lehren herausfiltern. An dieser „Mitte“ der Schrift seien dann alle weiteren Texte zu messen. Die Unterscheidung zwischen universalen, zeitlosen Grundprinzipien und zeitlich begrenzten Partikularem impliziert eine Differenzierung zwischen verbindlichen und anleitenden koranischen Bestimmungen. Zu den Grundprinzipien zählten insbesondere *Tawhid* (Einheit Gottes) und *Chilafa* (Stellvertreterschaft).[52] Da die vollkommene Unterwerfung allein dem einen höchsten Wesen vorbehalten ist, schließt *Tawhid* jede Form der Anbetung falscher Götter – ob nun von Mitmenschen, Besitz, Erfolg oder dem eigenen Ich – aus. Mit *chilafa* sei nicht die Institution des Kalifats angesprochen, vielmehr seien alle Menschen als Stellvertreter Gottes auf Erden dazu aufgerufen, individuelle Verantwortung zu übernehmen und den Auftrag Gottes, eine gerechte Ordnung auf Erden anzustreben, zu erfüllen. Aus der biologischen Differenz sei keine prinzipielle Geschlechterdifferenz abzuleiten. *Tauhid* und *chilafa* sowie der

52 Weitere, oft genannte übergeordnete Prinzipien sind z.B. Barmherzigkeit und Güte Gottes, Würde (des Menschen und seine Auszeichnung durch Gott als vernunftbegabtes Wesen), Gerechtigkeit, Gleichheit oder Gegenseitigkeit, die als Grundlagen für die Entwicklung einer neuen Theologie dienen sollen. Vgl. z. B. Abou El Fadl, Human Rights (s. Anm. 12), 126ff., 142–147; oder den syrisch-amerikanischen Wissenschaftler Safy, Human Rights (s. Anm. 6), 21ff.

Aufruf zu Gerechtigkeit (bzw. Vermeidung von Unterdrückung und Tyrannei)[53] unterstreichen demnach für „progressive" Muslime die Gleichstellung aller Menschen vor Gott, ohne jegliche Diskriminierung, und ihre gemeinsame, reziproke Verantwortung für die Umsetzung der göttlichen Botschaft.

Andere progressive Denker wenden sich der islamischen Jurisprudenz (*fiqh*) zu, da sie der Auffassung sind, dass ohne eine Dekonstruktion des Mehrheitsverständnisses von „der Scharia" keine nachhaltige Lösung der Kernprobleme (mit Blick auf Freiheits- und Gleichheitsrechte) zu erreichen ist. Entstehung, Entwicklung und Nachwirken des vormodernen islamischen Rechts in Theorie und Praxis werden kritisch hinterfragt, die diversen Einflüsse auf den islamischrechtlichen Diskurs aufgedeckt (so vorislamisches, „tribales", byzantinisches, persisch-sasanidisches, jüdisches, lokales Gewohnheitsrecht, aber auch europäisches Kolonialrecht). Zudem wird verdeutlicht, dass die Heterogenität und Flexibilität des islamischen Rechts bei der Zentralisierung und Homogenisierung des Rechts- und Justizsystems seit dem 19. Jahrhundert ignoriert wurden. Die Scharia auf einige wenige Bestimmungen zu beschränken und diese für sakrosankt zu erklären, wird somit als unrechtmäßige Anmaßung und Verkennung der Komplexität des islamischen Rechts gesehen. Den traditionellen Religionsgelehrten komme überdies kein Monopol der Auslegung zu, da die Anpassung an sozialen Wandel unterschiedliche Kompetenzen erfordere.

Um MR im islamischen Denken zu verankern und dem Postulat einer gerechten Ordnung zu entsprechen, haben sich bereits die frühen Reformer auf den sogenannten *maslaha-maqasid*-Ansatz berufen, der von mittelalterlichen Gelehrten verschiedener Rechtsschulen angewandt wurde, um die Rechtstheorie in größeren Einklang mit der Praxis zu bringen. In jüngerer Zeit erfreut sich das Bedürfniskonzept des maliktischen Gelehrten aus dem andalusischen Granada Abu Ishaq al-Shatibi[54] aus dem 14. Jahrhundert besonderer Beliebtheit. Er unterschied zwischen drei Ebenen der *maslaha:* Zum ersten, den absoluten Notwendigkeiten, den allen Völkern bekannten allgemeinen Gütern (*daruriyyat* = Religion, Leben, Nachkommenschaft, Eigentum, Verstand); diese könnten nicht abrogiert werden. Nachgeordnet seien die für das umfassende Wohl notwendigen Bedürfnisse (*hadschiyyat*) und die zur Verbesserung bzw. Verfeinerung des menschlichen Lebens gedachten *tahsinat* bzw. *tazyinat.* Die vormoderne Lehre sah die *daruriyyat* vornehmlich durch eine Verbotsethik (du darfst nicht töten, stehlen usf.) garan-

53 Aus diesen Kernbegriffen im Koran leitet z. B. M. Talbi ein „anti-tyrannical ethos" ab. Dazu Badry, „Democracy" (s. Anm. 27), 340f.

54 Zu ihm z. B. Rohe, Recht (s. Anm. 5), 16f.; Johnston, Epistemology (s. Anm. 37), 160f.

tiert. Neuzeitliche Denker gehen aber sehr viel weiter. So hält Abou El Fadl eine Kombination des zweckbestimmten Ansatzes mit einer postmodernen Hermeneutik in Bezug auf die MR für möglich. Die aus den Zielbestimmungen der Scharia eruierten ethischen Prinzipien sollen als eine Art oberste Kontrollinstanz (oder höchster Maßstab) im Prozess der Rechtsfindung (*idschtihad*) dienen, und zwar unter Anerkennung des dynamischen Wesens der Hermeneutik. Als Befürworter einer postmodernen Hermeneutik geht er, wie z.B. auch Arkoun, über die moderne Suche nach Gewissheit hinaus und definiert Wahrheit als „eine interaktive Dynamik zwischen Offenbarung, menschlicher Reflexion über Natur und Schöpfung und menschlicher Perzeption sozialgeschichtlicher Erfahrung".[55]

4. Abschließende Bemerkungen und Ausblick

Wie gezeigt, sind seit den 1990er Jahren nicht zuletzt infolge der Globalisierung und stärkeren Vernetzung der Akteure einige positive Ansätze und Entwicklungen im innerarabischen MR-Diskurs zu verzeichnen. Abgesehen von den systematischen Bemühungen für eine islamische Begründung der MR und der Tatsache der Annäherung an reformerische Positionen ist besonders zu betonen, dass ein Großteil der Bevölkerung sich des hohen Wertes der MR bewusst ist und deren Instrumentalisierung für politische Interessen, ob nun von westlicher oder islamischer Seite, ablehnt. Diese positiven Ansätze, so meine ich, verdienen es, als solche auch im „Westen" wahrgenommen zu werden und nicht – wie teils sogar während der Massenproteste 2011 geschehen – als unbedeutend abgetan und dem arabischen Raum insgesamt die Fähigkeit zur Reformierbarkeit abgesprochen zu werden.[56]

Sicherlich bestehen Hindernisse fort. Da sind zum einen die überkommenen Herrschaftsstrukturen, die sich nicht von einem Tag auf den anderen auflösen. Zudem finden sich selbst im modernistischen Diskurs wenig konkrete Angaben, wie die neuen Ideen praktisch umzusetzen sind, wenn man einmal von der mehrfach wiederholten Überzeugung absieht, dass Teilen der Bevölkerung MR nur nähergebracht werden könnten, wenn sie als in der eigenen Religion bzw. Kultur verankert vermittelt würden. Nicht zuletzt ist meines Erachtens ein verändertes kritisches Geschichtsbewusstsein gefragt, das in „Ost" wie auch „West"

55 Johnston, Epistemology (s. Anm. 37), 183–186 (Zitat auf Englisch s. S. 186).

56 Vgl. die von Hashemi – Arab Spring (s. Anm. 22), 1f., 3 – erwähnten zynischen oder pessimistischen Äußerungen.

historische Meistererzählungen[57] in Frage stellt, welche einem interkulturellen MR-Dialog auf Augenhöhe im Wege stehen.

Denn „Scharia" und Islam haben durchaus wertvolle zukunftsweisende Aspekte bzw. Ausgangspunkte vorzuweisen.

Angesichts der offensichtlichen Probleme weltweit bedarf es vielleicht eines kompletten Neuentwurfs. So forderte der palästinensisch-US-amerikanische islamische Rechtswissenschaftler Wael Hallaq kürzlich (2013) ein radikales Überdenken der Parameter des Modernitätsdiskurses angesichts neoliberaler kapitalistischer Verwerfungen. Zugleich rief er zur Ausarbeitung kreativer, im islamischen historischen Erbe verwurzelter Lösungskonzepte auf.[58] Auf die Früchte eines solchen Projektes darf man gespannt sein. Auf jeden Fall haben die Massenproteste seit 2011 dazu beigetragen, an die Essenz aller MR-Dokumente („Die Würde des Menschen ist unantastbar") und die Interdependenz von individuellen politischen und sozialen MR zu gemahnen, und die Weltgemeinschaft täte gut daran, sich diese Grundsätze nicht nur auf die Fahnen zu schreiben, sondern auch ihre Praxis stets daran auszurichten und gegebenenfalls entsprechend zu justieren.

Abstract

Dieser Beitrag vermittelt einen kleinen Einblick in die Debatte über die Beziehung zwischen Freiheits- und Gleichheitsrechten als fundamentalen Menschenrechten und islamischen Prinzipien und Werten unter arabischen Muslimen. Nach einführenden Bemerkungen zur Komplexität des politisierten Menschenrechtsdiskurses im Allgemeinen und den wichtigsten Zäsuren in der Rezeption von Menschenrechten im arabischen Raum werden die Hauptströmungen im zeitgenössischen arabischen Menschenrechtsdiskurs (Exklusivisten, Inklusivisten, Pluralisten) vorgestellt und abschließend die positiven Entwicklungen und fortgesetzten Hindernisse seit den Massenprotesten 2011 angesprochen.

57 Zu diesem Begriff (im Sinne von konstruierten „geschichtlichen Großdeutungen"), seinen Wurzeln, seiner Verbreitung und Verfeinerung: K. H. Jarausch / M. Sabrow, „Meistererzählung" – Zur Karriere eines Begriffs, in: dies. (Hg.), Die historische Meistererzählung: Deutungslinien der deutschen Nationalgeschichte nach 1945, Göttingen 2002, 9–32, bes. 9, 12f.

58 An interview with Wael Hallaq on his new book: The Impossible State: Islam, Politics, and Modernity's Moral Predicament, Jadaliyya 18.09.2013: http://www.jadaliyya.com/pages/index/14212/new-texts-out-now—wael_hallaq-the-impossible-state (02.10.2013).

This contribution offers a brief overview of the debate on the relation between freedom and equality as fundamental human rights and Islamic principles and values among Arab Muslims. After introductory remarks on the complexity of the politicized human rights' discourse in general and an outline of the major landmarks in the reception of human rights in the Arab region, the paper surveys the main trends in the contemporary Arab debate on human rights (exclusivists, inclusivists, pluralists). Finally, it highlights the positive developments as well as ongoing obstacles since the 2011 mass protests.

Schönheits- und Vollkommenheitsbegriff Der Versuch einer ästhetischen Theorie aus religionsphilosophischer Sicht im Islam

Reza Hajatpour

Einleitung

Die Idee des Schönen, sofern sie sich nicht auf die reine Anschauung bezieht, ist eng verknüpft mit einer anthropologischen Dimension: Zum einen geht es dabei um die Erkenntnis des Menschen, die stets nachhaltig das Menschenbild prägt, und zum anderen um die Gefühlswerte des Menschen, die das Normative und Erhabene in der menschlichen Entwicklung entscheidend beeinflussen. Erkenntnisse und Gefühlswerte sind letztlich Produkte unserer Entwicklung, der Wirkung unseres Umfeldes, des Geschehens der Geschichte und der Natur. Wir können sagen, dass die Idee des Schönen entsteht, wenn die Erkenntnis und die Gefühlswerte harmonisieren.

Im religiösen Erleben ist der Mensch in seine Gefühlswelt eingebunden. Darüber hinaus besteht durch die Gesamtschau des existentiellen Erlebens eine intensive Beziehung zur Außenwelt. Das religiöse Erleben bezieht sich zugleich, wenn es einer Offenbarungserfahrung entspringt, auf eine Erkenntnis, die den Menschen in eine „Korrespondenz" mit einer übernatürlichen Dimension versetzt. Die Offenbarung, die für den ersten Empfänger durch eine intuitive oder durch eine übernatürliche Schau geschieht, muss dann in eine irdische Form übergehen und somit ihren mündlichen und schriftlichen Ausdruck finden. Der religiöse Mensch befindet sich dann in einer Deutungswelt. Denn das unmittelbare Erlebnis des offenbarten Religiösen geht einerseits mit einer Selbst- und Weltwahrnehmung einher, andererseits stellt der „offenbarte Text" eine konkrete und zugleich eine vermittelnde Verbindung zwischen dem inneren Erleben und dem äußeren Zwang (Drang) der Deutung dar. Wenn wir hier von einem ästhetischen Erleben sprechen wollen, so müssen wir erfahren, in welcher Form das religiöse Erleben in seinen unterschiedlichen Formen für ein ästhetisches *Selbst- und Weltbild* des Menschen verantwortlich ist, das aus einer eigenen *Selbstdeutung des Menschen* hervorgeht.

In diesem Beitrag soll der Frage nachgegangen werden, ob mit einem religiösen Erleben ein ästhetisches Erleben verbunden ist und inwiefern dieser Aspekt der religiösen Erfahrung für die *Selbstperfektionierung des Menschen* verantwortlich sein kann. Der *„religiösen Ästhetik"*, die aus der Betrachtung des Ganzen entstehen könnte, entspringt meines Erachtens a priori weder Furcht noch die Idee der Vollkommenheit und Erlösung. Furcht und das Gefühl des Erschreckens werden auf dem religiösen Gebiet durch eine zusätzliche Mahnung ausgelöst. Sie können durch die Darstellung der mythologischen und allegorischen Gestalten oder durch die Verbindung eigener Erfahrungswerte an eine in Menschengruppen vorhandene Lebenseschatologie hervorgerufen werden. Die Idee der Vollkommenheit und Erlösung verbindet sich mit einer bestimmten Art des Selbstwertgefühls. Diesem kann eine ästhetische Reflexion der Welt und des Selbst vorausgehen, keineswegs ist diese eine unabdingbare Bedingung einer Vollkommenheitserfahrung im Menschen. Denn das Perfektionsgefühl entspringt, wenn es nicht unmittelbar aus dem primären Lebensgefühl hervorgeht, einem *negativen Selbstwertgefühl*, das wir höchstens als eine negative Ästhetik bezeichnen könnten.

Bevor ich mich mit der Bedeutung des ästhetischen Erlebens in der religiösen Selbst- und Welterfahrung befasse, möchte ich hier einen kurzen Überblick über die anthropologische Bedeutung des Ästhetischen herauskristallisieren. Vom reinen Begriff aus gesehen, bedeutet „aisthesis" – ein griechisches Wort – Wahrnehmung und Empfindung, was zunächst auf die reine Sinnlichkeit hinweist. Daher verbinden manche Denker das Schöne mit dem, was sinnlich affiziert ist, ganz gleich, ob es sich dabei um eine menschliche Gestalt oder einen Naturgegenstand bzw. ein Objekt handelt. Die Idee des Guten geht hingegen über die rein sinnliche Wahrnehmung hinaus. Wir können daher den Begriff *Ästhetik* mit einer bestimmten Betrachtungs- und Handlungsweise in Verbindung bringen, die eine ästhetische Reflexion der Wahrnehmung konstatiert, die sich nicht nur rein äußerlich manifestiert, sondern die sinnliche Dimension mit einer inneren Empfindung durchbricht.

Diese innere Empfindungswelt darf nicht metaphysisch aufgefasst werden. Sie beruht auf der Wirklichkeit des Naturgeschehens. Sie ist zugleich autochthon und bildet die *innere Person*. Insofern stellen wir fest, dass menschliche Wahrnehmung und Empfindung immer eine große Rolle für eine ästhetische *Selbst- und Weltwahrnehmung* des Menschen eingenommen haben und die Idee des Schönen nicht rein „sinnlich" bleibt. Die ästhetische Wahrnehmung hat sich in ihren Anfängen zwar sinnlich manifestiert, die Reichweite der ästhetischen Spekulation umfasst jedoch die Gesamtwirklichkeit des Menschen.

Während das Schöne objektbezogen die menschlichen Sinne reizt, dringt der innere Reiz bei den guten Taten in die Sphäre des „Übersinnlichen" ein. Eine moralisch gute Handlung wirkt auf das innere Gemüt des Menschen. Sie fordert (provoziert) die *Freude* heraus, gleichgültig, ob diese Freude aus einer unmittelbaren Affektion der Lust oder des Interesses, eines Zweckes oder gar aus einem „interesselosen Wohlgefallen" (Immanuel Kant) hervorgeht. Dies ist ein weiterer Aspekt der Wahrnehmung, der die äußere Wahrnehmung ergänzt und erweitert. Und dies ist auch eine Erweiterung der Personalität. Man kann dabei tatsächlich von einer *ästhetischen Anthropologie* sprechen, die sich neben allen anderen anthropologischen Formen wie der politischen Anthropologie, der Kulturanthropologie oder der Erkenntnisanthropologie manifestiert.

Wenn man sich die Geschichte der Ästhetik vor Augen führt, kann man mit Gewissheit feststellen, dass das Ästhetische immer einen sinnlichen Reiz voraussetzt. Außerdem ist das Schöne ohne ein betrachtendes Subjekt nicht nachvollziehbar. Die Interaktion zwischen der subjektiven Wahrnehmung und den wirkenden Gegenständen und Verhaltensmustern ist das Moment des ästhetischen Erlebens. Die antike Philosophie der Ästhetik neigte – mit einigen Ausnahmen – dazu, das Schöne an sich *unabhängig vom Subjekt* zu konstituieren. Das Subjekt war jedoch in die einheitliche Betrachtung der Welt eingeschlossen. Wenn man die Welt als einen *ästhetischen Entwurf* des Schöpfungsaktes postuliert, meint man damit keineswegs eine subjektlose Betrachtung. Nach der platonischen Ideenlehre sind die ewigen Ideen das Schöne. Auch hier geht die ästhetische Wirkung der ewigen Ideen, obwohl sie als solche schön sind, doch aus dem Aspekt eines Denkenden bzw. eines Betrachtenden hervor. Somit muss die Welt der Erscheinung das Schöne *als Bedingung* voraussetzen und es in ihrer Art widerspiegeln.

In der antiken Zeit herrschten die Ideen oder die Form über die Materie und die reale (scheinbare) Wirklichkeit. Wahrnehmungen und reale Gegebenheiten wurden auf die ewige Idee und apriorische Formen zurückgeführt, wie wir es bei den islamischen Denkern wie Ṣadr ad-Dīn aš-Šīrāzī (gest. 1640) aus dem 16. Jahrhundert beobachten können. Die Idee des Ewigen, Unbeweglichen und der ewigen Werte waren verantwortlich für die realen Tatsachen und Erscheinungen. So waren die Idee des Guten und des Schönen vorgegebene Wahrheiten. In der modernen Zeit hat man dagegen versucht, die aktive Beteiligung der wahrnehmenden Person am Erleben des Schönen besonders hervorzuheben. Die Ästhetik ist nicht eine reine Reflexion des Wahren und des Ewigen, sondern sie kann und muss in Verbindung mit der Tätigkeit der Betrachtenden gebracht werden. Für Kant spielt im Gegensatz zu den Erkenntnissen und den moralischen Gesetzen das Subjektive für die Idee des Schönen eine bestimmende Rolle. Er meint aber zugleich, dass die ästhetischen Urteile, auch wenn sie keine objektive Geltung haben, so gedacht werden sollten, als ob sie eine solche hätten.

Die ästhetischen Urteile verbindet er so mit der Idee der Zweckmäßigkeit, die die Erkenntniswelt beherrscht. Ähnliche Übereinstimmungsversuche unternimmt Kant zwischen der Welt der Kausalität und der Freiheit, also zwischen der Verstandeswelt und der Vernunftwelt. So kann auch eine Übereinstimmung von

Vorstellung und Verstand durch die ästhetische Betrachtung erweckt werden. Die ästhetischen Urteile sind aber Geschmacksurteile, die den Gegenständen entspringen, die Lust und Unlust bzw. Wohlgefallen und Missfallen erwecken. Das Geschmacksurteil ist für Kant nicht logisch, es ist also kein Erkenntnisurteil, sondern ästhetisch.[1] Daher ist für ihn das Schöne nicht auf Begriffe, auch nicht auf Zwecke und Interessen gegründet. Bei der Schönheit handelt es sich um die „Form der Zweckmäßigkeit eines Gegenstandes".[2] Dies kann man aus seinen Definitionen des Schönen und Guten und Angenehmen ableiten.[3]

Kant hat der Idee der Ästhetik ein „transzendentales Prinzip", ein „Prinzip der reflektierenden Urteilskraft", zugrunde gelegt. In der Folgezeit manifestiert sich Ästhetik bis heute als eine eigenständige Wissenschaft oder als eine Disziplin der philosophischen Wissenschaft. Aber auch schon vor Kant unternahm die abendländische Kultur einen beachtlichen Versuch, die Ästhetik in ein philosophisches System einzubeziehen. Hierzu zählt das Werk „Aesthetica" von Alexander Gottlieb Baumgarten (1714–1762). Einige Jahre später hat Johann Georg Sulzer (1720–1797) seine Schrift über die „Allgemeine Theorie der schönen Künste" vorgelegt.[4] Sulzer erkannte allerdings, dass die Ästhetik als eine „philosophische Wissenschaft" noch der weiteren Ausarbeitung bedarf.

Wichtig ist zu wissen, dass sich die Ästhetik inhaltlich und historisch im abendländischen Kulturkreis erst im 18. Jahrhundert zu einer wissenschaftlichen Disziplin verselbständigt hat. Zuvor kam sie entweder als Randthema oder als ein Aspekt anderer Disziplinen und bestimmter übergeordneter Themen vor. Sie wurde zum einen Teil in Zusammenhang mit Kunstwerken, sei es Poesie, Literatur, Architektur, Musik usw., zum Thema, und zum anderen Teil als Prinzip und Bestimmungsgrund des moralischen Denkens, um Leitmotiv für das menschliche Handeln zu sein.

Wir wollen allerdings nicht ignorieren, dass von der Antike an bis heute das menschliche Gefallen an der Natur viele Erklärungen gefunden hat. Martin Seel nennt in seiner Habilitationsschrift drei Grundmodelle, die diese unterschiedlichen Erklärungsversuche widerspiegeln:

> „Das erste versteht die schöne Natur als Ort der beglückenden Distanz zum tätigen Handeln. Das zweite begreift die schöne Natur als Ort des anschaulichen Gelingens

---

1 Vgl. I. Kant, Kritik der Urteilskraft, hg. v. Karl Vorländer, Hamburg 1963, 39.

2 Vgl. Kant, Kritik (s. Anm. 1), 77.

3 Vgl. Kant, Kritik (s. Anm. 1), 47.

4 Siehe dazu N. Schneider, Geschichte der Ästhetik von der Aufklärung bis zur Postmoderne, Stuttgart ³2002; J. Ritter, Art. Ästhetik, in: Historisches Wörterbuch der Philosophie I, Stuttgart 1971, 555–581.

menschlicher Praxis. Dem dritten erscheint die schöne Natur als bilderreicher Spiegel der menschlichen Welt."[5]

Mit diesen drei Grundmodellen versucht Seel die unterschiedlichen philosophisch-theologischen Deutungsmuster zu trennen, was keineswegs die unterschiedliche epochale Ästhetikdarstellung zu kennzeichnen versucht, sondern die inhaltlichen und weltanschaulichen Aspekte, aus denen allmählich „die speziellen Deutungen der ästhetischen Weltzuwendung" entstanden sein sollen. Das erste Modell beschreibt die antike Philosophie, insbesondere diejenige Platons. Hier ist „die Wahrnehmung des Naturschönen ein Akt der *kontemplativen Abwendung* von den Geschäften des Lebens". Das zweite Modell geht auf die christlich-theologische Vorstellung zurück, in der die Natur paradiesisch das menschliche Bedürfnis *sinnenfällig* erfüllt. Das ist „ein Akt der *korresponsiven Vergegenwärtigung* der eigenen Lebenssituation". Das dritte Modell geht auf die antike Vorstellung der poetischen Natur zurück, die als „ein Akt der *imaginativen Deutung* des Seins in der Welt" bezeichnet wird. Diese drei Modelle, die er auch mit den Begriffen „sinnfern, sinnhaft und bildhaft" illustriert, stellen die Natur in unterschiedlicher Dimension und in unterschiedlicher ästhetischer Affinität zum Menschen dar. Sie können einander weder ersetzen noch überbieten.[6]

Ich nehme diese drei Erklärungen nur als Ergänzung und Orientierung, wenn wir versuchen zu überprüfen, ob wir Erklärungsmodelle finden können, die sich aus unterschiedlichen Formen der islamischen Wissenskultur entnehmen lassen.

Im Islam haben wir es mit einer ähnlichen Entwicklung zu tun, doch weisen die wenigen Abhandlungen, die sich in moderner Zeit dem Thema Ästhetik gewidmet haben, keine originäre und genuine Beschäftigung mit der Ästhetik auf. Sie sind das Ergebnis des Einflusses des modernen Westens. Dennoch wurde in der islamischen Welt die Bedeutung dieses Themas nicht erkannt.[7] Das Werk „Ästhetik und Kunst aus der islamischen Sicht" des schiitischen Philosophen Muhammad Taqi Gafari, das unter dem Einfluss der abendländischen Denker entstand, bildet in der Darstellung einer eigenen philosophischen Form eine Ausnahme, auch wenn ihre platonischen Grundzüge einem erfahrenen Leser nicht verborgen bleiben.[8]

---

5 M. Seel, Eine Ästhetik der Natur, Frankfurt a. M. 1991, 18.

6 Vgl. Seel, Ästhetik (s. Anm. 5), 19f.

7 ʿAbd al-Fattāḥ Rauwwās Qalʿaǧī versucht in seinem Buch „Prolegomena zur islamischen Wissenschaft der Ästhetik" (Madḫal ilā ʿilm al-ǧamāl al-islāmī), eine Wissenschaft der Ästhetik in der islamischen Tradition nachzuweisen, welche auf Widerstand und auf heftige Kritik Said Taufīqs stieß. A. Rauwās Qalʿaǧī, Madḫal ilā ʿilm al-ǧamāl al-islāmī, Beirut 1991; S. Taufīq, Tahāfut mafhūm ʿilm al-ǧamāl al-islāmī, Kairo 1993.

8 Siehe unten Kapitel: Die neue zeitliche Debatte zur religiösen Ästhetik.

Ästhetische Reflexion als geistige Innenwendung

Eine Art der Betrachtung des Menschen ist das Religiöse. Es ist sowohl *Anschauung* wie auch *Erlebnis*. Ich möchte keineswegs behaupten, dass die religiöse Anschauung und das religiöse Erlebnis etwas Ästhetisches an sich sind, und schon gar nicht will ich diese selbst zu einem ästhetischen Erleben erheben.

Wenn man den Versuch unternimmt, die Offenbarung zum Gegenstand des ästhetischen Erlebens zu machen oder ihre Ankündigung als ein ästhetisches Moment des religiösen Erlebnisses hervorzuheben, so muss man bedenken, dass die Offenbarung als solche in *einem* kulturellen oder weltanschaulichen Zusammenhang steht. Wenn sie zur Poesie oder Kunst reduziert oder verallgemeinert wird, so lässt sich die darin enthaltene religiöse Botschaft entweder als ein Produkt der kulturellen Kunstempfindung suggerieren oder als ein Produkt einer ästhetischen Projektion, die die intime Erfahrung des ästhetischen Momentes der einzelnen Personen oder Gruppen mit einem allgemeinen kulturellen Verständnis von Ästhetik gleichsetzt. Wenn man davon ausgeht, dass die ästhetische Erfahrung subjektiv ist, so kann sie keineswegs als Bestandteil des kulturellen Gedächtnisses unmittelbar das Selbstbild, die Authentizität bzw. Eigenart bestimmen. Sie lässt sich jedoch als eine gemeinsame Erfahrung manifestieren. In diesem Sinne wird das subjektive Erlebnis zu einem kulturellen Kollektiv der ästhetischen Erinnerung einer Gemeinschaft. Außerdem besteht ein Unterschied zwischen der „erinnerten Geschichte" (Jan Assmann) über religiöse Mythen oder Erzählungen, die als gemeinsame kulturelle Identifikation das Gedächtnis eines Volkes prägen, und der vermeintlichen *erinnerten (gefühlten) Ästhetik der Vergangenheit* eines Volkes, die erst durch ihre individuelle Vergegenwärtigung in das Gedächtnis transferiert werden kann.[9] Navid Kermani hat in seiner Dissertation Jan Assmanns Theorie des kollektiven Gedächtnisses auf die ästhetische Erfahrung der Muslime angewandt.[10] Der Koran als Offenbarungsschrift steht als Wortkunst und religiöses Erleben als „identitätsstiftendes Element" für „reale Schönheitserfahrung der Gemeinde und deren Erinnerung an die Erfahrung vorheriger Generationen"[11].

Von der Offenbarung können wir keine Idee herleiten, die die Idee der schönen Künste zu einem islamischen *Vermächtnis* machen konnte. Wir wollen aber auch nicht ignorieren, dass sie immer eine symbolische Rolle gespielt hat. Mit

---

9 J. Assmann, Das kulturelle Gedächtnis. Schrift, Erinnerung und politische Identität in frühen Hochkulturen, München 1992, 53. 76ff.

10 Vgl. N. Kermani, Gott ist schön. Das ästhetische Erleben des Koran, München 1999, 17–21.

11 Kermani, Gott, (s. Anm. 10), S. 19f.

der Offenbarung hat man die Kunstprodukte der islamischen Welt mit einem spirituellen bzw. einem begleitenden dekorativen Kennzeichen versehen. In diesem Sinne kann man sagen, dass die Offenbarung auf die Kunst und Ästhetik in der menschlichen Lebensführung einen entscheidenden und repräsentativen Einfluss ausgeübt hat. Wie im Christentum wurden Gott und die Offenbarung in der Bauweise und in den Ornamenten der Moscheen und der heiligen Stätten sowie in den Kunstobjekten lebendig. Alle diese Kunstfertigkeiten dienten zwar dazu, auf den Gemütszustand angenehm zu wirken und sinnlich reflektiert zu werden, aber nicht, weil sie Lust oder Reiz oder Erregung oder sogar Freude an der Kunst erzeugen – unabhängig von der individuellen Intention des Künstlers –, sondern vielmehr, weil sie den Menschen spirituelle Geborgenheit und Hingabe geben und an die göttliche Existenz, Erhabenheit und Macht erinnern sollten. Ästhetik ist in diesem Sinne daher ein Symbol der Macht, der Harmonie, der Symmetrie, der Hierarchie und vor allem der Perfektion.

Die ästhetischen Urteile sind meines Erachtens nicht natürlicher Art, wie die Gesetze der Natur, die unveränderbar für alle Gegenstände und Personen gleichermaßen gelten. Sie sind abhängig von äußerlichen und innerlichen Faktoren, die auch zufällig sein können. Obwohl Ṣadr ad-Dīn aš-Šīrāzī die Zufälligkeit eines solchen Erlebens nicht teilen würde und die Ordnung der Existenz für schön und vollkommen hält, ist er sich jedoch der Veränderbarkeit und der Relativität dieses ästhetischen Erlebens bewusst, die ebenso im Bereich des Moralischen gelten.

> „Daher sind die Forderungen (Wünsche) und die Willensakte unterschiedlich und das leidenschaftliche Verlangen und die Bewegungen (Handlungen) mannigfaltig. Daher werden einige gemäß ihrer Anlage von etwas angezogen, wovon die anderen sich abwenden, oder empfindet einer etwas für schön (gut), was ein anderer dagegen als abscheulich erklärt“.[12]

Der Mensch erhält in seinem ästhetischen Ansatz ein besonderes *Gefühl der Selbstachtung*. Genau dieses Gefühl, das die Ästhetik zu einer allgemeinen Größe macht, verbindet ihn mit allen anderen seiner Gattung. Die Ästhetik, die das Selbstbild des Menschen prägt, ist meines Erachtens eine anthropologische Reflexion. Diese Betrachtung entsteht mit dem Menschen als einem Wesen, das sich

12 S. aš-Šīrāzī, Šarḥ Uṣūl al-kāfī. Kitāb al-ʿaql wa-l-ǧahl, Bd. 1, hg. v. Muḥammad Ḫwāǧawī, Teheran 1988, 194.

als Ebenbild Gottes betrachtet. Religion steht dann für eine Vorstellung, die das Gefühl der Perfektion und der Unvollkommenheit zugleich erzeugt.

Der Mensch wurde zwar als Ebenbild Gottes erschaffen, die Vollendung seines Wesens ist jedoch in seine eigenen Hände gelegt. *Denn die Perfektion ist eine Möglichkeit, das menschliche Wesen auf eine Stufe der Existenz zu erheben, auf der die Mangelhaftigkeit, Vergänglichkeit und Kontingenz keinen Platz haben.*

Diese Idee der Perfektion ist nicht eine reine Anschauung, sie ist eine *ikonisierte Perfektion*. Es mag sein, dass sie zwar der Projektion der menschlichen Vorstellungskraft entspringt, sie hat jedoch zugleich einen realen Anschluss.

Wie Kant kann man in diesem Zusammenhang von einer „negativen Lust" sprechen, die allerdings nicht mit reiner Ehrfurcht und Achtung bzw. Bewunderung in Verbindung steht. Sie ist das Gefühl des Überwältigtseins von der existentiellen Größe und zugleich die Identifikation mit derselben. Diese Identifikation ist nicht durchgängig positiv, sondern beruht auch auf dem Gefühl der existentiellen Begrenztheit. *Das Ich* befindet sich in einem Spannungsverhältnis der Grenzüberschreitung. Im scholastischen Sinne kann man, wie es von Ulrich Engelbert von Straßburg (1277) berichtet wird, zwar von einem kosmologischen Fund reden, „an dem alle Einzeldinge teilhaben bzw. zu dem hin sie streben, um ‚perfectio', Vollkommenheit zu erlangen";[13] diese Ästhetik der Kosmologie ist aber nicht von einer reinen kosmologischen Harmonievorstellung geleitet, sondern von der Vorstellung einer inneren Unausgeglichenheit und Disharmonie.

Als Empfänger der Offenbarung ist der Mensch einerseits überwältigt von einem *Selbstwertgefühl. Das ist eine ästhetische Selbstzuschreibung und Selbsterhebung als Auserwähltsein.* Dieses Gefühl wird vor allem dadurch bestärkt, dass die Engel sich vor dem Menschen auf Befehl Allahs verneigen mussten.

Andererseits bekennt er sich als ein Wesen, das schwach (zaʿīf), tadelhaft bzw. frevelhaft (ḏalūman), töricht (ǧahūlan),[14] im Schaden (schadenhaft) (ḫusr, wörtlich: Verlust, Schaden) usw. ist.[15] Ohne Gnade Gottes, ohne Führung und Wegweisung ist der Mensch nicht in der Lage, an dieser Harmonie, Ausgeglichenheit und Perfektion teilzunehmen. Ṣadr ad-Dīn aš-Šīrāzī geht noch weiter und meint, dass die Mangelhaftigkeit und Schwäche des Menschen und seine Bedürftigkeit die Gründe für die Gnade Gottes und die Potentialität zur Vervollkommnung sind. Denn nur das Unvollkommene sehnt sich nach der Vollkom-

13 Schneider, Geschichte der Ästhetik (s. Anm. 4), 8.

14 Vgl. Koran 33/72.

15 Vgl. Koran 103/2.

menheit, und in diesem Sinne ist die Vollkommenheit eine notwendige Reflexion des eigenen Seinsgrundes, der das Ziel und Ideal des Menschen permanent mitbestimmt.

Ṣadr ad-Dīn aš-Šīrāzī betont, dass der Grund der Stellvertreterschaft und der Würde des Menschen bei Gott weder die Form (aṣ-ṣūra), welche das Argument für Engel gewesen sei, diese Schöpfung für nicht notwendig zu sehen, noch die Materie (al-mādda), welche der Grund für Satan gewesen sei, sich zu verweigern, vor dem Menschen zu verneigen. Den eigentlichen Grund für diese Würde des Menschen sieht er in der Zielursache der menschlichen Schöpfung (min ǧiha al-ġaya wa al-ʿaqiba).

Diese Zielursache ist das Reich Gottes, zu dem der Mensch zurückkehren soll. Um dieses Reich zu erlangen, muss die Seele des Menschen zuerst den Zustand der Gewissheit und des Vertrauens erlangen, um sich das Leben in Ewigkeit angesichts Gottes zu sichern.[16] Daraus leitet Ṣadr ad-Dīn aš-Šīrāzī die Schöpfung des Menschen als Krone der Schöpfung ab, und er ist der Meinung, dass der Mensch eine unmittelbare Beziehung zu Gott hat. Gott habe ihn für sich geschaffen. Er ist sein Anfang und Ende und verkörpert somit die Attribute sämtlicher Existenzstufen in sich. Der Mensch trägt deshalb in sich die besten formalen, seelischen, ethischen und schöpferischen Eigenschaften und Voraussetzungen ([...] min at-taʿdīl wa-t-taswīya wa tamāmīyal-ḫilqa wa-ḥusni aṣ-ṣūra wa-l-iʿtidāl wa-ḥusnal-ḫalqi wa-l-ʿadāla).[17]

Abū Naṣr Muḥammad al-Fārābī zeigt mit der Darstellung seines Musterstaates ein ähnliches Verständnis des Ganzen. Der Kosmos und der Mensch sowie der Staat spiegeln den gleichen Rhythmus wider und stehen miteinander im Einklang. Platonisch gesehen, stehen für ihn die Teile in Übereinstimmung mit dem Ganzen, und stellen als solches das Ästhetische als Vollkommenheit und Weisheit in der Harmonie des Weltgeschehens dar. Die Gegensätze in der Natur sind für al-Fārābī die Umwandlungsfähigkeit von der Potentialität zur Aktualität. Genau nach diesem Prinzip schreibt er allem Seienden die Fähigkeit zur Vervollkommnung zu. Dies ist die höchste „Erlangung" seines Wesens:

> „Die Schönheit, der Glanz und der Schmuck in jedem Wesen sind dadurch gekennzeichnet, dass ihm die höchste Möglichkeit des Seins verliehen wurde und dass es die machbare existentielle Vervollkommnung erreichen kann. Da, wie es erklärt wurde, das Sein des ersten Wesens [Existenz] die höchste unter den Existenzen ist,

16 S. aš-Šīrāzī, Tafsīr al-Qur'ān, hg. u. kommentiert v. Muḥammad Ǧaʿfar Šams ad-Dīn, Bd. 3, Beirut 1998–1999, 397ff.

17 S. aš-Šīrāzī, Tafsīr al-Qur'ān, (s. Anm.16), Bd. 1, 140f.

> so überstrahlen seine Schönheit und sein Schmuck jegliche Formen der Schönheit und des Schmuckes."[18]

Diese ästhetische Erfahrung hat als Folge ein unermessliches Lust-, Freude- und Glücksempfinden. Die Erfahrung dieser ästhetischen Dimension kann für den Menschen möglich werden, wenn er sich seines eigenen Wesens bewusst wird, und vor allem, wenn man die unermessliche Ästhetik des ersten Wesens in Relation zur eigenen Selbstwahrnehmung und Lustempfindung implizieren würde. Die ästhetische Wirkung, die al-Fārābī der Vielfalt der Existenzen zuschreibt, steht somit in direkter Verbindung mit der Selbst- und Weltwahrnehmung. Die Kontemplation des Daseins setzt die Selbstliebe voraus.

> „Denn es ist klar geworden, dass die Essenz [zāt] selbst die erste Ursache dafür ist, dass sie sich selbst mag, liebt und bewundert. Das ist die Form der Liebe und Bewunderung, dass, wenn man sie mit einem Entzücken vergleichen würde, das (der) aus unserer Essenz heraus entstehen würde, es genauso wäre, wie wenn man ihre essentielle Würde und Vollkommenheit [die Würde und Vollkommenheit der ersten Essenz, Anm. R.H.] mit unserer Würde und Vollkommenheit, die die Ursache unserer Selbstbewunderung ist, vergleichen würde. Der Liebende, Geliebte, der Bewundernde und Bewunderte bezüglich der ersten Essenz ist ein und dasselbe. Die Essenz ist der erste Geliebte und der erste Liebende."[19]

Daraus ergibt sich für al-Fārābī die Einheit der Liebenden und Geliebten, der Bewundernden und Bewunderten. Er will hier nichts anderes bezwecken als das Postulat einer vollkommenen Ästhetik, die aber erst durch die Scheinwelt möglich ist. Daher stellt er Bewusstsein, Liebe und Entzücken analog zueinander. Das Entzücken, das hier durch Selbstwahrnehmung und Selbstbewusstsein eintritt, ist jedoch abhängig vom Grad der Vollkommenheit. In Bezug auf die erste Ursache ist daher alles eine Einheit, in der Selbstwahrnehmung und Selbstliebe, Entzücken und Vollkommenheit ein und dasselbe sind.

Anders als bei al-Fārābī ist das Entzücken bzw. die Lust bei Muḥammad Ibn Zakarīyā ar-Rāzī (lat. Razis) keine rein abstrakte Empfindung. Sie steht eng in Beziehung zur Natur. Die Natur selbst erzeugt kein Entzücken und keinen Schmerz, sondern diese entspringen einer subjektiven Selbstwahrnehmung. Entzücken ist zunächst eine Erscheinung, die in Abwesenheit des Schmerzes eintritt. Ar-Rāzī definiert das Entzücken:

---

18 A. al-Fārābī, Siyāsa madanīya, hg. u. übers. v. Ǧaʿfar Saǧǧādī, Teheran 1358/1979, 97.

19 A. al-Fārābī, Siyāsa (s. Anm. 18), 99.

"Das Vergnügen [Entzücken] ist nichts anderes als die Rückkehr zu dem ursprünglichen Zustand dessen, woraus man durch den Grund des Schmerzes gerissen wurde."[20]

Dieser Zustand ist für ar-Rāzī der natürliche Zustand. Aus dem natürlichen Zustand kann allerdings unmittelbar kein Entzücken erzeugt werden, sondern das Entzücken kann von etwas ausgelöst werden, das Schmerz verursacht. Das ist das, was den Menschen aus seinem natürlichen Zustand herausreißt. Daher gehört der Schmerz zum Prozess des Entzückens. Die Rückkehr zum natürlichen Zustand ist somit die Überwindung des Schmerzes, die den Menschen das Entzücken spüren lässt.

Was wir über das Entzücken nach der Sicht ar-Rāzīs wissen, erfahren wir vor allem von seinem Gegner, dem ismailitischen Denker, Nāṣir Ḫousrow, aus dessen Buch „Zād al-musāfirīn" zitiert wird.[21] Demnach ist das „Entzücken nichts anderes als die Befreiung von Schmerzen, und es gibt kein Entzücken, außer dass es von Schmerzen ausgelöst wird".[22] Aus diesem Prinzip geht auch das ästhetische Empfinden hervor. Die ästhetische Wirkung einer schönen Gestalt tritt erst durch die Abwesenheit des Hässlichen zutage. Man reflektiert das Schöne dann, wenn bereits zuvor das Hässliche in den Vordergrund getreten ist. Ebenso gilt dies für den Hörgenuss einer schönen Stimme. Ar-Rāzī meint sogar, dass die Finsternis ebenso Lust verursachen könne wie das Licht.

„Er [ar-Rāzī] sagt, auch wenn die Menschen den Anblick des Lichtes genießen, genießen sie auch die Finsternis, nachdem man oft Licht gesehen hat und das Auge dadurch beeinträchtigt wird."[23]

Ar-Rāzī wurde aufgrund seiner empirischen Ansichten von seinen Zeitgenossen, wie z.B. Abdulḥasan Sahid bin al-Ḥusein Balḫi, der sehr stark auf eine „seelische Lustempfindung" bzw. „seelisches Entzücken" (lizzat-i nafsānī) Wert legte, radikal angegriffen. An der Tatsache, dass Ar-Rāzī anders als die meisten islamischen Denker auch für eine „sensualistische" Position der Wahrnehmung plädierte, kann kein Zweifel bestehen.

20 M. ar-Rāzī, Kitāb aṭ-Ṭibb ar-rauḥānī, in: ders., Rasā'il falsafīya, hg. v. Paul Kraus, Kairo/Teheran (o. J.), 36.

21 Zum Werk „Zād al-musāfirīn" von Nāṣir Ḫousrow siehe M. Muḥaqqiq, T. Izutsu (Hg. 1352/1974): Fīlsūf-i Rayy. Muḥammad Ibn Zakarīyā Rāzī, Teheran.

22 Ar-Rāzī, Kitāb aṭ-Ṭibb (s. Anm. 20), 148.

23 Zitat nach M. ar-Rāzī, Min kitāb al-lizza, in: ders., Rasā'il falsafīya (s. Anm. 20), 155. Siehe ebenso M. Muḥaqqiq, T. Izutsu (s. Anm. 21), 241.

Es ist ebenso nicht zu leugnen, dass bei ihm, wie es bei den Epikureern der Fall war, auch die „intellektuelle Freude" an der Betrachtung der Natur eine wichtige Rolle spielte. Vor allem kann man diese Freude, die wir als eine „geistige Innenwendung" bezeichnen können, bei seinen ethischen Ansätzen, besonders in den Werken „aṭ-Ṭibb ar-rauḥānī" und „as-Sīra al-falsafīya", beobachten.[24] Eine „seelische Lustempfindung" wird von ar-Rāzī und al-Fārābī gar nicht bestritten. Während al-Fārābī Platon und Aristoteles miteinander zu vereinbaren versucht und am Ende die intelligible Welt als wahre Ordnung sehen möchte, ist ar-Rāzī bestrebt, die intellekthafte Einheit des Ganzen in einer epikureischen Weltsicht zu betrachten, wobei die Verbindung der platonischen Ethik mit der sokratischen Erkenntnisästhetik gesucht wird.

Als Naturwissenschaftler geht ar-Rāzī davon aus, dass Sinne und Vernunft die Gesamtwirklichkeit des menschlichen Selbst und seiner Weltwahrnehmung reflektieren. Ar-Rāzī sucht nach einer Harmonie zwischen Körper und Geist, einer Harmonie zwischen den natürlichen und geistigen Bedürfnissen. Wie Platon räumt er jedoch dem geistigen Entzücken eine Sonderposition ein. In seinem Werk „die spirituelle Medizin" (aṭ-Ṭibb ar-rauḥānī) zeigt ar-Rāzī den besonderen Stellenwert des Entzückens (al-li_z__z_a), das sich durch die seelische Überwindung der „Begierde" (al-hawā) und der „naturhaften Gewohnheiten" (aṭ-ṭībʿa, wörtlich auch: natürliche Anlage) ergibt.

In seinem Traktat „as-Sīra al-falsafīya", das er zu seiner Selbstverteidigung schreibt, formuliert er unmissverständlich seine Position für ein seelisches Entzücken und geriert sich als wahrer Nachahmer sokratischer Philosophie. Das Werk „die spirituelle (geistige) Medizin" zielt auf eine Ethik, in der, wie es ar-Rāzī nennt, „die Beseitigung der Begierde und der Widerstand gegenüber dem, wonach die Naturanlage in den meisten Situationen verlangt"[25] zum Ausdruck kommt.

Für diesen spirituellen Akt sind „das Training der Seele" und „der allmähliche Fortschritt der Seele" erforderlich. Ar-Rāzī erwartet durch diesen spirituellen Kampf ein höheres Entzücken. Das aus einer Seelenpädagogik und aus einem spirituellen Kampf gewonnene Entzücken bedeutet für ar-Rāzī ein seelisches Entzücken geistiger Art, wofür wir ebenso im Sinne Pierre Hadots den Begriff „intellektuelle Freude" verwenden können. Denn zu diesem Entzücken kommen die Weisen und diejenigen, die der Erziehung der Weisen folgen.[26] In dem vierten Kapitel der „spirituellen Medizin" zeigt er, wie ein „Mann seine Fehler erkennen kann"

24 Die beiden Traktate befinden sich in M. Ar-Rāzī, Rasā'il falsafīya (s. Anm. 20).

25 Ar-Rāzī, aṭ-Ṭibb (s. Anm. 20), 20.

26 Ar-Rāzī, aṭ-Ṭibb (s. Anm. 20), 21f.

(Fī taʿarruf ar-rağul ʿuyūba nafsihi). Er gibt darin die nötigen Anweisungen zur Befolgung der Ratschläge des weisen Mannes.[27]

In diesem Zustand des Entzückens strebt der Mensch in ar-Rāzīs Verständnis nicht primär nach einer religiösen Erlösung. Hierbei geht es um eine „geistige Innenwendung" ästhetischer Art. Denn die weltlichen Genüsse sind für ar-Rāzī vorübergehend und können den Menschen in einen Zustand zurückversetzen, in dem der Mensch nicht mehr genießen kann oder Schmerzen empfindet.

> „Die Begierde und die naturhaften Gewohnheiten rufen uns immer dazu auf, die gegenwärtigen Genüsse zu suchen und sie zu bevorzugen, ohne an die Konsequenzen zu denken oder diese zu überlegen. Sie drängen und treiben uns dazu an, auch wenn diese [Begierden und naturhafte Gewohnheiten] als Folge Schmerz herbeiführen und einen viel größeren Genuss als das, was diesem voranging, verhindern. Denn sie sehen nichts als den momentanen Zustand, in dem sie sich befinden. Sie tun nichts außer den Schmerz, der sie in diesem Moment plagt, abzuwälzen, so wie ein Kind, das unter einer Augenentzündung leidet, aber lieber sein Auge reibt, Datteln isst und in der Sonne spielt."[28]

Das ästhetische Entzücken und die seelische Zufriedenheit können erst dann zu ihrer wahren Form finden, wenn der Mensch sich nach ar-Rāzī nicht mit sinnlichen Genüssen aufhält. Selbst die sinnlichen Genüsse können zu Schmerzen werden, wenn sie unverändert einer dauerhaften Situation verhaftet bleiben. Dementsprechend führt er das Beispiel an, dass das Licht oder eine schöne Stimme oder eine schöne Gestalt nicht zu genießen sind, wenn sie permanent ohne einen Gegensatz wahrgenommen werden. Das Prinzip, demnach das Entzücken bzw. der Schmerz gemessen werden soll, ist einerseits der Ausgleich zwischen den weltlichen und seelischen Belangen und darf andererseits kein Entzücken hervorrufen, da der daraus folgende Schmerz quantitativ und qualitativ größer ist als das Entzücken selbst.[29] Für ar-Rāzī besteht kein Zweifel daran, dass dem spirituellen und geistigen Entzücken gegenüber dem sinnlichen Entzücken ein höherer Stellenwert zukommt. In diesem Sinne bedeutet die Unwissenheit immer einen Schmerz und das steigernde Wissen einen Genuss für die Seele. Weisheit und Selbstbeherrschung sind Vernunfttugenden, bei denen sich die Seele vollkommen in Harmonie mit sich selbst befindet.

---

27 Vgl. Ar-Rāzī, aṭ-Ṭibb (s. Anm. 20), 33ff.

28 Ar-Rāzī, aṭ-Ṭibb (s. Anm. 20), 21f.

29 Vgl. Ar-Rāzī, Kitāb as-Sīra al-falsafīya, in: ders., Rasāʾil falsafīya (s. Anm. 20), 102.

Die ästhetische Betrachtung ar-Rāzīs lässt aus der Gegensätzlichkeit des Empfindens die Harmonie des Erlebens hervorgehen und weist auf die Vervollkommnung des Schönen hin. Das Entzücken und das ästhetische Erleben können sich durch diese Gegensätzlichkeit steigern. Es geht darum, das höchste Entzücken zu erleben. Mit dem sittlichen Akt und der Selbstüberwindung erhöht man die Lustempfindung und die ästhetische Betrachtung. Nicht die Häufigkeit, sondern die *Intensität des Entzücktseins* ist das Prinzip des ästhetischen Erlebens. Vor allem kann man nach diesem Prinzip das geistige Erleben und die sittliche Selbststeigerung zu einer *ästhetischen Selbstaskese* erheben. Denn die Seele befindet sich in ihrem ästhetischen Selbsterleben in einer permanenten *Selbstoptimierung*. Die Seele erlebt sowohl das Schöne wie auch das Schmerzhafte. Je höher und intensiver das geistige und seelische Selbstentzücktsein ist, desto leichter und freier wird der Schmerzdruck, der durch Begierde ausgelöst wird. Wenn die Seele ihr höchstes Entzücken dadurch erleben kann, dass sie sich mit ihrer Vernunftkraft in Harmonie befindet, so hat die Seele ihre Erfüllung in sich selbst und nach ihrem Bedürfnis konstituiert. Man darf ar-Rāzī zufolge nicht die Vollkommenheit und Unvollkommenheit des Entzückens mit einem anderen Entzücken messen, sondern nur mit dem Bedürfnis, durch welches das Streben ausgelöst wird.[30] Die Ausgeglichenheit zwischen menschlichen Seelenkräften, wie sie im platonischen Sinne dargestellt wird, ist das Zeichen dafür, dass der Mensch sich seiner Vernunftseele unterwirft. Dieser Zustand ist für ar-Rāzī eine intellektuelle Erfüllung, die der Mensch durch die Vernunftherrschaft über die Begierde erreichen kann.

> „[...] man gewöhnt seine Seele daran; man lässt sie zuerst diese Begierden aufgeben, die einfach aufzugeben sind, und lässt sie einige der Objekte der Leidenschaften beiseitestellen zugunsten dessen, was der Intellekt und die Meinung sie zu tun zwingen. Dann möchte man mehr, bis dass sich dieses Verhalten in sich mit dem Charakter und der Gewohnheit verbindet und die wunscherfüllte Seele gedemütigt wird und sich daran gewöhnt, sich durch die Vernunftseele leiten zu lassen. Anschließend nimmt dies zu, gleichzeitig mit einem Anwachsen der Zufriedenheit, die man durch den Nutzen, den man daraus zieht, verspürt; um seine Leidenschaft zu zügeln, aus seiner Meinung und seinem Intellekt zu profitieren, seine Geschäfte durch diese beiden Fähigkeiten zu leiten und für dieses Verhalten von den Menschen bewundert zu werden, die einen solchen Zustand erwünschen.“[31]

30 Vgl. Ar-Rāzī, aṭ-Ṭibb (s. Anm. 20), 25f.

31 Ar-Rāzī, Kitāb aṭ-Ṭibb (s. Anm. 20), 32.

Die *Seelenästhetik* bei ar-Rāzī kann somit als ein sittliches und geistiges Erleben verstanden werden, das Freude auslöst. Sie manifestiert sich durch die Steigerung und Vervollkommnung der Seele zu dem Zustand der Intelligibilität. Die Idee des Schönen entspringt einer subjektiven Reflexion der menschlichen Wahrnehmung. Das Schöne und das Entzückthafte lassen sich zwar durch Differenzen und Gegensätzlichkeit bemerkbar machen, sie gehören aber einem unbegrenzten und unvollendeten Willensdrang des Menschen an. Sie sind Ausdrücke der *seelischen Selbstreflexionen*, die unaufhörlich auf den Menschen einwirken.

Die Welt wird zum Mittel für diese Selbstreflexion der Seele. Der Mensch kann nicht, wie die Tiere, die vollkommene Erfüllung erleben. Ar-Rāzī zeigt mit Beispielen, wie das Tier sich mit seiner Welt in Einklang (Einheit) befindet. Das Tier genießt das, was es vor sich hat. Wenn ein Tier z. B. Hunger hat, so ist es damit zufrieden, wenn es zum Essen gelangt. Es vermisst nicht, wie ar-Rāzī betont, das, was nicht da ist. Anders als das Tier, meint er, hat das menschliche Verlangen hingegen keine Grenze, und so bleiben „das Entzücken und die Begierde des Menschen immer unvollendet". Es gibt für ar-Rāzī unterschiedliche Ansprüche, die veranlassen können, dass es manchem leichter fällt, zum Genuss zu gelangen als einem anderen. Die menschliche Seele ist jedoch von einem unaufhörlichen Interesse geleitet. Denn die menschliche Seele ist in der Lage, zu denken und eine Meinung zu haben, und besitzt die Einbildungskraft, sich etwas, was nicht anwesend und real ist, zu erträumen. Daher meint ar-Rāzī, dass der Mensch nie das Gefühl haben kann, seine Wünsche und sein Verlangen zu erfüllen. Die menschliche Seele fühlt sich in ihrer Naturanlage immer in einem Zustand, den er über alles andere stellt. So gibt der Mensch immer dem Drang nach, danach zu streben, was er nicht besitzt, und hat Angst davor, zu verlieren, was er besitzt.[32]

Aus dieser Vorstellung von einem entzückten Zustand der Seele, wie sie ar-Rāzī vertritt, können wir den Schluss ziehen, dass das ästhetische Erleben des Menschen nicht bloß von einem „interesselosen Wohlgefallen" (Kant) geleitet ist. Es korrespondiert eng mit einer Erfahrung in der Welt. Denn es geht um ein höchstes und dauerhaftes ästhetisches Erleben, welches man nur in einem (*durch ein*) sinnlichen Entzücken erfahren kann. Nur in einem ausgeglichenen und intensiven ästhetischen Erleben findet die Erfahrung der Welt (eine) vollkommene Erfüllung. Die Welt bildet somit für die Seele den Grund (den Boden) ihrer ethischen und geistigen Selbstreflexion. Sie erweckt im Menschen das Interesse an einer *intellektuellen Selbstbegründung*, die das höchste Entzücken der Seele darstellt. Sie ist eine *intellektuelle*

32 Vgl. Ar-Rāzī, aṭ-Ṭibb (s. Anm. 20), 26.

Harmonie, bei der die Seele ihre höchste ethische und geistige Form erreicht. Der Seele wird dann eine dauerhafte Freude und ein ständiges Entzücktsein ermöglicht werden, wenn sie sich im Einklang mit sich selbst und mit der Welt befindet.

Die ästhetische Selbsterfahrung des Menschen geht daher mit einer ästhetischen Welterfahrung einher. Die ästhetische Harmonie, bei der die Vernunft konstitutiv eine führende Rolle spielt, geht von einem Menschenverständnis aus, das in einem perfekten Welt- und Selbsterleben die Selbstoptimierung als höchste intellektuelle Freude postuliert, was nichts anderes ist als eine „geistige Innenwendung". Diese „geistige Innenwendung" ist eine Art des Lebens, die die höchste Erfahrung der Weisheit bedeutet. Daher sieht ar-Rāzī in der Philosophie die theoretische und praktische Aufgabe, wodurch das seelische Entzücken vollkommen zur Erscheinung kommt. Diese seelische Optimierung durch die Weisheit und Sittlichkeit ist die „philosophische Lebensweise" (as-Sīra al-falsafīya). In diesem Sinne versteht ar-Rāzī die Philosophen, wenn sie die Philosophie als „Gottähnlichwerdung im Rahmen der menschlichen Möglichkeit" definieren.[33]

Der Titel „Die philosophische Lebensweise" (as-Sīra al-falsafīya), die ar-Rāzī seinem Werk gegeben hat, ist daher eine ganz bewusste Wahl und kennzeichnend für sein Verständnis der Philosophie, welche diese als eine geistige Lebensform betrachtet. Und dies gilt nicht nur für ar-Rāzīs Philosophie, sondern für die islamische Philosophie schlechthin. Die Philosophie stand nicht primär für eine demonstrative Wissenschaft, sondern vielmehr für eine sittliche und geistige Askese und Vervollkommnung der Seele. Wenn ar-Rāzī , wie wir bereits gesehen haben, von einer sinnlichen Lustempfindung redet und einen Begriff der Schönheit vermittelt, der ohne das Hässliche nicht erfasst werden kann, heißt das nicht, dass die Ästhetik bei ihm eine reine Konstruktion der sinnlichen Einbildungskraft ist oder keinen Bestand in der menschlichen Reflexion hat. Für ar-Rāzī ist letztlich die Vernunft die entscheidende Instanz, der man allseitige Macht, Qualitäten, schöpferische Reflexionen und Glückseligkeit verdankt. Man kann allerdings diese höchste Qualität der Rationalität dann erreichen, wenn die Vernunft tugendhaft fungiert:

> „Da ihr [der Vernunft] ein solcher Wert, eine [solche] Stelle, Gewichtigkeit [Qualität] und Erhabenheit zukommt, ist es würdig, dass wir ihren Rang nicht in das Niedrige ziehen, ihre Position nicht herabstufen. Wir sollen sie, die die Führung innehat, nicht zum Untertan, diejenige, die Herrschaft hat, nicht zum Knecht und denjenigen, der der Leiter ist, nicht zum Gefolgsmann machen. Sondern wir sollen uns ihr [der Vernunft] in jeglicher Hinsicht zuwenden, sie dabei in Erwägung ziehen und ihr vertrauen. So sollen wir jede Angelegenheit in Übereinstimmung mit ihr

33 Ar-Rāzī: Kitāb as-Sīra (s. Anm. 29), 108.

> durchführen und uns nach ihrem Rat zurückziehen. Niemals sollen wir der Begierde die Oberhand über sie geben, der Begierde, die das Unheil und der Grund der Verdunkelung der Vernunft ist und jene von ihrer Tradition, ihrem [rechten] Weg und Ziel und ihrer Geradlinigkeit abbringt und den Vernünftigen vom Wachstum seines wahren Interesses abhält. Im Gegenteil! Wir müssen die Begierde einer Askese unterziehen, sie demütigen, angreifen und zum Halt zwingen. Wenn wir so handeln [verfahren], wird sie uns in ihrer höchsten Reinheit erscheinen [wird sich uns die Vernunft offenbaren], uns mit ihrem höchsten Licht erleuchten und uns zu dem höchsten Ziel unserer Reife führen . Wir sind vom Glück durch das erfüllt, was Gott uns mit ihr [der Vernunft] geschenkt hat und durch die Gnade, die er uns durch sie erwiesen hat."[34]

Wenn man sich die Frage stellt, wie sich die Ästhetik aus der Sicht der islamischen Philosophen definieren oder von welchen Kategorien sich eine ästhetische Betrachtung leiten lässt, kann die Antwort zunächst nach einer Naturphilosophie im antiken Sinne zur Disposition gestellt werden. Die antike Vorstellung scheint zwar, wie Hadot sie ganz ausführlich beschreibt, unterschiedlich zu wirken, sie ist jedoch in ihrem Kern eine geistige Art des Lebens. Philosophie war eine Lebensart, nämlich eine „geistige Übung", eine „Therapie" bzw. ein Heilmittel:

> „Wer jung ist, soll nicht zögern zu philosophieren, und wer alt ist, soll nicht müde werden im Philosophieren. Denn für keinen ist es zu früh und für keinen zu spät, sich um die Gesundheit der Seele zu kümmern."[35]

Die islamischen Philosophen sehen in der antiken Philosophie eine Art und Weise der Betrachtung, die mit ihrer islamischen Lebensart in keinem Widerspruch steht. Die Welt als eine sinnvolle Ordnung und ergriffen in einer erstaunlichen Zweckmäßigkeit und Harmonie zu sehen, impliziert einen Begriff der Ästhetik, der in einer eschatologischen Theologie keinen Impuls erzeugt hat. Gott ist für den islamischen Philosophen der *Entwerfer und Erschaffer einer architektonischen Intellektwelt*, in der Zweckmäßigkeit und Harmonie die göttliche Ordnung wiedergeben und Gott als den Endzweck alles Seienden darstellt. In dieser Harmonie und Zweckmäßigkeit der Existenz spiegelt sich die *Weisheit Gottes* wider und deutet zugleich auf sinnvolle und intendierte Zielsetzung der menschlichen Lebensführung hin. Diese stellen den Grund des Daseins dar und prägen den Sinn der Vervollkommnung,

---

34 Ar-Rāzī, aṭ-Ṭibb (s. Anm. 20), 18f. Dieses Zitat wurde mit der Übertragung von Muḥaqqiq verglichen, siehe M. Muḥaqqiq, T. Izutsu (s. Anm. 21), 167.

35 P. Hadot, Philosophie als Lebensform. Antike und moderne Exerzitien der Weisheit, Berlin 2002, 185 Anm. 56.

was den Endzweck des Lebens und die Lebensart bestimmt. Nur in der Weisheit nähert man sich Gott, und nur dadurch stimmt man mit dem Leben überein. Auch bei einem Philosophen wie Ṣadr ad-Dīn aš-Šīrāzī, bei dem in seiner sogenannten „Theosophie“ die eschatologischen Aspekte der Entstehung der Welt nicht außer Acht gelassen werden, kann man diese antike Vorstellung von Zweckmäßigkeit und Gleichgewicht nicht übersehen.

Die Überfülle, die der islamische Philosoph bei einer Beteiligung des Intellekts erlebt, ist vergleichbar mit dem „geistigen Entzücken“, worunter Hadot die Philosophie nach seinen hellenistischen Vordenkern als eine Lebensform versteht. Hier treffen *rationale und normative Ästhetik* zusammen. Denn im Philosophieren erlebt man eine intellektuelle Zufriedenheit, geistige Erfüllung und perfekte Harmonie. Philosophieren stellt eine Faszination vom Dasein, eine Ergriffenheit von der Perfektion der Ordnung und der Zweckerfüllung der Dinge dar, die der Mensch mit seiner Vernunft erfassen kann. Die Schönheit des Kosmos entspringt daher nicht den Sinnesorganen, sondern dem *innergeistigen Leben*, was mit dem Begriff „Innenwendung“ (Paul Rabbow) vergleichbar ist.[36] Der islamische Philosoph erhofft aber auch, dass dieses innergeistige Leben zu einer intellektuellen Einheit mit dem Absoluten führt, wo Perfektion, Glückseligkeit und Verewigung mit dem Endzweck des Daseins zusammentreffen. Schon in der Einleitung seines Hauptwerkes „al-Asfār al-arbaʿa“ weist Ṣadr ad-Dīn aš-Šīrāzī darauf hin, dass der weltliche Genuss nicht von Dauer ist. Für ihn ist er keine wahre Glückseligkeit, denn er kann keine intellektuelle Freude hervorrufen.[37] Wie wir bereits gezeigt haben, kann der intellektuelle Zustand erst eintreten, wenn der sinnliche Zustand überwunden ist. Diese „intellektuelle Freude“ (bahǧa al-ʿaqliyya) ist der Bestimmungsgrund der philosophischen Lebensform bei den islamischen Philosophen. Diese Freude ist ein Zeichen für die Vervollkommnung des menschlichen Intellektes, der sich mit dem vollkommenen Intellekt vereint. In dieser Intellektualität ist die Welt eins und verhält sich gegenüber der Gegensätzlichkeit neutral. Denn die Seele des Menschen erfasst in diesem Zustand alles mit ihrer Substanz. Der Mensch erfährt durch die Vervollkommnung seines Intellektes eine Welt des Intelligiblen (ʿalaman maʿqūlan), parallel zu der sinnlichen Welt (mawāziyan li-lʿalam al-maḥsus). In diesem Zustand wird das absolut Gute und Schöne beobachtet, und er wird mit ihm vereint und ein Abbild seines Exemplars (Idee).[38]

36 Vgl. Hadot, Philosophie (s. Anm. 35), 48; P. Rabbow, Seelenführung. Methodik der Exerzitien in der Antike, München 1954, 17.

37 Vgl. S. aš-Šīrāzī, al-Ḥikma al-mutaʿāliya fī l-asfār al-ʿaqlīya al-arbaʿa (al-Asfār). Al-ǧuzʾ al-awwal min as-safar al-awwal, Bd. 1, hg. v. Riḍā Luṭfī und Muḥammad Riḍā Muẓaffar, Ghom 1967, 1.

38 Vgl. S. aš-Šīrāzī, al-Ḥikma al-mutaʿāliya, Bd. 9, al-ǧuzʾ aṯ-ṯānī min as-safar ar-rābiʿ (s. Anm. 37), 189.

Sofern wir von einer Ästhetik im Islam sprechen, wäre sie auch normativ-sittlich. Und zwar nicht, weil sie das Schöne unmittelbar zum Gegenstand hat, sondern weil die Sittlichkeit ein Gefühl erweckt, das vom Ästhetischen in einer Handlung und in einem Verhalten berührt wird. Mit anderen Worten: Eine sittliche Handlung erzeugt ein angenehmes Gefühl und sorgt für Vertrauen, d. h. sie erweckt in der menschlichen Natur ein Gefühl der *Beständigkeit*, der *Selbstzufriedenheit*, der *Selbstbeherrschung*, des *Selbstvertrauens*, der *gereiften Unabhängigkeit*, aber auch der *sinnlichen Erhabenheit*.

Aus diesen Empfindungen gehen keine unmittelbaren sinnlichen Eindrücke hervor, ihnen entspringt jedoch ein *ästhetischer Ritus*, der auf die Sinne ebenso angenehm, reizvoll und beständig wirkt. Denn sie werden nicht nur mit Sinnesorganen wahrgenommen, sondern mit dem gesamten Lebensgefühl. Ich möchte keineswegs behaupten, dass eine sittliche Handlung, egal unter welchen Umständen, schön wirkt, auch nicht, dass eine sittliche Handlung einen religiösen Ursprung hat. Heute können wir es zwar akzeptieren, dass es möglich ist, ohne Religion ein Mensch zu sein, weniger aber ohne Ethik. Die Ethik umfasst sowohl die Erkenntnis wie auch die Handlungen, mit denen wir uns definieren und uns von anderen Wesen abheben. Altruismus z. B., sei er auch eine Folge der pragmatischen Selbstliebe oder ein der menschlichen Natur anvertrautes Gut, das auch ohne direkten persönlichen Nutzen das Selbstbild des Menschen bestimmt, lässt sich vom Menschen nicht trennen.

Die Technik macht uns zwar zu einem fortgeschrittenen Tierwesen, sie kann aber weniger den wesentlichen Grad des Menschseins bestimmen. Daher ist die Vernunft eine sittliche Vernunft. Sie bestimmt nicht nur die Form des Lebens, sondern auch den Inhalt des menschlichen Lebens.

Die neuzeitliche Debatte zur religiösen Ästhetik[39]

Wir sehen auch in den neuen Arbeiten, die unter dem Einfluss der modernen westlichen Wissenschaft entstanden, keine ernst zu nehmenden Versuche, die einen Anschluss an eine Ästhetikvorstellung im Islam begründen können.[40] Ein iranischer Wissenschaftler, Ġulām Riḍā Aʿwānī, der die „Akademie der Weisheit und Philosophie" in Teheran leitet, versucht, eine „religiöse Ästhetik" (hunar-i dīnī,

39 Siehe dazu R. Hajatpour, Vom Gottesentwurf zum Selbstentwurf, Freiburg 2013, 322–350.

40 Vgl. A. Rauwās Qalʿaǧī, Madḫal (s. Anm. 7); M. Muṭahharī, Taʿalim wa tarbiyat dar Islām, Teheran/Ghom [23]1994, 70. 115ff. 124f.; ders., Falsafah-i aḫlāq, Teheran/Ghom [11]1993, 91–115; Ġ. R. Aʿwānī, Ḥikmat wa hunar-i maʿnawī. Maǧmūʿa maqālāt, Teheran 1996, 287–404.

religiöse Kunst) zu konstruieren, die im gesamten religiösen Leben vorhanden ist.[41] Sie hat einen transzendentalen Ursprung: Gott als Ursprung der Liebe, der schöpferischen Leistung, der Wahrheit, der Vollkommenheit und des Menschseins des Menschen, nämlich der Vernunftseele. Denn der Mensch wurde nach dem Bilde Gottes erschaffen und trägt seinen Geist in sich. In Gott sind Schönheit und Liebe, Vollkommenheit und Wahrheit Attribute seines Wesens. Nach dem Motto: Gott ist schön und liebt die Schönheit (inna Allāh ǧamīl wa yuḥibbu al-ǧamāl), liebt auch der Mensch die Schönheit und preist sie.[42] Da die Schönheit mit der Wahrheit verbunden ist und jede Schönheit Vollkommenheit voraussetzt und umgekehrt, so trägt die Ästhetik im Islam für Aʿwānī einen heiligen und zugleich einen objektiven Charakter. Daher nennt er sie die „religiöse Kunst", weil sie heilig ist. So hat auch die Ästhetik ein klares Ziel, nämlich die Wahrheit zu erlangen und das Angesicht Gottes zu schauen. Die sinnliche, geistige und spirituelle ästhetische Wahrnehmung sind für Aʿwānī eine Vorstufe einer Art des „geistigen Entzückens" bei der Anschauung des absolut Schönen, das die Schönheit Gottes selbst ist.[43] Darum werden solche Wahrnehmungen eine religiöse Ästhetik genannt, weil sie, Aʿwānī gibt sich mit dieser Erklärung zufrieden, einen göttlichen Ursprung hat und sich in der Wahrheit definieren lässt.

Dieser Versuch von Aʿwānī hat mehr mystische Züge, als dass er als allgemeine Darstellung der Ästhetik, als Disziplin oder Methode verstanden werden kann. Eine solche Darstellung ist nicht haltbar. Von der Ästhetik des Rationalen in der islamischen Wissenskultur kann weder als Methode der Wahrnehmung noch als sinnliche Reflexion und ebenso wenig als Erklärungsmodell oder Sinnvermittlung gesprochen werden. Schon gar nicht kann man von einer „rationalen Ästhetik" (ǧamāliya fikrīya) im Koran sprechen, wie dies Rauwās Qalʿaǧī tut.[44] Die Ästhetik, die mit Bildern und Malerei oder anderen Künsten als Erklärungsmodell dient, ist eine ganz andere Art als diejenige, die wir im normativen und seelischen Gebrauch benützen. Ich denke jedoch, dass wir in jeder Darstellung eine sinnliche, sinnhafte und bildhafte Form, aber auch etwas Sinnfernes, entdecken können, welche ein ästhetisches Erlebnis bei den Menschen auslösen könnte. Wir können von einer Ästhetik des Rationalen im Sinne einer *„geistigen Innenwendung"* sprechen, welche von einer asketischen Perfektionssuche nicht weit entfernt ist.

Auf diesen geistigen Aspekt des menschlichen Lebens legt ein schiitischer Philosoph des 20. Jahrhunderts besonderen Wert, auf dessen Gedanken ich hier kurz am

---

41 Vgl. Aʿwānī, Ḥikmat (s. Anm. 40), 342f.

42 Vgl. Aʿwānī, Ḥikmat (s. Anm. 40), 327ff.

43 Vgl. Aʿwānī, Ḥikmat (s. Anm. 40), 322.

44 Vgl. A. Rauwās Qalʿaǧī, Madḫal (s. Anm. 7), 37ff.

Schluss eingehen möchte. Muḥammad Taqī Ǧaʿfarī zeigt überall in seinen Werken, wie bedeutsam es für die menschliche Perfektionierung ist, ihre Lebensform nach hohen sittlichen und geistigen Idealen auszurichten. Im Fokus seiner Philosophie stehen der Mensch und das Leben. Der Mensch als Subjekt und zugleich als Geschöpf befindet sich in einer Verhältnisbestimmung zum Ganzen, die sein Wesen und seine Stellung im Kosmos und in der Gesellschaft definiert, welche er auf vier Arten charakterisiert: 1) Sein Verhältnis zu sich selbst; 2) sein Verhältnis zu Gott; 3) sein Verhältnis zum Weltganzen und 4) sein Verhältnis zum Nächsten. Der Mensch ist für ihn vor allem ein ethisches Wesen und neigt dazu, sein Wesen zu vervollkommnen. Das Endziel des menschlichen Lebens ist es, durch Einsicht und Weisheit, moralische Größe, geistige und spirituelle Übung das höchste und perfekte Leben, nämlich, wie er formuliert, „das intelligible Leben" (ḥayāt-i maʿqūl) zu suchen. Genauso bedeutsam wie das moralische Verhalten gegenüber den anderen Menschen ist für Ǧaʿfarī die Welt- und Selbstwahrnehmung, die zur Selbstperfektionierung des Menschen beiträgt. Sie ist die Fähigkeit des *ästhetischen Schauens*, die die Menschen von den Tieren unterscheidet. Ǧaʿfarī hat sich mit „Ästhetik und Kunst aus der islamischen Sicht" (Zībāʾī wa hunar az dīdgāh-i islām) eingehend befasst.[45] Zwar ist sein Werk unter dem Einfluss der modernen westlichen Ästhetikphilosophie entstanden, es zeugt aber dennoch von einem ernsthaften Versuch, im Islam auf die ästhetische Frage eine Antwort zu finden.

Er beschäftigt sich sowohl mit den Schriften der westlichen Denker wie Hegel, Croce, Kant, Hume, Whitehead, Dostojewski und Russel, um nur einige wenige zu nennen, als auch mit der eigenen islamischen Tradition. Vor allem von den mystischen Gedanken Galal ad-Din ar-Rumis und der Transzendentalphilosophie Ṣadr ad-Dīn aš-Šīrāzīs ist er ganz stark beeinflusst. Ǧaʿfarī gründet sein Konzept der Ästhetik auf der innergeistigen Tätigkeit des Menschen, die unter der Wirkung des absoluten und vollkommenen Intellektes steht. Das ästhetische Empfinden steht für ihn analog zum logischen Denken. Jemand, dem das ästhetische Empfinden fehlt, ist für Ǧaʿfarī vergleichbar mit jemandem, dem die Fähigkeit des logischen Denkens fehlt.[46] Ǧaʿfarī führt dies auf eine besondere Art der Wahrnehmung zurück, die unter der Wirkung des „intelligiblen Lebens" (ḥayāt-i maʿqūl) hervorgerufen wird.

Für Ǧaʿfarī gibt es durchaus eine Wissenschaft der Ästhetik, die wir im Kant'schen Sinne oder im Sinne Husserls als „Theorie der freien Künste" verstehen können. Ebenso gibt es für ihn schöne Objekte, unabhängig davon, ob sie vom Geist als solche wahrgenommen werden oder nicht. Dennoch hält er es für einen

45 Vgl. M. T. Ǧaʿfarī, Zībāʾī wa hunar az dīdgāh-i islām, Teheran 1982.
46 Vgl. Ǧaʿfarī, Zībāʾī (s. Anm. 45), 74.

Irrtum, die Ästhetik auf die äußeren Erscheinungen zu begrenzen. Die Ästhetik entsteht aus dem Zusammenwirken von innerer Aktivität und äußerer Erscheinung, andernfalls würden wir die Ästhetik in die Psychologie oder Logik verwandeln. Das Schöne lässt sich für Ğaʿfarī keineswegs allein mit der Wissenschaft oder dem Objekt oder mit einer rein „intuitiven Aktivität" des Geistes und als „geglückte Expression" im Sinne Croces erklären. Was erklärt wird, sind die Formen der Anschauung; das Erfassen und Erfahren des Schönen geht jedoch weit über die bloße Form hinaus. Für Ğaʿfarī beginnt die Ästhetik zwar auf der sinnlichen Ebene. Die Sinnlichkeit ihrerseits ist jedoch als Manifestation des Absoluten bzw. der höchsten Ordnung zu verstehen. Ohne Form ist das Schöne gegenstandslos. Daher gibt es sehr wohl auch für ihn eine geistige Form der Ästhetik. Die Wirkung des Absoluten aktiviert zum einen die schöpferische Fähigkeit, nämlich die Einbildungskraft der Seele, und zum anderen entsteht so, im Hegel'schen Sinne, „das sinnliche Scheinen der Idee". Ğaʿfarī zufolge ist die Ästhetik eine Idee, die sinnlich erscheinen kann. Nicht das Kunstwerk als bloße Erscheinung der Sinnlichkeit und als Objekt ist das Wesentliche, sondern seine geistige Anverwandlung (Vergeistigung) durch ein betrachtendes Subjekt. Als Beleg führt Ğaʿfarī an, dass keine Person (kein Künstler) diese schöpferische Fähigkeit gegen eine schöne Aussicht oder ein anderes Kunstwerk tauschen würde.

Die künstlerische Fähigkeit, wenn sie nicht nur einem praktischen Zweck dienen soll, sondern auf das Schöne und Schöpferische bezogen ist, ist zum einen ein mimetischer Vorgang, bei dem der Geist durch die Natur bzw. das Leben, wie es ist, „affiziert" ist, oder eine innere seelische Kreation, wie die Dinge sein sollen. Ğaʿfarī führt die innerseelische ästhetische Schöpfung in Anlehnung an Platon auf die in der Seele vorhandene Erinnerung an das Ästhetische zurück. Bevor der Künstler das „Schöne Werk" hervorbringt und es in seiner Fantasie gestaltet, ist er bereits mit der Idee des Schönen durch das Leben und die höchste Ordnung „affiziert". Die Relativität des Ästhetischen geht daher nicht auf die Ästhetik selbst zurück, sondern auf die äußeren Umstände, wie kulturelle Gegebenheiten, psychisches Befinden oder quantitative und qualitative Wirkung des Objektes. Genau darin liegt begründet, dass die Erfassung des Ästhetischen für Ğaʿfarī ein ganzheitlicher Akt ist, der nur in der Überwindung der kulturellen und anderweitigen Grenzen und Schranken möglich (erfahrbar) wird.

„In unserer Zeit presst die bewusstlose Maschine in ihren vielfältigen Arten den bewussten Menschen aus. Und da einer der wichtigsten Faktoren der Frische und Freude des Lebens die Beziehung des Menschen zur Ästhetik ist, speziell zu den Schönheiten der Natur und zu den im Geist vorhandenen intelligiblen Idealen,

> und da der Mensch durch die Gewalt des mechanischen Lebens von diesen beiden ästhetischen Formen entfernt wurde, erfasst den Menschen (daher) ein Gefühl des Nihilismus und macht das Leben vieler Menschen depressiv und welk. [...] Mit der Ästhetik ermöglicht [Gott] Beruhigung, Ausgeglichenheit, Verbundenheit und Vertrautheit mit der natürlichen Welt. Und so schafft er auch die ästhetische Gestaltbarkeit – die Schöpferkraft – im Menschen, der mit seinen Händen bunte und sehr glänzende Gläser innerhalb des großen Gefängnisses der Quantität baut und macht dadurch dieses Gefängnis erträglich und öffnet seine bedrängte Lage."[47]

Ǧaʿfarī bedient sich der Existenzphilosophie und der Idee der substantiellen Bewegung Ṣadr ad-Dīn aš-Šīrāzīs. Er stellt sich eine Ästhetik vor, in der das Schöne wie das Sein dynamisch dargestellt werden. Die ästhetischen Veränderungen und Entwicklungen sind für ihn ein Zeichen einer essentiellen Evolution. Ebenso ruft das Schöne im Menschen die Liebe zum Leben hervor. Der Mensch kann daher auch im Kontext des dynamischen Lebens seine innere Welt ästhetisch wahrnehmen und gestalten und begründet dadurch den Drang nach Vervollkommnung.[48] Schönheit, Liebe und Vollkommenheit sind Eckpfeiler, die die Welt für den Menschen zu einem offenen System machen, in dem Unendlichkeit und Freiheit möglich werden und der Weg zur absoluten Vollkommenheit frei wird.

Mit der Idee der Vollkommenheit versucht Ǧaʿfarī die Begrenztheit der Welt aufzulösen.[49] Die Aufhebung der sinnlichen Welt ist daher ein Ende der begrenzten Welt hin zu einer offenen Welt, in der die Seele schöpferisch ist. Je intensiver die Kunstwerke den geistigen Ideen entsprechen, desto schöner, prachtvoller und erhabener werden sie.[50] Diese expressive Betonung der Geistigkeit und Innerlichkeit zeigt vor allem die ethische Komponente von Ǧaʿfarīs ästhetischer Konzeption. Die ethischen Ideale darf man nicht vom sinnlich Schönen trennen. Denn die ethischen Prinzipien gründen sich auf Gefühlswerten, die auf einer höheren Ebene des ästhetischen Einfühlens und Empfindens stattfinden. Sie gehören alle zur Innerlichkeit des Menschen und zur Lebendigkeit des Ganzen und machen sein ästhetisches Erleben möglich. Zu dieser hohen geistigen Idealität gehören für ihn die Ordnung und Harmonie des Daseins, die Naturerscheinungen, wie sie sind, die geistige Bindung zwischen Vergangenheit und Zukunft, die Versinnbildlichung der geistigen Ideale durch Allegorien, Muster und Sprache, Gefühlsäußerungen (Gefühlsausdruck) und die Freiheit und Souveränität der Person.

---

47 Ǧaʿfarī, Zībāʾī (s. Anm. 45), 23.
48 Vgl. Ǧaʿfarī, Zībāʾī (s. Anm. 45), 25.
49 Vgl. Ǧaʿfarī, Zībāʾī (s. Anm. 45), 86.
50 Vgl. Ǧaʿfarī, Zībāʾī (s. Anm. 45), 49.

Die Seele ist daher in der Lage, das Schöne zu erkennen und zu erfassen und es darüber hinaus selbst zu *entwerfen*. Wir können in Ǧaʿfarīs Philosophie von einem *„Selbstentwurf der Ästhetik"* reden. Doch die Ästhetik wird in ihrem Wesen keineswegs als ein Entwurf des Menschen angesehen. Sie ist der Entwurf Gottes, der das Vollkommene ausdrückt. Die Machbarkeit dieses ästhetischen Entwurfs des Menschen unterliegt daher der Idee der Vollkommenheit, welche die ästhetische Korrespondenz zwischen Seele und Absolutem ermöglicht. Die Ästhetik dieser Ideale geht über die reine Form hinaus, sie ist Ausdruck einer höheren Daseinsform, eines lebendigen Ganzen. Ohne Geistigkeit kann das Schöne in den Dingen nicht erfasst werden, ebenso wenig das Ästhetische überhaupt ohne das Wahre und Absolute. Das Absolute ist für ihn Gott, im scholastischen Sinne der „actus purus" und der letzte Grund des Weltganzen. Das ästhetische Erleben ist daher auch ein unerlässlicher Bestandteil des *ethischen Selbstentwurfes*. Da der Mensch durch das Gefühl für das Schöne auch die innere und geistige Schönheit nicht ausblenden kann, so hat er einen inneren Sinn für die ethische *Selbstveredelung*, und je vielfältiger und höher die Vollkommenheitsdimensionen sind, desto höher ist auch die Intensität des ästhetischen Empfindens.[51]

Die Wahrnehmung schöner Gestalten ist ebenso von einer Reihe nebeneinander- und ineinanderliegender Zustände abhängig. Wenn auch die äußeren Formen mit der inneren Befindlichkeit übereinstimmen, so kann z. B. das Bild der Mutterliebe die Aufmerksamkeit einer Person auf sich ziehen. Wir können daher die ästhetische Erfahrung der Offenbarung ohne diese vielfältigen Faktoren und die ganzheitliche Innenwendung nicht nachvollziehen. Sprache, Glaube, örtliche und zeitliche Umstände, die Art der Verkündung, die unmittelbare Rückbesinnung, die persönliche Erfahrung und Selbst- und Umweltwahrnehmung wie auch andere Motive und Interessen spielen für ein ästhetisches Urteil eine entscheidende Rolle. In der islamischen Wissenskultur zeigt man aber ein großes Interesse für die Verallgemeinerung der sittlichen Wahrnehmung, die über die Grenzen der kulturellen Einheit hinausgeht. Sie hat Geltung für alle Völker und Nationen. Damit wird die Idee des Schönen wie des Hässlichen, die Idee des Guten wie des Bösen für allgemein und für alle Menschen als erfahrbar gehalten. Ǧaʿfarī nimmt zwar zur Kenntnis, dass Gut und Böse relativ sein können und an psychologische Zustände gebunden sind,[52] er beharrt jedoch auf der universellen Geltung des Sittlichen. Die Ästhetisierung der Sittlichkeit, die von Ǧaʿfarī geschildert wird, trägt zum menschlichen

51 Vgl. Ǧaʿfarī, Zībāʾī (s. Anm. 45), 89.

52 Er belegt seine Gedanken mit einem Gedicht von Ǧalāl ad-Dīn ar-Rūmī. Nach der neuplatonischen Vorstellung lehnt ar-Rūmī das absolute Böse ab und meint, dass das Böse in der Welt von den Verhältnissen abhängig ist. Vgl. Ǧaʿfarī, Zībāʾī (s. Anm. 45), 175.

Selbstbild bei. Die Erfahrung des Schönen ist ein Bestandteil des sittlichen und intelligiblen Lebens und bestimmt das Endziel der Schöpfung. Die Ästhetik wird daher nicht als etwas Überflüssiges oder als zusätzlicher Beigeschmack des Lebens gesehen, wie dies von seinem zeitgenössischen religiösen Denker Muḥammad Taqī Miṣbāḥ Yazdī unter dem Begriff „Schmuck" (zīnat) und „Luxus" (taǧammul) verstanden wird. In seinem dreibändigen Werk „Ethik im Koran" (Aḫlāq dar qur'ān) meint Miṣbāḥ, es gebe neben den natürlichen Bedürfnissen des Menschen Bedürfnisse, die keine Notwendigkeit für die Menschen darstellen wie etwa das Anschauen einer schönen Gestalt oder das Riechen eines angenehmen Duftes.[53] Er unterscheidet allerdings zwischen „Schmuck" (zīnat) und „Schönem" (ǧamāl) insofern, als es sich beim „Schönen" im Gegensatz zum „Schmuck" um eine essentielle Schönheit handelt. Diese Differenzierung ändert nichts an der Tatsache, dass es bei beiden um die Schönheit geht. Im Koran versucht Miṣbāḥ, ein schiitischer Gelehrter, wie sein sunitischer Kollege Rauwās Qalʿaǧī, auf dessen Meinung wir oben eingegangen sind, mit Hilfe einiger Verse zu beweisen, dass im Islam auf die natürlichen Bedürfnisse des Menschen geachtet wurde. Die Schöpfung und die Naturphänomene werden im Koran zu denjenigen ästhetischen Elementen gezählt, die sinnlich und geistig Freude erwecken. Auch im Paradies wird das als Merkmal des Schönen genannt, was die materielle ästhetische Ausstattung „paradiesisch" darstellt. Der Anblick der schönen Gestalt gehört sogar zum „jenseitigen Genuss" (lizzat-i uḫrawī). Dieser Genuss der schönen Gestalt darf Miṣbāḥ zufolge nicht verwechselt werden mit demjenigen des Geschlechtsgenusses. Es gehe dabei um die Schönheit des Propheten und der heiligen Imame.[54] Das Paradiesische an diesem ästhetischen Erleben ist bei Miṣbāḥ das Resultat des Verzichts darauf im irdischen Leben:

> „Kurz zusammengefasst gehört die Liebe zum Schönen und die Neigung zur Ästhetik zu der originären und natürlichen Disposition des Menschen, der durch das Schauen einer schönen Landschaft und den Anblick eines schönen Menschen befriedigt [išbāʿ, gesättigt] wird. Der Genuss am Anblick der anziehenden Landschaften und der Anschauung schöner Menschen wird die große Gnade des Paradieses und der erhabene Genuss (werden die großen Wohltaten und erhabenen Genüsse) der Paradiesbewohner sein. Die Notwendigkeit des Verzichts auf diese (auf den Anblick dieser) fremden Personen [gemeint sind damit Frauen und Männer] und das Verhindern des Genusses beim Anblick der menschlichen Schönheiten (in mancher Hinsicht) in dieser Welt wurzelt darin, dass sie (diese Genüsse) im Widerspruch zu anderen Vollkommenheiten [kamālāt, Entwicklungen] des Menschen stehen."[55]

53 Vgl. M. T. Miṣbāḥ Yazdī, Aḫlāq dar qur'ān, Bd. 2, Ghom 21999, 287f.
54 Vgl. Miṣbāḥ, Aḫlāq, (s. Anm. 53), 279.
55 Miṣbāḥ, Aḫlāq, (s. Anm. 53), 297f.

Die Ästhetik, die sich bei Miṣbāḥ aus den vorherigen Prämissen ergibt, ist eine pragmatische. Die Ästhetik ist ein Mittel, mit dem man eine Beziehung zu Gott und dem Jenseits herstellen kann. Der Mensch kann durch die Betrachtung des Schönen und mit seiner ästhetischen Ausstattung in zweierlei Beziehung zu Gott treten: durch das Resultat und durch die Motive der Praxis. Mit „in Bezug auf das Resultat“ (irtabāt dar natīǧa) meint er die Folge der Handlung, die den Menschen positiv in ihrer Beziehung zu Gott beeinflusst. Dazu gehören auch die spirituellen Riten und Gottesdienste, wodurch man sich in der Mitternacht Gott zuwendet. Durch solche spirituelle Riten und durch die Betrachtung der Welt gewinnt man das geistige Entzücken am Gottesgedenken und an den sittlichen Wertschätzungen. Die Worte „in Bezug auf die Motive der Praxis“ (irtibāt dar angizeh-i aʿmāl) beziehen sich auf die menschlichen Motive, wobei die ästhetischen Ausstattungen in Verbindung mit der Befolgung der göttlichen Vorschriften und der moralischen Anstandsregeln stehen sollen. Daher sind äußere Pflege, schöne Kleidung, Reinigung und sonstige äußerliche kosmetische Ausstattungen besonders wünschenswert, wenn sie die Beziehung zwischen den Gläubigen verfestigen, Freude bereiten oder für die göttlichen Zwecke verwendet werden und somit göttliche Motive in der praktischen Handlung enthalten.[56] Die Ästhetik ist daher nur ein Mittel zu einem anderen Zweck. Sie ist eine ritualistisch-pragmatische Ästhetik. Dieser *ästhetische Ritus* kann zum Selbstbild des Menschen insofern beitragen, als er göttlich angewandt wird. Daher ist das Schöne nicht selbst schön, sondern durch den Zweck und die Intention, wofür es praktisch bestimmt wird.

Mit Miṣbāḥ, Ǧaʿfarī und Aʿwānī habe ich drei Beispiele aus dem schiitischem Raum angeführt, um die Möglichkeit in Betracht zu ziehen, dass die ästhetische Wahrnehmung unterschiedlich, sowohl als Mittel als auch als Ziel herangezogen werden kann, um das *Selbstbild des Menschen* auf unterschiedlicher Ebene und mit unterschdlicher Zielsetzung zu interpretieren und sich selbst als ästhetisches Wesen zu verstehen, das das Wahrgenommene zu einem wesentlichen Bestand seiner Selbst macht. Die hier dargestellte ästhetische Anschauung kann sowohl als Ziel des gesamten Denkens, Strebens und Handelns gesehen werden, als auch als Mittel und Kommunikationsform, die das Göttliche, Sittliche und Weltliche miteinander verbindet. Zwar ist das sittliche Verhalten an sich schön; seine Dauer, Ewigkeit und Wahrhaftigkeit verdankt es aber der göttlichen Intention. Was wir auch immer unter der ästhetischen Betrachtung im Islam verstehen wollen und können, die Sittlichkeit ist eine Form der religiösen Erfahrung, an der sich der Mensch messen und seine Beziehung zu sich und zu Gott definieren kann. Sittliche Handlungen

56 Vgl. Miṣbāḥ, Aḫlāq, (s. Anm. 53), 298ff.

sind nicht nur eine Tugend (fāḍila), sondern sie tragen als vorzügliche Eigenschaften zum „Sinnbild" des menschlichen Selbstbildes bei; „Sinnbild" im Sinne der äußerlichen Gestaltung, die die zwischenmenschliche Beziehung ausschmückt und harmonisiert, aber auch im Sinne der inneren Versinnlichung, die die Form der Beziehung zu Gott bestimmt. Diese, wie ich sie formuliere, „*Ikonizität der Sittlichkeit*" wird in ausreichendem Maße in den Moralschriften den Handlungen des Menschen zugrunde gelegt. Gerechtigkeit und Vergebung werden z. B. als „Ästhetik der Politik" (ǧamāl as-siyāsa al-ʿadl fī al-imra wa al-ʿafw maʿa al-qudra)[57] ikonisiert. Das Gleiche gilt für die Geduld und andere Tugenden. Denn Gott ist laut der Überlieferung „schön und liebt die Schönheit".[58] In diesem Sinne versieht Gott die Menschen mit der Vernunft, die als „Schmuck" des menschlichen Wesens und als Mittel des Erwerbs schöner Eigenschaften gepriesen wird.[59]

Abstract

Die Idee des Schönen, sofern sie sich nicht auf die reine Anschauung bezieht, ist eng verknüpft mit einer anthropologischen Dimension: Zum einen geht es dabei um die Erkenntnis des Menschen, die stets nachhaltig das Menschenbild prägt, und zum anderen um die Gefühlswerte des Menschen, die das Normative und Erhabene in der menschlichen Entwicklung entscheidend beeinflussen. In diesem Beitrag soll der Frage nachgegangen werden, ob mit einem religiösen Erleben ein ästhetisches Erleben verbunden ist und inwiefern dieser Aspekt der religiösen Erfahrung für die *Selbstperfektionierung des Menschen* verantwortlich sein kann. Zugleich soll überprüft werden, ob wir diesbezüglich Erklärungsmodelle finden können, die sich aus unterschiedlichen Formen der islamischen Wissenskultur entnehmen lassen. Die These ist, dass es sich im Islam um eine „geistige Innenwendung" ästhetischer Art handelt und daher von der Ästhetik im Islam weder als Methode der Wahrnehmung noch als sinnlicher Reflexion und ebenso wenig als Erklärungsmodell oder Sinnvermittlung gesprochen werden kann.

57 Wörtlich heißt es: die Ästhetik der Politik ist die Gerechtigkeit in der Machtposition und Vergebung trotz der Macht. Siehe dazu M. B. Sabzawārī, Rauḍāt al-anwār-i ʿAbbāsī (dar aḫlāq wa šīwa-yi kišwardārī), hg. v. Ismāʿīl Čangīzī Ardhāyī, Teheran 1377/1998, 322.

58 Sabzawārī, Rauḍāt (s. Anm. 57), 464.

59 Vgl. N. a. D. ʿUbaid Zākānī, Aḫlāq al-ašrāf, kommentiert und hg. v. ʿAlī Aṣġar Ḥalabī, Teheran 1995, 41f.

Bonhoeffer: Anerkennung, Schutz und theologische Inanspruchnahme des Wirklichen

Ugo Perone

Ein Vorwort

Ein Philosoph, auch ein Religionsphilosoph, und vielleicht sogar mehr noch ein gläubiger Religionsphilosoph, spürt ein gewisses Unbehagen, vor Theologen über einen Theologen und ein theologisches Thema zu sprechen. So dankbar ich für die Einladung bin, besorgt bin ich über meine Sonderstellung bei dieser Tagung. Das Wort zu ergreifen, wage ich trotzdem, weil eine entscheidende Herausforderung für die Philosophie gerade in dieser Freiheit der Philosophen steckt, Themen anzusprechen, die außerhalb ihres anerkannten Kompetenzbereiches liegen. Für die Philosophie gibt es ohne Zweifel einen abgesicherten Bereich, nämlich die Philosophie selbst oder, genauer gesagt, die Geschichte der Philosophie. Aber wenn diese das einzig erlaubte Feld der Philosophie wäre, dann hätten wir eine traurige Bestätigung des Todes der Philosophie. Wir wollen aber über das Leben, wir wollen hier über etwas Lebendiges sprechen. Und in diesem Bereich ist der Philosoph niemals weiser als die anderen Lebenden. Er redet über Kunst ohne Künstler zu sein; er redet über Politik ohne Politiker zu sein; er redet über Religion ohne Theologe zu sein, oft sogar, ohne gläubig zu sein. Er redet aber vor Künstlern, vor Politikern, vor Theologen und Gläubigen. Sie sind – das sage ich mit Furcht und Zittern – seine Richter, denn sie kennen sich aus und ihnen steht es somit zu, über die Angemessenheit seines Sprechens zu urteilen. Sie sind aber auch diejenigen, die ihm, dem Philosophen, ein Material liefern, das für die Philosophie wesentlich ist. Sie liefern eine wissende Erfahrung, die ein Philosoph in die Form eines erfahrenden Wissens umzuwandeln versucht.

Von meinem Lehrer, Luigi Pareyson, einem im Ausland fast unbekannten Philosophen und trotzdem mit Sicherheit dem bedeutendsten Vertreter der italienischen Philosophie in der zweiten Hälfte des vorigen Jahrhunderts, habe ich gelernt, dass der *Wirklichkeitsbegriff* die entscheidende philosophische Kategorie ist.

„Aufgrund der unerwarteten und plötzlichen Weise, mit der sie in das Sein einbricht, ist die Realität selbst so konsistent und kräftig, dass es einer Abmilderung und Schwäche gleichkäme, wenn man ihr die Möglichkeit vorangehen lassen wollte; und sie durch die Notwendigkeit betonen zu wollen, bedeutet, ihr eine Verstärkung zukommen lassen wollte, die sie nicht braucht … Es ist nicht so, dass die Wirklichkeit insofern existiert, dass sie vorher möglich und konstitutiv notwendig ist, sondern, im Gegenteil, sie erscheint als möglich und notwendig, weil sie existiert. Es ist nicht so, dass die Realität ist, weil sie sein kann und muss, sondern sie kann und muss sein, weil sie existiert. Es ist die Wirklichkeit, die den Rahmen liefert, innerhalb dessen Möglichkeit und Notwendigkeit, als abgeleitete Begriffe, ihren Sinn finden: Sie erfüllt bereits den Schauplatz, das heißt, sie ist bereits eingebrochen in das Sein, wenn der Gedanke mit jenen Kategorien hinzukommt. Das Charakteristikum der Wirklichkeit besteht in der Tat darin, zuvorzukommen, ja sogar immer im Voraus zu sein. Die Realität ist nur dann wirklich Realität, wenn sie einfach nur ist: Gerade weil sie ist, kann man denken, dass, noch bevor sie ist, sie möglich oder notwendig gewesen sei."[1]

Betrachten Sie bitte dieses Zitat als philosophischen Führer hinein in die Theologie Bonhoeffers. Ich möchte im Folgenden gemeinsam mit Ihnen und durch dieses Zitat geleitet versuchen, die Herausforderungen an die Philosophie, die in der Theologie Bonhoeffers enthalten sind, ernst zu nehmen.

1. Moderne und Säkularisierung

Dass Dietrich Bonhoeffer mit vollem Recht zu den Denkern der Modernität gehört, ist eine kaum zu leugnende Tatsache. Modern ist er dank seiner Analysen zur Entstehung des modernen Zeitalters, die, wie wir wissen, in den Themen der mündig gewordenen Welt und der Säkularisation ihren Mittelpunkt haben. Er ist auch dank des Nachklangs modern, den Autoren wie Feuerbach und Nietzsche in seinen Schriften finden, von denen er die atheistischen Herausforderungen annimmt. Modern ist er auch dank der entscheidenden, zentralen Stellung, die er der Ethik zuweist als Ort, an dem trotz der anerkannten prekären Lage des ethischen Wissens, auf höchster Ebene alle für den Menschen entscheidenden Fragen aufeinanderstoßen. Er ist schließlich modern, weil er die frische und befreiende intellektuelle Redlichkeit der Aufklärung in eine, wenn mir dieser Ausdruck erlaubt ist, „theologische Kategorie" umgewandelt hat. Alle diese Elemente sind für ihn ein Auftrag an die Theologie, ein Wissen zu sein, das sich mit der Dringlichkeit des Heute misst und die paradoxe Verbindung von Heute und Ewigkeit untersucht.

---

1 L. Pareyson, Ontologia della libertà, Torino 1995, 87 [Übers. U. P.].

Man sollte sich immer wieder die drei entscheidenden Aussagen Bonhoeffers in den *Briefen* in Erinnerung rufen. Sie stellen jeweils eine immer weiter voranschreitende Vertiefung der Aufgabe einer angemessenen Theologie dar. Am 30. April 1944 schreibt er: „Was mich unablässig bewegt, ist die Frage, was das Christentum oder auch wer Christus heute für uns eigentlich ist."[2] Diese durch die Gegenwart geprägte Formulierung wird in dem darauffolgenden Satz bekräftigt, wo er das Wort „Zeit" viermal verwendet, um das endgültige Zu-Ende-Gehen der Zeit der Innerlichkeit, des Gewissens und der Religion zu beschreiben und eine religionslose Zeit voraussagt. Am 8. Juni wird dieses Heute noch genauer präzisiert: „Die Frage heißt: Christus und die mündig gewordene Zeit." In dem großen Brief vom 30. Juni wagt Bonhoeffer dann die letzte, quasi endgültige Formulierung: „Lass mich [...] nochmals das Thema, um das es mir geht, formulieren: die Inanspruchnahme der mündig gewordenen Welt durch Jesus Christus."

Der hier skizzierte Prozess enthält ein Zweifaches: Einerseits eine ernste Auseinandersetzung mit der heutigen Moderne, die eine unumkehrbare Zäsur in die Tradition eingeführt hat, und, darüber hinaus, die Erwartung einer dieser Situation gewachsenen theologischen Inanspruchnahme der mündig gewordenen Welt. Wie Bonhoeffer sagt: Den langen Weg zurück in das Kinderland, jenen Weg, der vor die Modernität zurückkehrt, zurück zu dem geschützten Raum des Mittelalters, zur Heteronomie in der Form des Klerikalismus – diesen Weg gibt es nicht oder nicht mehr. Er ist endgültig ausgelaufen.

Die Säkularisierungsdebatte hat Prozesse der Resakralisierung festgestellt und diese Aussage Bonhoeffers scharf in Frage gestellt. Die These Bonhoeffers ist aber keine Prophezeiung und sollte auch nicht als solche verstanden und kritisiert werden, sondern als eine Interpretation, d.h. als eine theologisch-philosophische These, die diesem (empirisch möglichen) „zurückkehrenden" Weg jede Wahrheit aberkennt. Denn dieser Weg als Weg zum wahren Glauben ist unterbrochen, mehr noch: Es ist ein Riss entstanden, eine Zäsur sogar, die die Kontinuität unterbricht und die unsere jetzige Zeit in Form einer fast unerträglichen Unsicherheit und Spannung durchdringt. Während die Moderne in ihrem ersten Erscheinen diese Unterbrechung in der Tat als eine Befreiung erfahren hat, wurde die vollendete Modernität so sehr davon beunruhigt, dass sie den schmerzhaften Paroxysmus einer Verurteilung, das Neue durch ein anderes Neues immer wieder zu ersetzen, durch den einfachen Fluchtweg des tröstenden

2 D. Bonhoeffer, Widerstand und Ergebung. Briefe und Aufzeichnungen aus der Haft (Dietrich Bonhoeffer Werke, Bd. 8), Gütersloh 1998, hg. v. Chr. Gremmels, E. Bethge und R. Bethge, 402.

Nihilismus abgeschwächt hat, der aus Furcht vor dem Nichts das Nichts schon vorwegnimmt und dessen immanente Angst abstumpft.[3] Bonhoeffer wagt den weiteren Schritt – die theologische Inanspruchnahme des Modernen – angesichts dieser Tatsache und im Schlepptau dieser Interpretation.

2. Hervorhebung der Wirklichkeit

Die Voraussetzungen dafür sind in der *Ethik* Bonhoeffers, seinem theoretisch entscheidenden Werk, enthalten. Die ethische Frage, „die Frage nach dem Guten" – schreibt Bonhoeffer – „findet uns immer in einer bereits nicht mehr rückgängig zu machenden Situation vor: wir leben."[4] Dieser Zustand schließt ein unzertrennliches Bündnis zwischen der Suche nach dem Guten und dem Leben, das bis zu der Aussage gelangt: „Das Gute ist das Wirkliche selbst."[5] Beide setzen eine Antwort voraus, die Antwort als das, was von der Situation in ihrer Ganzheit, d.h. von der Wirklichkeit erwartet wird: Verantwortung. Der Verantwortliche zwingt der Wirklichkeit kein fremdes Gesetz auf, sondern er wagt vielmehr eine Entscheidung, die der Wirklichkeit angemessen ist.

Aber warum eine solche Hervorhebung der Wirklichkeit? Steckt hier vielleicht die Gefahr eines neuen religiösen Positivismus, eine – wie Nietzsche, von Bonhoeffer zitiert, sagen würde – „servile Gesinnung vor dem Faktum"[6]? Die Antwort Bonhoeffers ist dialektisch und entfaltet sich christologisch. Gott wurde Mensch und somit hat die Versöhnung Gottes mit der Welt ein für allemal stattgefunden. Die Wirklichkeit wurde aufgenommen, nicht weil sie der göttlichen Bejahung würdig war – dann besäße sie an sich das Gute –, sondern weil sie des göttlichen Neins würdig war. Dieses Nein wurde in Christus selbst aufgenommen, sodass „die Bejahung des Menschen und seiner Wirklichkeit [...] auf Grund der Annahme, nicht umgekehrt"[7] geschah. Seitdem ist die Wirklichkeit nicht ein Neutrum sondern „*der Wirkliche*, nämlich der menschgewordene Gott"[8].

---

3 In dieser ungleichen Einstellung sehe ich die Berechtigung, zwischen Moderne (die mit Descartes anfängt) und Modernität (nach der französischen Revolution) trotz unverkennbarer Kontinuität zu unterscheiden.

4 D. Bonhoeffer, Ethik (Dietrich Bonhoeffer Werke, Bd. 6), München 1992, hg. v. I. Tödt, H. E. Tödt, E. Feil und C. Green, 245.

5 Bonhoeffer, Ethik (s. Anm. 4), 35.

6 Bonhoeffer, Ethik (s. Anm. 4), 260.

7 Bonhoeffer, Ethik (s. Anm. 4), 262.

8 Bonhoeffer, Ethik (s. Anm. 4), 261.

Im Rahmen einer solchen Betrachtungsweise kann man gut verstehen, warum Bonhoeffer vorschlägt, den Begriff des Natürlichen wieder aufzunehmen. „Der Begriff des Natürlichen ist" – merkt Bonhoeffer an – „in der evangelischen Ethik in Misskredit geraten."[9] Er kann aber in dem oben genannten Sinne wieder in Anspruch genommen werden: „So muss also der Begriff des Natürlichen vom Evangelium her wiedergewonnen werden."[10] Es geht eben nicht darum, einen mutmaßlich intakten Naturzustand als Norm der Wirklichkeit vorauszusetzen. Dies würde der Tatsache des Sündenfalls, nach dem die Kreatur zur Natur geworden ist, widersprechen. Formal ist die Natur nur durch den Erhaltungswillen Gottes möglich, inhaltlich besitzt sie aber eine Gestalt, die vernunftgemäß zu ergründen ist. Es gibt in der Natur „ein Moment der Eigenständigkeit, der Eigenentwicklung, das der Sache durchaus angemessen ist."[11] Diese Eigenständigkeit wird gerade durch den Rückgriff auf den Begriff der Natur „geschützt" und „bewahrt", der eine Schranke gegen die illegitimen und zerstörerischen Forderungen der Einzelnen sowie gegen irgendwelche Gemeinschaften oder Institutionen bildet. Das Leben hat das Mittel gegen die Zerstörung der Welt schon in sich, so dass man einen „haltenden Optimismus", einen „durch und durch immanente[n], im Natürlichen begründete[n] Optimismus"[12] anerkennen muss. Nach dem Sündenfall kann das Leben entweder „auf Jesus Christus hin sich ausrichten" oder „sich verschließen". Dies verbietet auf der einen Seite, das natürliche Leben „einfach als Vorstufe für das Leben mit Christus"[13] anzusehen, auf der anderen Seite aber auch, die Konsistenz des Natürlichen im Namen des kommenden Christus mit schweren und weitgreifenden Verlusten zu zerstören.[14]

3. Schichten der Wirklichkeit

Wie man sieht, steckt in diesem Denkvorgang Bonhoeffers eine Komplexität, deren angemessene Deutung nicht einfach ist und die mehrere Annäherungsstufen braucht.

Das Leben, wie wir wissen, ist *polyphonisch* zu verstehen. Seine Gestalt enthält mehrere Schichten, die ineinander verflochten sind.[15] Ein *cantus firmus* ist sicher

9 Bonhoeffer, Ethik (s. Anm. 4), 163.
10 Bonhoeffer, Ethik (s. Anm. 4), 165.
11 Bonhoeffer, Ethik (s. Anm. 4), 165.
12 Bonhoeffer, Ethik (s. Anm. 4), 170.
13 Bonhoeffer, Ethik (s. Anm. 4), 166.
14 Vgl. Bonhoeffer, Ethik (s. Anm. 4), 165.
15 In diesem Sinne charakterisierte der deutsch-jüdische Philosoph Franz Rosenzweig die Persön-

notwendig – und dies ist der an Gott gerichtete Blick –, aber „wo der *cantus firmus* klar und deutlich ist, kann sich der Kontrapunkt so gewaltig entfalten wie nur möglich“[16]. Sie sind ungetrennt und doch geschieden; sie bilden die mehrdimensionale Gestalt des Wirklichen.[17]

Sicher besitzen aber alle diese Schichten weder denselben Wert noch dieselbe Fülle. In *statu corruptionis* sind sogar Verhüllung und Maske Bestandteil der Wirklichkeit geworden. Der Anspruch Bonhoeffers auf die gefallene Wirklichkeit bleibt nichtsdestotrotz bestehen und will sich von jedem bloß dualistischen Schema befreien. Die empirisch überprüfbare Tatsache der Verknüpfung von Gut und Böse in der Wirklichkeit, zusammen mit der weiteren, heute als historisch wahrgenommenen Tatsache der Unzulänglichkeit der Metaphysiken und der rein normativen Ethiken bedarf eines adäquateren theologischen Verständnisses. Ist dies getan, wird aber eine radikale Inanspruchnahme des Wirklichen, so wie es ist, möglich. Die Verknüpfung von Gut und Böse hat nämlich so tief eingeschnitten, dass jegliche Entfernung der Maske, jede Enthüllung eine unerträgliche Gewalt wäre – etwas, was dem Menschen nicht erlaubt ist. Deswegen darf, wie Bonhoeffer schreibt, das Verhüllte nur in der Beichte, d.h. vor Gott, offenbart werden.[18] Nur der Blick Gottes geht in die unterschiedlichen Schichten der Wirklichkeit hinein, ohne die fragilen Verflechtungen, aus denen ihre Einheit besteht, zu verletzen.

„‚Die Wahrheit sagen [...] heißt [...] sagen, wie etwas in Wirklichkeit ist, d.h. Respektierung des Geheimnisses, des Vertrauens, der Verhüllung“[19], fährt Bonhoeffer fort. Damit sind wir bei dem zweiten Element, das uns ein tieferes Verständnis der Wirklichkeit ermöglicht: ihre Beziehung zur Wahrheit. Ich werde mich hier darauf beschränken, die Hauptpunkte dieser Theorie zu erwähnen. Das Thema der Wahrheit ist explizit mit dem der Wirklichkeit in Verbindung gesetzt: „*Das Wirkliche* soll in Worten ausgesprochen werden“[20], so Bonhoeffer. Die Frage nach

---

lichkeit jedes Einzelnen als „eine Stimme in der vielstimmigen Symphonie der Menschheit“ – als gäbe es ein polyphones Mosaik an Stimmen, die zusammengenommen eine Melodie der Menschheit bilden. Zitat F. Rosenzweig, Der Stern der Erlösung (Der Mensch und sein Werk, Bd. 2), Haag 1976, 74.

16 Bonhoeffer, Widerstand (s. Anm. 2), 441.

17 Diese mehrdimensionale Gestalt schließt mit ein das Projekt einer Konstituierung der Gemeinschaft durch die Anerkennung der irreduziblen Differenz jedes Einzelnen – oder, anders gesagt, die Anerkennung einer Identität, so „einmalig – wie wir alle“, wie ein Gedicht von Peter Rühmkorf heißt, P. Rühmorf, Gedichte (Werke, Bd. 1), Reinbek 2000, hg. v. B. Rauschenbach, 463–467.

18 Vgl. Bonhoeffer, Widerstand (s. Anm. 2), 228–229.

19 Bonhoeffer, Widerstand (s. Anm. 2), 229.

20 D. Bonhoeffer, Konspiration und Haft 1940–1945 (Dietrich Bonhoeffer Werke, Bd. 16), Gütersloh 1996, hg. v. J. Gelnthøy, U. Kabitz und W. Krötke, 622.

der Wahrheit ist also eine ontologische Frage! Sie ist jedoch in einen ethischen Imperativ eingeordnet, der vom Verb *sollen* unterstrichen wird. Die Wahrheit ist das Resultat eines ontologischen Prozesses, der die ethische Frage nicht ausschließt, sondern sie, im Gegenteil, einschließt. Mehrmals kommt Bonhoeffer kritisch auf den ethischen Rigorismus und Formalismus Kants zurück, die ihm dem Problem gegenüber als unangemessen erscheinen. Die klassischen metaphysischen Lösungen, die die Beziehung zwischen Wirklichkeit und Wahrheit auf dem Prinzip der Korrespondenz begründen, sowie die ethischen Entwicklungen Kants erscheinen ihm in letzter Instanz als oberflächlich und nicht radikal genug. Bei den ersten wird die Natur als naiver und unschuldiger Maßstab vorausgesetzt. Und bei Kant ist die Wirklichkeit, zu der die Wahrheit aufgerufen wird, eine schon unter der bestimmenden Herrschaft der praktischen Vernunft gedachte Wirklichkeit, so dass die perfekte Übereinstimmung der Tat mit dem guten Willen, der sie bestimmen soll, ungeachtet jeder Folge, geschehen kann. Die fehlende Übereinstimmung wird dann bei Kant als Widersprüchlichkeit herabgestuft und gilt als Zeichen einer mangelhaften praktischen Vernunft. Dieser Widerspruch ist aber nichts anderes als eine verminderte und ethisch orientierte Variante des klassischen Prinzips der Übereinstimmung – und dazu eine Variante, die zu äußerst fraglichen ethischen Schlüssen führt. Das Zitat Bonhoeffers (in diesem Zusammenhang) ist sehr bekannt und sehr treffend: „Wenn Kant aus dem Prinzip der Wahrhaftigkeit heraus zu der grotesken Folgerung kommt, ich müsse auch dem in meinem Haus eingedrungenen Mörder seine Frage, ob mein Freund, den er verfolgt, sich in mein Haus geflüchtet habe, ehrlicherweise bejahen, so tritt hier die zum frevelhaften Übermut gesteigerte Selbstgerechtigkeit des Gewissens dem verantwortlichen Handeln in den Weg. Wenn Verantwortung die ganze, der Wirklichkeit angemessene Antwort des Menschen auf den Anspruch Gottes und der Nächsten ist, so ist hier der Teilcharakter der Antwort eines an Prinzipien gebundenen Gewissens grell beleuchtet.“[21]

Anders als bei den üblichen Wahrheitstheorien ist der Wortschatz Bonhoeffers zum Thema Wahrheit, wie man analytisch nachweisen könnte, reichlich von Begriffen gekennzeichnet, die das Bedürfnis ausdrücken zu *schützen*, zu *bewahren* oder zu *hüten*, und die jeder Art von Verletzung, Vergewaltigung oder Zerstörung eine Absage erteilen wollen. Diese Begriffe haben, wie oft bei Bonhoeffer, gleichzeitig ethische, ontologische und theologische Relevanz. Sie bezeichnen nämlich den Weg der rechten Tat und erkennen ihn aufgrund ihrer Fähigkeit zur Verantwortung, also darin, dem Wirklichen zu entsprechen, es zu respektieren und

---

21 Bonhoeffer, Ethik (s. Anm. 4), 280.

ihm sogar die Form, die ihm eigen ist, zu verleihen. Auf diese Weise, so schreibt Bonhoeffer in den Briefen, tut sich ein Licht auf in der Welt – in der Diesseitigkeit –, das völlig neu und erstaunlich ist; dieses Licht der Offenbarung, das, wie die Andeutungen an die Arkandisziplin zeigen, weder verletzt noch bloßstellt, weder enthüllt noch vergewaltigt, sondern die Wirklichkeit schützt und ihr Geheimnis wahrt. Der immanenten Wirklichkeit dieser Welt verleiht sie einen Ort, der ihre Heimat ist, da er sie ohne Gewalt in seinen Ursprung setzt. Die Offenbarung stellt also nicht bloß, sondern ist Arkandisziplin: sie behält die Verhüllung und führt sie gleichzeitig an ihren Ursprung zurück. Entgegen Hegel und Heidegger ist die Offenbarung, wie sie Bonhoeffer versteht, nicht gleichgesetzt mit einer offenbarten Religion (Hegel) und auch nicht mit einer reinen Unverborgenheit (Heidegger), sondern sie ist wesentlich Schutz.

Dieser Schluss hängt eng mit der Multidimensionalität und Polyphonie der Wirklichkeit zusammen. Die Wahrheit sagen heißt dann eigentlich, Verantwortung für sie zu übernehmen, und drückt sich aus in der Sorge und im Schutz der vielfältigen und nicht isolierbaren Schichten der Wirklichkeit. So schreibt Bonhoeffer: „Wir finden uns in verschiedenen Ordnungen des Wirklichen zugleich eingebettet, und unser Wort, das sich um Versöhnung und Heilung des Wirklichen bemüht, wird doch immer wieder in die bestehende Entzweiung und in den Widerspruch mit hineingerissen, und es kann doch seine Bestimmung, das Wirkliche, wie es in Gott ist, auszusagen, nur erfüllen, indem es sowohl den bestehenden Widerspruch als auch den Zusammenhang des Wirklichen in sich aufnimmt. Das menschliche Wort, wenn es wahr sein soll, darf ebenso wenig den Sündenfall verleugnen, wie das schöpferische und versöhnende Wort Gottes, in dem alle Entzweiung überwunden ist."[22]

Man könnte die Anmerkungen Bonhoeffers über das Thema Scham als Vorankündigung einer solchen Denkrichtung betrachten. Diese lassen sich bereits in *Schöpfung und Fall* finden und werden im Aufsatz *Die Liebe Gottes und der Zerfall der Welt* (in der *Ethik*) wieder aufgenommen. Scham hat mit dem prekären Zustand des Menschen, der nach der Sünde vom Ursprung entfernt ist, ohne schon das Ende erreicht zu haben, zu tun. Die Scham ist das Bewusstsein einer Trennung, sie ist das Stigma dieser Trennung. Indem sie diese Trennung aber als schmerzlich empfindet, ist sie auch Erinnerung des Ursprungs. Durch die Scham haben wir dann eine Wahrnehmung der multiplen Schichten unserer endlichen Existenz. Wir sind weder unschuldig noch naiv, in uns bleibt aber eine Spur dieses verlorenen Ursprungs. Wir schämen uns dann unserer selbst, und gerade damit schützen wir

22 Bonhoeffer, Konspiration (s. Anm. 20), 627–628.

unser intimstes Wesen vor einer Profanierung. Wir schämen uns unserer selbst, auch weil ein Funke der *natura creata*, der Schöpfung, selbst in der *natura lapsa*, in der Natur nach der Sünde, aufbewahrt ist. Die ontologische Komplexität der Wirklichkeit findet darin eine deutliche Bestätigung.

4. Wirklichkeit, christologisch

Die Wirklichkeit ist aber nicht nur komplex und mehrdimensional, sie enthält auch, wie wir sahen, Widersprüche. Solange sie, wie in einer Theologie, die nach dem Muster eines „Denken[s] in zwei Räumen" operiert, als „statische Gegensätze" betrachtet werden, haben wir die übliche Spaltung von Begriffspaaren wie „weltlich – christlich, natürlich – übernatürlich, profan – sakral, vernünftig-offenbarungsgemäß"[23]. Die Spaltung löst aber letzten Endes jede Spannung und verliert damit das Wesentliche. Sicher drücken diese Begriffspaare entgegengesetzte Ordnungen aus; sie finden trotzdem ihre Einheit in Christus: „Diese Einheit wird dadurch gewahrt, dass das Weltliche und das Christliche etc. sich gegenseitig jede statische Verselbständigung des einen gegen das andere verbieten, dass sie sich also polemisch zueinander verhalten und gerade darin ihre gemeinsame Wirklichkeit, ihre Einheit in der Christuswirklichkeit bezeugen."[24] Das Wort „polemisch", das in diesen Seiten mehrmals vorkommt, findet in Christus, der Gott und die Welt in sich einschließt,[25] seine höchste Bestätigung, die sogar in Richtung einer *ontologia fidei* geht. In der Tat erschließt sich in ihm ein neuer ontologischer Begriff. Wie der Entwurf einer Arbeit vom 3. August 1944 bestätigt, ist Christus „der Mensch für andere"[26]. Dies darf nicht reduktiv ethisch verstanden werden, sondern stark ontologisch. „Das ‚Für-andere-da-sein' Jesu" erschließt eben eine neue Seinsmodalität und ermöglicht eine Überwindung der klassischen Metaphysik durch die Einbeziehung der Transzendenz in die Diesseitigkeit.

Der nie genug gepriesene Bonhoeffer'sche Vorschlag der Kategorien vom Vorletzten und vom Letzten liefert eine theologische Basis für eine dynamisch dialektische Entwicklung dieses ambitionierten Programms. Die *Briefe* Bonhoeffers gehen sogar noch weiter in diese Richtung, indem sie nicht ohne bewussten Rückgriff an diese terminologische Erneuerung von einer „*letzte[n]* Redlichkeit"

23 Bonhoeffer, Ethik (s. Anm. 4), 44.
24 Bonhoeffer, Ethik (s. Anm. 4), 45.
25 Vgl. Bonhoeffer, Ethik (s. Anm. 4), 39.
26 Bonhoeffer, Widerstand (s. Anm. 2), 559.

sprechen, eben diejenige, die uns „vor Gott" zu der Erkennung führt, „daß wir in der Welt leben müssen – ‚*etsi deus non daretur*'"[27]. Da so etwas nicht mit der „platte[n] und banale[n] Diesseitigkeit der Aufgeklärten"[28] zu verwechseln ist, wird gerade durch die oben genannte dialektische Spannung gesichert. Eine Bestätigung dafür finden wir in einem anderen Zitat, mit dem ich mein Bonhoeffer-Exposé abschließen möchte: „Die Zeit zwischen Ostern und Himmelfahrt habe ich seit langem besonders geliebt. Auch hier geht es ja um eine große Spannung. Wie sollen Menschen wohl irdische Spannungen aushalten, wenn sie von der Spannung zwischen Himmel und Erde nichts wissen?"[29]

5. Ein kurzes Nachwort

Am Ende aber noch einmal zurück zur Philosophie: Die Theologen, wenn sie wirklich welche sind und sich der Philosophie nicht nur als Mittel einer Interpretation, die anderswo ihren Ursprung und ihre Bestimmung hat, bedienen, begegnen am Ende doch immer wieder der Philosophie. Sie erwecken sogar mit ihren Fragen, wie wir sahen, die philosophische Reflexion. Sie tun dies in Form einer Herausforderung, die von anderswo kommt. Und letzten Endes kommt für die Philosophie immer alles von woanders: Alles ist von außerhalb, auch wenn nichts fremd ist. Sie tun dies auch in Form einer Frage nach Gott, die nicht nur logisch, aber wesentlich ist, denn die Andersheit Gottes, von der sie reden, spricht zu einem menschlichen und weltlichen Subjekt, das Bestand hat (denn sonst wäre auch die Andersheit Gottes bestandlos). Philosophen und Theologen begegnen sich am Ufer des Jabboks, bei Sonnenaufgang, und kämpfen bis zum Abend um denselben Gegenstand. Sie kämpfen durch den Fluss getrennt und vereinigt. Sie kämpfen immer am Rande – am Rande des Tages (vom Sonnenaufgang bis zum Sonnenuntergang) oder am Rande eines Hoheitsgebiets, dessen Grenze eben der Fluss ist. Jeder kämpft am Äußersten seiner Kräfte, da beide um das Wesentliche kämpfen. Niemand aber, wie schon in der biblischen Erzählung, wird Sieger oder Besiegter.[30]

---

27 Bonhoeffer, Widerstand (s. Anm. 2), 553.

28 Bonhoeffer, Widerstand (s. Anm. 2), 542.

29 Bonhoeffer, Widerstand (s. Anm. 2), 390.

30 Frau Dr. Silvia Richter war mir bei der Redaktion des Aufsatzes behilflich. Bei ihr möchte ich mich ausdrücklich bedanken.

Abstract

Der Aufsatz erarbeitet die Herausforderungen an die Philosophie, die in der Theologie Bonhoeffers zum Ausdruck kommen. Hierbei wird Bonhoeffer als Denker vorgestellt, der die Spannungen von Moderne und Säkularisierung auf fruchtbare Weise reflektiert: in Form einer Auseinandersetzung mit den polyphonen Lebensformen der Moderne und der Erwartung einer dieser Situation gewachsenen theologischen Inanspruchnahme der mündig gewordenen Welt.

This article examines the challenges put to philosophy as expressed in Bonhoeffer's theology. To this end, Bonhoeffer is presented as a critical thinker who productively reflects upon the tension between modernity and secularization by discussing the polyphonic forms of life in modernity and the expectation of the theological demands of a world that has become responsible (*mündig*) in this context of modernity.

„Die Festung des Glaubens"
Ǧihād gestern und heute

Rüdiger Lohlker

Ein spätestens seit dem 11. September 2001 häufig diskutierter Begriff ist der des Dschihad, häufig reduziert verstanden als militärischer Kampf bzw. heiliger Krieg. Es gibt auch eine Anzahl anderer Deutungen dieses Begriffes. Eine Annäherung könnte durch eine detaillierte Rekonstruktion des Begriffes geschehen, die allerdings noch ausgedehnter Quellenaufarbeitung bedürfte, um nicht vorgefasste Meinungen zu reproduzieren.

Ich möchte mich dem Begriff des *Ǧihād* durch zwei Lektüren annähern. Die erste widmet sich einem Text, der vor der Dominanz des Kolonialismus in Südwestasien entstanden ist, die zweite einem zeitgenössischen, modernen Text. So wird ein Einblick in die Auslegungsgeschichte eines solchen Begriffes in der islamischen Geistesgeschichte in zwei distinkten historischen Perioden gegeben. Und vielleicht lassen sich Ansatzpunkte erkennen, die das Gedankenexperiment erlauben, welche Form denn eine nicht destruktive Fassung des Begriffes annehmen könnte.

ʿAbd al-Ġhanī an-Nābulusī

Der Autor des ersten Textes ist *ʿAbd al-Ġhanī an-Nābulusī*[1] (1641–1731). Er war einer der wichtigsten Teilnehmer an den Diskussionen der Transformationsbewegungen in der muslimischen Welt des 17. und 18. Jahrhunderts.[2] Al-Nābulusī lebte und wirkte im osmanischen Damaskus, war aber beeinflusst von und beeinflusste Diskussionen in ganz Südwestasien (und darüber hinaus).[3] Er war einer der

1 Ich verwende eine vereinfachte Umschrift, die lediglich die Vokallängen kennzeichnet und sich an die im englischsprachigen Raum gebräuchlichen anlehnt.

2 Zu seiner Biographie s. jetzt: S. Akkach, ,ʿAbd al-Ghani al-Nabulusi. Islam and the Enlightenment, Oxford 2007. Samer Akkach hat insbesondere durch seine Editionstätigkeit auch für die dargelegten Überlegungen einen wichtigen Impuls gegeben. S. auch E. Sirriyeh, Sufi Visionary of Ottoman Damascus: ,ʿAbd al-Ghani al-Nabulusi, London 2005. Für eine zeitnahe Biographie s. S. Akkach, Intimate Invocations: Al-Ghazzī's Biography of ʿAbd al-Ghanī al-Nābulusī (1641–1731), Leiden/Boston 2012.

3 Khaled El-Rouayheb hat die Lebendigkeit des damaligen intellektuellen Lebens immer wieder betont, so z.B. in ders., Opening the Gate of Verification: The Forgotten Arab-Islamic Florescence of the 17th Century, International Journal of Middle East Studies 38 (2006), 263–281; ders., The

herausragenden Vertreter der sufischen Richtung der „Einsheit des Seins" (waḥdat al-wuğūd), die von Ibn al-ʿArabī (gest. 1240), einem aus dem islamischen Teil der Iberischen Halbinsel stammenden Mystiker, begründet wurde[4] und sich bis Südostasien ausbreitete. Um diese Richtung entwickelten sich durch die Jahrhunderte eine Vielzahl von Kontroversen.[5]

Das Spektrum seiner Werke umfasst zahlreiche aus dem Bereich des Sufismus, der islamischen Mystik also, der spekulativen Theologie (kalām)[6], der Glaubenslehre (*ʿaqīda*)[7] und der Hadithkunde, in der er einen innovativen Ordnungsansatz entwickelte.[8] Auch als Dichter war er bekannt und hatte bereits relativ jung durch ein Gedicht, in dem „jeder Vers [...] mindestens ein Phänomen, das Gegenstand der ‚Wissenschaft der Beredsamkeit' – einer Art Stilkunde der arabischen Dichtung – war, „exemplifiziert"[9], Zutritt zur Damaszener Gelehrtenwelt erhalten. Er verfasste Dichtung durchaus säkularer Art[10], aber auch solche religiöser Art.[11] Berühmt und oft analysiert worden sind seine Reiseberichte.[12]

Myth of "The Triumph of Fanaticism" in the Seventeenth-Century Ottoman Empire, Die Welt des Islams 48 (2008), 196–221.

4 S. als deutschsprachige Einführung Ibn ʿArabī, Urwolke und Welt. Mystische Texte des Größten Meisters, München 2002.

5 Einen guten Überblick gibt A. D. Knysh, Ibn ʿArabi in the later Islamic tradition: the making of a polemical image in medieval Islam, Albany 1999.

6 S. z.B. den umfangreichen Kommentar zu einem älteren Werk in ʿAbd al-Ġhanī an-Nābulusī, Tahrīk al-iqlīd fī fatḥ bāb at-tauwḥīd, Ed. Y. Ahmad, Beirut 2012.

7 Z.B. ʿAbdalghanī al-Nābulusī, Rā'ihat al-ğanna šarḥ iḍā'at ad-duğunna fī ʿaqā'id ahl as-sunna mit Fayḍ aš-šhiʿāʿ al-kāšif lī-l-qināʿ ʿanarkān al-ibtidāʿ von al-Hasan b. Ahmad aṣ-Ṣanʿānī, Ed. A. F. L-Mizyadī, Beirut 2011, oder ders., Burhān aṯ-ṯhubūt fī tabri'at Hārūt wa-Mārūt, Ed. ʿU. A. Zakarīya, Beirut 2008, über Angelologie als Antwort auf eine Schrift türkischer Gelehrter.

8 ʿAbd al ġhanī an-Nābulusī, Daḫā'ir al-mawāriṯ fī dalāla ʿalā mawāḍiʿ al-hadīṯ, 3Bde., Kairo 1934.

9 T. Bauer, Die Badīʿiyya des Nāṣīf al-Yāziğī und das Problem der spätosmanischen arabischen Literatur, in: A. Neuwirth / A.C. Islebe (Hg.), Reflections on Reflections. Near Eastern Writers Reading Literature (FS R. Jacobi), Wiesbaden 2006, 49–118: 51.

10 S. dazu die Studie von S. Akkach, The Wine of Babel: Landscape, Gender and Poetry in Early Modern Damascus, Literature & Aesthetics 17i (2007), 107–124.

11 Die gleichzeitige Behandlung weltlicher und religiöser Themen ist nicht als Gegensatz zu sehen, vielmehr als Ausdruck gleichzeitiger und als gleichwertig angesehener Erfahrungen (Akkach, Wine [s. Anm. 10], 110). Hier kann an die Diskussionen in Thomas Bauer, Die Kultur der Ambiguität. Eine andere Geschichte des Islams, Berlin 2011, angeschlossen werden.

12 S. dazu H. Busse, ʿAbd al-Ġanī al-Nābulsīs Reisen im Libanon (1100/1689-1122/1700), Der Islam 44 (1968), 71–114; ders., Die Reise des ʿAbd al-Ġanī al-Nābulsī durch den Libanon, Beirut 1971.

Wie viele Gelehrte beschäftigte er sich mit dem Recht, insbesondere der hanafitischen Richtung, u.a. auch zu ritualrechtlichen Fragen[13] und rechtlichen Stellungnahmen, Fatwas, z. B. über das Rauchen, das er nicht als verbotenswert erachtete.[14] Er beteiligte sich auch an Debatten über Fragen wie z. B. die Vorhersagen astronomischer u. a. Ereignisse, die sich an der Wiederkehr des Halleyschen Kometen entzündet hatten.[15] Bekannt ist sein Werk über den Landbau[16], auch seine Fatwas betreffen häufig landwirtschaftliche Fragen.[17] In der Sekundärliteratur werden ihm bis über 300 selbständige Werke zugeschrieben. Es wäre offenkundig zu kurz gegriffen, ihn als reinen „sufischen Visionär"[18] zu verstehen.

Trotz seiner Ausbildung in diversen islamischen religiösen Disziplinen bei führenden Gelehrten in Damaskus schrieb *an-Nābulusī* seine Ausbildung auch der intensiven Lektüre der Werke älterer Autoren zu. Gerade im sufischen Bereich kann man ihn geradezu als „self-made Sufi master" bezeichnen.[19] Darin zeichnet sich eine Wandlung des Selbstbildes weg von den traditionellen Vorstellungen ab.

Ein Grundzug seines Werkes ist die kritische Grundhaltung überliefertem Wissen gegenüber. Auch der dominanten Gelehrtenschaft in Damaskus (und im Osmanischen Reich allgemein) stand er äußerst kritisch gegenüber.[20] In einer Ab-

---

13 So z.B. zu den Bedingungen für die Gültigkeit des rituellen Gebets ʿAbd al-Ġhanī an-Nābulusī, Sadh al-himāma fi shurūt al-imāma, ed. S. Bakdāsh, Beirut 2008, zu den rechtlichen Bestimmungen betreffend das Gebet ʿAbdalghanī al-Nābulusī, al-Jauhar al-kullī, Sharh ʿumdat al-musallim, ed. M. Ad-Dulaimī, Beirut 2007, oder über eine Spezialfrage betreffs des Verhaltens während der Pilgerfahrt ʿAbd al-Ġhanī an-Nābulusī, al-Niʿam as-sawābiʿ fī ihrām al-madanī ar-rābiʿ, ed. S. Bakdāsh, Beirut 2008. Es handelt sich um für die persönliche Frömmigkeit der Gläubigen wichtige Fragen.

14 S. darüber L. Berger, Ein Herz wie ein trockener Schwamm. Laqānīs und Nābulusīs Schriften über den Tabakrauch, Der Islam 78 (2001), 249–293. Für die Gegenposition s. z.B. Ahmad al-Aqhisārī, Against Smoking. An Ottoman Manifesto, ed. und übers. Y. Michot, Markfield/Oxford 2010.

15 Akkach, ʿAbd al-Ghani (s. Anm. 2), 57f.

16 ʿAbd al-Ġhanī an-Nābulusī, ʿAlam al-malāha fī ʿilm al-falāha, ed. Y. Murād, Beirut 2004.

17 Im Detail sind diese ausgewertet in S. Joseph, Islamic Law on Peasant Usufruct in Ottoman Syria, 17th to early 19th Century, Leiden/Boston 2012.

18 So Sirriyeh, Sufi Visionary (s. Anm. 2).

19 Akkach, ʿAbd al-Ghani (s. Anm. 2), 34. Vgl. die Ausführungen in ʿAbd al-Ġhanī an-Nābulusī, Sharh risāla tarīqa al-naqshbandīya li-shaikh al-walī Tāj al-dīn al-Naqshbandī, ed. ʿĀ. al-Kayālī, Beirut 2012, 47f.

20 Hier sei nur auf seine rechtlichen Stellungnahmen, Fatwas, verwiesen, in denen er sich häufig gegen osmanische Erlasse wandte, die zu Lasten der Bauern gingen. Nicht umsonst war er als Mufti, also Erteiler von Fatwas, niemals offiziell ernannt und nur durch gewissermaßen öffentliche Akklamation dazu geworden (Joseph, Islamic Law [s. Anm. 17], 12f.). Recht dezidiert hat er sich über die falschen Maßstäbe der Rechtsgelehrten allgemein geäußert, z.B. in ʿAbd al-Ghani an-Nābulusī, Nihāyat al-murād fī šarh hadīyat Ibn ʿImād, Ed. ʿAbd ar-Razzāq al-Ḥalabī, Damaskus

handlung zur Verteidigung der Theologie der Einsheit des Seins[21] nennt er diese polemisch: „Gelehrte, die der äußeren Form der Worte folgen, und Gelehrte des [leeren] Geredes."[22]

Steve Tamari charakterisiert ihn als eine Art öffentlichen Intellektuellen, der bewusst in der öffentlichen Debatte insbesondere mit der *Qāḍīzāde*-Bewegung[23], einer literalistischen, puritanischen Strömung, stand.24 Er lässt sich damit auch als ein urbaner25 Intellektueller charakterisieren, der den städtischen Raum in allen Dimensionen nutzt, auch die umgebenden Gärten. In der Zeit an-*Nābulusīs* waren Gärten mehr und mehr zu einem Ort der Zusammenkunft und des Gedankenaustausches geworden.

> „Die Gartensitzungen fanden in abgegrenzten Räumen statt. Soweit aus der Dichtung der dort versammelten Poeten ablesbar, waren sie künstlich eingerichtete Naturorte: Hecken schirmten sie gegen die Winde ab, künstliche Palmdächer boten Schutz vor der Sonne, und kleine Teiche spendeten die erfrischende Kühle. Üblicherweise gingen die Poeten in kleinen Gruppen schon früh morgens zu einem solchen Ort, den sie *nādī*, also Club, nannten, und verließen ihn erst wieder bei Sonnenuntergang, nachdem sie die vielfach gepriesenen „neuesten Gedankenfrüchte" (*abkāru afkārin*) genossen hatten. Die in den Gärten erörterten literarischen Themen hatten kaum noch etwas mit der mystischen Verklärung an den Gräbern[26] zu tun. Auch konnte, allein schon räumlich und symbolisch gesehen, kein größerer Kontrast bestehen als zwischen einem Grab und einem Garten. Gärten waren profane Orte, ohne jeden mystischen Zauber eines Heiligen; die idealisierte Natur hatte

[2]2004. Die Kritik an den Gelehrten seiner Zeit wird auch in zeitgenössischen arabischen Medien wahrgenommen, s. Kh. Suwailih, al-Nābulusī didd fuqahā' zamānihī wa-ahl al-fujūr wa l-fasād, al-Akhbār Nr. 259 (2007), http://www.al-akhbar.com/node/144515 (29.12.2013).

21 In dieser Verteidigung stand er nicht alleine. S. als ein anderes Beispiel das Werk eines medinensischen Gelehrten seiner Zeit Burhān ad-dīn Ibrāhīm Ibn Ḥasan al-Kūrānī, Tanbīh al-ʿuqūl ʿalā tanzīh al-sūfīya ʿan iʿtiqād al-tajassum wa l-ʿainīya wa l-ittihād wa l-hulūl, ed. M. I. al-Husain, Damaskus 2009.

22 ʿAbd al-Ġhanī an-Nābulusī, Idāh al-maqsūd min wahdat al-wujūd, ed. ʿI. Hasrīya, Damaskus 1969, 9.

23 Zu dieser Bewegung s. M.C. Zilfi, The Kadizadelis: Discordant Revivalism in Seventeenth-Century Istanbul, Journal of Near Eastern Studies 45 (1986), 251–269 und S. Evstatiev, The Qāḍīzādeli Movement and the Spread of Islamic Revivalism in the Seventeenth- and Eighteenth-Century Ottoman Empire. Preliminary Notes (CAS Working Paper Series No. 5/2013), Sofia 2013.

24 S. Tamari, The ʿalim as Public Intellectual. ʿAbd al-Ghani al-Nabulusi as a Scholar-Activist, in: M. A. Bamyeh, Intellectuals and Civil Society in the Middle East, London 2012, 93–109.

25 Zur Urbanität seiner Zeit s. R. Schulze, Gräber, Kaffeehäuser und Salons. Räume und Orte islamischer Kultur im 18. Jahrhundert, Asiatische Studien 50 (1996), 761–778.

26 Die zuvor ein wichtiger Treffpunkt waren.

nun die Aufgabe der Verklärung zu erfüllen. Um sie zu erfahren genügte nicht mehr die innere Kontemplation, mit der man einen Heiligen spirituell in sich aufnehmen konnte, sondern es bedurfte der körperlichen Sinneserfahrung."[27]

Auch der Kontext der uns als Texte überlieferten Gedanken hat sich also geändert, ist urbaner auch in der Form der gestalteten Natur geworden – auch wenn diese an ältere Stile anknüpfen. In den Gärten fanden zum Teil auch die öffentlichen Vorträge *an-Nābulusīs* über Texte und Fragen der Theologie der Einsheit des Seins statt. Solche Themen waren zuvor in geschlossenen, elitären Zirkeln besprochen worden. Die Wendung in die Öffentlichkeit bedeutete zugleich, dass *an-Nābulusī* seine Gedanken argumentativ vorbringen, rational argumentieren musste, da sein heterogenes Publikum nicht die Voraussetzungen der Teilnehmer der kleinen Studienzirkel besaß. Hierin können wir eine Stärkung des Rationalismus[28] im islamischen Kontext sehen, die auch vom Publikum Reflexion, nicht nur Akklamation, verlangte; geboren sicherlich zum Teil aus der Erfahrung der *Qāḍīzādeli*-Bewegung, die sich mit öffentlichen Aktivitäten u.a. genau gegen die sufischen Ideen wandte, die *an-Nābulusī* teuer waren.[29]

Die innovative Haltung unseres ersten Autoren zeigt sich auch in seiner Haltung Christen und Juden gegenüber. In der Kritik einer Schrift eines türkischen[30] Autors formuliert er deutlich den Vorrang der inneren Glaubensüberzeugung, die dazu führe, dass auch Christen und Juden im Jenseits als Gläubige angesehen werden und ins Paradies eingehen können, wenn sie denn intensive innere Gläubigkeit entwickelten. Demgegenüber sei das äußerliche Demonstrieren von Frömmigkeit sekundär.[31]

An-Nābulusī war also zweifellos einer der bedeutendsten muslimischen Gelehrten seiner Zeit mit Wirkung weit über seine Heimatstadt Damaskus hinaus und ein bedeutender Mystiker. Dass er in der Gegenwart in erster Linie für sein Traumdeutungsbuch[32] und vielleicht seine Reisewerke bekannt ist, ist recht vielsagend für das intellektuelle Leben in der arabischen Welt im 20. und 21. Jahrhundert und der Rezeption der Geistesgeschichte dieser Welt außerhalb der arabischen Welt.

---

27 Schulze, Gräber (s. Anm. 25), 767.

28 Zu an-Nābulusīs Rationalismus mit Bezug auf ein anderes Thema s. S. Akkach, The Poetics of Concealment: Al-Nabulusi's Encounter with the Dome of the Rock, Muqarnas 22 (2005), 110–127.

29 Akkach, ʿAbd al-Ghani (s. Anm. 2), 123ff.

30 In der auch ein gerüttelt Maß der anti-türkischen Vorurteile an-Nābulusīs zum Ausdruck kommt.

31 M. Winter, A Polemical Treatise by ʿAbd al-Ġanī al-Nābulusī against a Turkish Scholar on the Religious Status of the Ḏimmīs, Arabica 35 (1988), 92–103 und Tamari, The ʿalim (s. Anm. 24), 104f.

32 S. dazu P. Schwarz, Traum und Traumdeutung bei ʿAbdalġanī al-Nābulusī, Zeitschrift der Deutschen Morgenländischen Gesellschaft 67 (1913), 473–493.

Er hat selber eine umfangreiche Kompilation seiner Briefe erstellt mit dem Titel
al-Waṣā'il fī-l-taḥqīq, in etwa: die Mittel der Suche nach der inneren Wahrheit.[33]
Darin enthalten sind kurze persönliche Briefe, aber auch längere Schreiben über
verschiedene Themen.

Die Epistel *an-Nābulusīs*, die hier als erster Text behandelt wird, trägt den Titel „Streiflichter der Freundlichkeit und Gegenwart der Beschenkung" und wurde
1677 verfasst.[34] Gerichtet ist sie an einen nicht genannten osmanischen Offiziellen,
von dem wir nur sagen können, dass er offensichtlich mit Militärangelegenheiten
beschäftigt war. Ich nehme aufgrund der Terminologie an, dass es sich tatsächlich
um einen Offizier handelt.

Streiflichter der Freundlichkeit

Unser Autor ist kein mystischer Schwärmer. Auf keinen Fall! Er leitet sein Schreiben damit ein, dass er von dem Vorhaben des Korrespondenzpartners gehört habe
(33)[35], „die *ğihādische* Bewegung (*al-haraka al-ğihādīya*)" gegen die Ungläubigen,
sprich: das Zarenreich[36] zu führen. Er wünscht ihm Segen und verweist auf die große
Belohnung (im Jenseits), die es für den *ğihād* gebe.

Der Einleitungsteil fährt fort mit der Erwähnung des besonderen Ranges der Liebe zu Gott und auch der Geborgenheit der Muslime im Wissen um ihren Glauben.
An-Nābulusī führt wichtige Konzepte ein wie Islam (*islām*)[37] und Glaubensüberzeugung (*imān*) und Unterscheidungen wie das Verborgene (*bāṭin*) und das Offen-
bare (*ẓāhir*). Wichtig ist ihm immer wieder, den großen Lohn hervorzuheben, den
es für den *ğihād* gebe – verständlich, wenn bedacht wird, dass sein Adressat sich in
den Krieg begeben will. (38) Verwiesen wird natürlich auf das Vorbild des Propheten,
der, wenn er Truppen entsandt habe, die Gottesfurcht (*taqwā*) ans Herz gelegt habe.

Interessant in diesem einleitenden Teil ist die detaillierte Auslegung der Zitate
insbesondere aus der Literatur der Überlieferungen vom Propheten, der Hadith-
literatur.

---

33 Ediert in S. Akkach, Letters of a Sufi Scholar. The Correspondence of ʿAbd al-Ghanī al-Nābulusī
    (1641–1731), Leiden/Boston 2010.

34 Die Epistel findet sich in Akkach, Letters (s. Anm. 33), 33–60 des arabischen Textes.

35 Da hier eine dichte Lektüre des Textes verfolgt wird, erfolgt der Stellenverweis durch eine fortlau-
    fende Zählung der Seiten im Fließtext.

36 Es handelt sich wohl um den 1. Russischen Türkenkrieg von 1676–1681, der für das Osmanische
    Reich nur bedingt erfolgreich war.

37 Hier spezifisch zu verstehen (s.u.).

(40) An-Nābulusī unterteilt den *ǧihād* in den kleinen und großen *ǧihād*. Der kleine *ǧihād* sei der Kampf des Menschen gegen seine Feinde, eben die Ungläubigen (*kāfirīn*), die sich dem Islam und den verpflichtenden Abgaben verweigerten. Der Kampf gegen sie sei eine individuelle Pflicht (*fard ʿayn)*, wenn sie eine der Festungen der Muslime angreifen. Es ist eine allgemeine Pflicht (*fard kifāya*), wenn die Feinde in ihrem Land bleiben und nicht in Berührung mit dem Islam kommen; allerdings sei es auch nicht zulässig, sie absolut in Ruhe zu lassen – als potentielle Gefahr. Eine kollektive Pflicht ist eine für alle Muslime in allen Weltregionen und allen Zeiten gültige Verpflichtung. Wenn auch nur ein Muslim diese Pflicht auf sich nimmt, entfällt diese Pflicht für die anderen Muslime. Wenn keiner diese Pflicht befolgt, wäre das eine Sünde aller Muslime.[38] (41) An-Nabulsi ist sich aber sicher, dass die Erde niemals frei von einem Kämpfer des *ǧihād* sein werde.

Damit ist der erste paradigmatische Fall[39] für diese Frage formuliert. Ein paradigmatischer Fall ist für muslimische Rechtsgelehrte die grundlegende Bestimmung für eine bestimmte menschliche Handlung, die dann genauer diskutiert wird. Es ist gewissermaßen nicht die wichtigste Bestimmung, vielmehr der Ausgangspunkt des Gedankenganges. Für einen Militär, den Adressaten *an-Nābulusīs*, liegt dieser Bezug auf den Kampf naturgemäß nahe.

An-Nābulusī schließt dann auch: „Dieser *ǧihād* ist aber der kleinere *ǧihād*, weil [die Tatsache], dass die Ungläubigen in der Welt bei ihrem Unglauben bleiben, die Anhänger des Islam in keiner Weise in ihrer Religion schädigt [...], im Gegensatz zu den schlechten Gedanken (*ḫawāṭir sīʾa*), die Gedanken der Zweifel (*šukūk*), der Widersetzlichkeiten (*maʿāsī*), der Zuwiderhandlungen (*muḫālafāt*) in der Seele des Gottesknechtes. Diese schädigen ihn in seiner Religion (*dīn*).[40] Der Kampf gegen sie ist der größere *ǧihād*. Es ist der Kampf in der Seele, um die Gedanken, die gegen die Scharia handeln, zu vertreiben." Der Gläubige sei ständig – bis zum Tode – in diesem zweiten, inneren *ǧihād* begriffen; der – erste – *ǧihād* gegen die Ungläubigen werde nur in einer bestimmten Zeit gekämpft. Der „größere *ǧihād*" ist in diesem Zusammenhang der zweite paradigmatische Fall. Beide Paradigmata stehen nebeneinander, das zweite Paradigma hat durch seine quantitative, zeitliche Ausdehnung aber den Vorrang.[41]

38 Es handelt sich letztlich um eine formale Erfüllung bzw. Erfüllbarkeit einer göttlichen Verpflichtung.

39 Ich entlehne den Begriff B. Johansen, Casuistry: Between Legal Concept and Social Praxis, Islamic Law & Society, 2 (1995), 135–156.

40 Im 17. Jahrhundert scheint es legitim, schon von Religion zu sprechen (zur „Erfindung von Religion" als Kategorie s. z.B. W. T. Cavanaugh, The Myth of Religious Violence, Oxford u.a. 2009, 57ff.

41 Der Autor argumentiert entsprechend den Regeln der islamrechtlichen Argumentation (s. R. Lohlker, Islamisches Recht, Wien 2012).

Die schlechten Gedanken, die nun den Gottesknecht in seinen Glaubensüberzeugungen an den einen Gott und an die Glaubensgrundsätze treffen können, oder in Form von Sünden oder Widersetzlichkeit gegen göttliche Bestimmungen, die nur in Gedanken, nicht in Form nach außen erkennbarer Taten stattfinden, wie z. B. Neid (ḥasad), Hass (buġḍ) oder Hochmut (*takabbur*), kann der Mensch nicht an ihrem Eindringen in die Seele hindern, „weil Gott – Er ist erhaben –, sie in ihm erschaffen hat“.

Wenn nun der Gedanke sich in das Herz des Gläubigen bewege, dieser den Gedanken aber nicht annehme, dann erwachse dem Muslim auch kein Schaden. Nimmt der Gläubige aber diesen – schlechten – Gedanken an, wird er ihm auch zugerechnet und er entsprechend bestraft.

Geht es nun aber um Sünden, für die eine offensichtliche Handlung notwendig ist, z.B. illegitime Sexualbeziehungen oder Weintrinken, so begeht keine Sünde, wer nur daran denkt; sehr wohl aber, wer den Entschluss dazu fasst. Hier werden dann dem üblichen juridischen Vorgehen gemäß marginale Fälle diskutiert, auf deren Darstellung aus Raumgründen verzichtet werden muss.

An-Nābulusī fährt fort mit der Herausarbeitung des Kernsachverhalts: Alle schariarechtlich relevanten (42) Handlungen seien auf die im Herzen gehegten Gedanken zurückzuführen, von denen ausgehend sie dann in die Tat umgesetzt werden müssten. Hier wird *en passant* ein Hadith eingeführt, der auf ähnliche Sachverhalte verweist. Der Hadith ist hier kein Beleg für die Richtigkeit der Auffassung des Autors, vielmehr wird mit ihm ein zusätzlicher Gedanke eingeführt.[42]

Weil es sich nun so verhalte, sei es von größter Wichtigkeit für den Muslim, der mündig ist, die Glaubensüberzeugung zu formulieren, diesen zweiten Teil des Konzeptes des *ǧihād* genau zu kennen, den größeren *ǧihād*. Dieser größere Dschihad ist der Kampf gegen die Gedanken der Triebseele, eine der wichtigsten Aufgaben für den mündigen Gläubigen. Es handele sich um eine individuelle Pflicht, die vom Zeitpunkt der Glaubensmündigkeit bis zum Tode bestehe.

Grundsätzlich gilt für an-Nābulusī, dass die innere Reform (*iṣlāḥ bāṭin*) mit der Reform der äußeren Handlungen (*iṣlāḥ ẓāhir*) einhergehen muss. Hier schreibt er sich mit einer Vielzahl von Zitaten aus der islamischen gelehrten Tradition in eine Debatte seiner Zeit mit den o. g. puritanischen Strömungen im Osmanischen Reich ein, die das Schwergewicht auf äußerlich erkennbare Handlungen legten, während Sufis seiner Zeit eher ihr Inneres versuchten zu wandeln. Darüber hinaus geht diese Unterscheidung auf eine weit ältere Debatte der islamischen Theologie zurück.[43]

---

42 Hier offenbart sich ein direkter Gegensatz zum Hadithgebrauch des zweiten Autors (s.u.).

43 S. zur Geschichte der islamischen Theologie L. Berger, Islamische Theologie, Wien 2010, und T. Nagel, Im Offenkundigen das Verborgene, Göttingen 2002 (das Letztere äußerst gelehrt, allerdings essentialistisch konstruiert).

Jetzt kehrt an-Nābulusī zu militärischen Belangen zurück! Er schreibt: (46) „Somit steht fest, dass die Reform des Äußeren und des Inneren gemeint ist und dies im Wissen um den größeren *ǧihād*, bei dem es sich um den *ǧihād* gegen die Triebseele handelt, und im Wissen um den Feind, der seine Feindseligkeit dir gegenüber in diesem *ǧihād* übt, im Wissen um sein Heer, im Wissen um deinen Sultan[44], dem du in diesem *ǧihād* unterstellt bist, im Wissen um das islamische Heer, das an deiner Seite ist, im Wissen um die Festungen, die Forts und die Befestigungen [wörtl. *aswār*], auf die der *ǧihād* stößt, [und] im Wissen um die Waffen, auf die der *ǧihād* von beiden Seiten stößt."

An-Nābulusī spricht dann von einer Reihe von Fragen, die die Glaubensüberzeugung betreffen und mit den genannten Problematiken in Zusammenhang stehen. Zentral ist, dass er (48) „Iblis [..., d.h. den Teufel] und seine Truppen (*ǧunūd*)" als den Feind identifiziert. Im Menschen sei nun die Möglichkeit gegeben, zur höchsten Welt aufzusteigen oder zur niedrigsten herabzusinken (48 und 49).

Er erläutert dies folgendermaßen (49): Die Triebseele (*nafs*) neige, wenn sie auf den Teufel treffe, nun einmal zum Bösen (*al-imāra bi-s-sū'*) (Sure 12, *yūsuf*, 53). Der Teufel habe erklärt, als er aufgefordert wird, sich vor Adam niederzuwerfen: „Ich bin besser als er" (Sure 7, *al-a'rāf*, 12). Die Seele aber antworte im besseren Falle darauf:

„Ich bin besser als X."[45] Sie sagt: „Ich allein bin der Gouverneur (*mutaṣarrif*) in diesem Körper. Es gibt außer mir darin keinen Gouverneur." Sie spiele damit auf Sure 20, *ṭāhā*, 14 an. Hier wird der Koran also als ständiger, begleitender Kontext integriert.

An-Nābulusī führt dann im Detail eine Reihe von Parallelstellungen vom Makrokosmos bis zum Mikrokosmos des Menschen ein, auf die wir hier nicht weiter eingehen können. Vermerkt sei nur, dass der Kampf im Mikrokosmos des Menschen die Widerspiegelung der makrokosmischen Auseinandersetzung zwischen Gut und Böse ist.

Jetzt wendet er sich beiden Heerlagern zu! (50) „Die Wachsamkeit (*yaqẓa*) ist eines der Reiche des Islams; seine Heere sind die löblichen Gedanken (*khawāṭir ḥasana*). Die Achtlosigkeit (*ġafla*) ist eines der Reiche des Unglaubens; seine Heere sind die schlechten Gedanken. Die Vernunft ist der Minister (*wazīr*) des Reiches des Islams. Wenn dieses das Übergewicht hat, werden all seine Angelegenheiten in trefflicher Weise geordnet; wenn das Reich des Unglaubens das Übergewicht hat, werden all seine Angelegenheiten in der Art der Falschheit (*ḥata'*) geordnet.[46]

44 Damit ist nicht der osmanische Sultan gemeint, gemeint ist Gott (R. L.).

45 D.h., die Aussage des Teufels ist nicht besonders herausragend.

46 Die Rolle der Vernunft ist also immer in Relation zum Glauben zu verstehen.

Die Glaubensüberzeugung (*imān*) und der Islam (*islām*)[47] sind zwei Festungen für den Gottesknecht. [...] Sie stehen für Mekka und Medina ein [hier wiederum Verbindung von Makrokosmos und Mikrokosmos]. Die fünf Gebete, das Fasten, das Gebet[48], die Reinigungsabgabe und die Pilgerfahrt stehen für Festungen und Forts. Die schariatischen Fragestellungen, die der Glaubenslehre und der Praxis stehen für die Waffen und die [anderen] Zurüstungen für den Krieg. Das Reich des Islam, das der Wachsamkeit, befindet sich ständig mit dem des Unglaubens, dem der Achtlosigkeit, im Kampf und Krieg.“

Als Weg, diesen Kampf erfolgreich zu führen, nennt an-Nābulusī die Errichtung der Festung der Glaubensüberzeugung im Herzen. Diese sei gebaut aus dem Überzeugtsein von allem, was sich im Koran und in der Sunna des Propheten findet, wobei der Gläubige sich völlig (51) dem Wissen Gottes und dem Verständnis des Propheten anzuvertrauen habe, ohne zu versuchen, mit der Kraft des Verstandes den Sinn zu ergründen. Aufgrund des hohen Ranges dieser Festung setze er sie mit Mekka gleich; darin befinde sich die Kaaba. Diese sei das Verborgene, um das die löblichen Gedanken kreisen, ohne etwas davon zu verstehen.

Es wird dann sehr plastisch die Auseinandersetzung der Truppen der Festung der Glaubensüberzeugung mit den Truppen der Achtlosigkeit beschrieben, mit allen im Kampfe gezückten Schwertern und verschossenen Pfeilen, die das Bild deutlich vor Augen führen. (53) Hinzu kommen die Truppen der Festung des Islam, die ebenfalls die Festung der Glaubensüberzeugung beziehen, ständig bedrängt vom Sultan der Achtlosigkeit. Dieser lauere während der ganzen Lebensdauer des Körpers auf eine Chance zum Sieg. Sollte dies gelingen, würde der Sultan der Achtlosigkeit die Festung der Glaubensüberzeugung einnehmen, sich dort niederlassen; die Vernunft würde dann sein Minister und alles zum Schlechten organisieren.

(54) „Dann erbaut Er die Festung des Islams im Herzen des Gottesknechtes (*ʿabd*) – dabei handelt es sich um das o. g. sichtbare Symbol der Glaubensüberzeugung (*imān*) – mit der Zunge und allen übrigen Gliedmaßen.“[49] Verwiesen wird

47 Es gibt eine lange Debatte um das Verhältnis von *imān* und *islām* (als dritter Begriff tritt meist iḥsān hinzu). In einer Prophetenüberlieferung wird die Unterscheidung so formuliert: *islām* bezeichne das Verrichten der fünf „Säulen des Islams“, *imān* den Glauben an Gott, seine Engel, seine geoffenbarten Bücher, seine Gesandten, den Jüngsten Tag und die Bestimmungsmacht Gottes (iḥsān bezeichne das rechte Handeln, als ob der Mensch ständig im Angesicht Gottes stehe), s. z.B. D. B. Macdonald, The Development of Muslim Theology, Jurisprudence and Constitutional Theory, New York 1903, 292f. An-Nābulusī verweist an anderer Stelle auf diese Überlieferung.

48 Gemeint ist wohl das Glaubensbekenntnis, die šahāda.

49 Eine Anspielung auf die theologische Diskussion darüber, in welcher Form der Glaube zum Ausdruck gebracht werden muss.

dann von an-Nābulusī allgemein auf den entsprechenden prophetischen Grundsatz, dass es gelte, die Glaubensüberzeugungen sichtbar zu zeigen. Dazu führt er einen ausführlichen Hadith in seine Argumentation ein, in dem der Engel Gabriel erscheint und vom Propheten die sogenannten Säulen des Islam (s.o.) und die Glaubensüberzeugung erfragt. Aus dieser Erzählung des Hadiths zieht an-Nābulusī den Schluss, dass die Glaubensüberzeugung durch die Zunge (u.a. das Bekenntnis der Glaubensüberzeugung) und die anderen Gliedmaßen (u.a. im Gebet) sichtbar gemacht wird. Es geht also um die sogenannten „Säulen des Islam": das Bekenntnis des Glaubens („Es gibt keinen Gott außer Gott und Muhammad ist der Gesandte Gottes."), das rituelle Gebet (*salāt*), die Reinigungsabgabe (*zakāt*), die Pilgerfahrt (*haǧǧ*). Der Grundsatz des notwendigen Glaubens an Gott usw. führt an-Nābulusī dann zu der Aussage, dass es sich bei all diesen Handlungen und Aussagen um Handlungen des Herzens handle. Der o.g. Hadith wird hier zum Teil der Argumentation, nicht zu einem externen Element. Er wird zudem durch die enthaltenen Grundsätze einbezogen, nicht lediglich als Zitat.[50]

Die Glaubensüberzeugung (*imān*) sei das Innere des Islam. Der Islam wiederum sei das Äußere der Glaubensüberzeugung. Der Islam sei eine andere Festung als die Festung der Glaubensüberzeugung. Die Festung der Glaubensüberzeugung nehme den Platz Mekkas ein, die Festung des Islam den Platz Medinas, also des Ortes, in den der Prophet von Mekka ausgewandert ist und die frühislamische Gemeinde ihre endgültige Form gewann. Denn die erste beziehe sich auf das Verborgene, wie es auch beim Umgang (*ṭawwāf*) um die – verhüllte – Kaaba sei, während auf die zweite die Beurteilung für die offenkundigen Dinge zutreffe. Der Prophet, begraben in Medina, sei so auch Ausdruck des Offenkundigen. Hier werden also Bedeutungsschichten um Bedeutungsschichten gelegt.

Die Komplexität des Textes könnten wir noch weiter untersuchen. Aber beschränken wir uns aus Raumgründen auf ein Resümee: In durchaus militärischer Sprache, gewissermaßen zielgruppengemäß, demonstriert an-Nābulusī seinem Korrespondenzpartner, dass er seine militärischen Energien für andere Zwecke einsetzen könne als für den bloßen Krieg. An-Nābulusī ist sicherlich kein Pazifist; die Notwendigkeit des militärischen Kampfes wird nicht von ihm in Abrede gestellt. Zentral aus seiner Perspektive ist aber der größere *ǧihād*, der Kampf gegen die in der Triebseele sich herumtreibenden schlechten Gedanken, der die klare Erkenntnis ermöglicht.

Wichtigste Zielsetzung ist die Annäherung an Gott, die Erkenntnis Gottes.

An-Nābulusī formuliert dies an anderer Stelle im Kommentar zur Aussage: „Der Gläubige (*mu'min*) schaut [Gott] durch das Licht Gottes, der Kundige (*'ārif*)

50 Auch hier ein Gegensatz zur Verwendung von Hadithen im zweiten Text.

schaut durch ihn auf ihn“[51]: Der Gläubige „‚schaut‘ mit seinen Sinnen und seinem Verstand auf die mit dem Sinnen und dem Verstand erfassbaren Dinge[52], die bestehen ‚durch sein Licht‘, d.h. durch das Sein (*wuǧūd*) ‚Gottes‘ – er ist erhaben und mächtig –, der allen seienden Dingen Licht verleiht, d.h. sie ins Seiende bringt aus der Verborgenheit des Nichtseins.“[53] Der Kundige „‚schaut‘ in seinem Inneren und Äußeren[54] ‚durch ihn‘, d.h. durch die Wahrheit (*ḥaqq*)[55], nicht durch seine Sinne oder seinen Verstand, auch nicht durch sein – Er [= Gott] ist erhaben – Licht, durch die der Gläubige schaut, ‚auf ihn‘, d.h. die Wahrheit (*ḥaqq*) – Er ist erhaben – nicht auf jemand anderen, denn außer ihm – Er ist erhaben – gibt es für den klaren Blick des Kundigen absolut nichts.“[56] Diese Schau wird allein möglich durch die erfolgreiche Errichtung und Verteidigung der „Festung des Glaubens“.

Bemerkenswert ist an-Nābulusīs virtuoser Umgang mit dem islamischen textuellen Erbe, das immer wieder reflektiert in seine Argumentation einfließt.

al-Qaḥṭānī

Wenden wir uns dem zweiten Text zu! Es handelt sich um eine Abhandlung, die von Sa'īd ibn 'Alī ibn Wahaf al-Qaḥṭānī verfasst wurde. Es handelt sich um einen zeitgenössischen saudischen, wahhabitischen Gelehrten, der einer der Schüler von Bin Bāz (gest. 1999) war, dem früheren saudischen Großmufti.[57] Sa'īd al-Qaḥṭānī ist bekannt als Verfasser kleinerer Schriften; besonders seine Abhandlung über das Gebet ist häufig übersetzt worden.

Ich habe den Text der Webseite Minbar at-tawhīd wa 'l-ǧihād entnommen, die zu Recht als „Bibliothek des Dschihad“ bekannt ist[58] und eine Vielzahl dschihadistischer Texte und anderer Dateien bereitstellt. Der hier behandelte Text zählt zu den am meisten angeklickten bzw. heruntergeladenen Dateien in der einschlägigen

---

51 'Abdalghanī al-Nābulusī, Khamrat al-hān wa-rannat al-alhan sharh risālat al-shaikh Arslān, ed. 'A.M. 'Alī, Beirut 2000, 43.

52 Für eine genauere Diskussion dieser Bereiche mit Bezug auf Gott als die Wahrheit s. an-Nābulusī, Tahrīk (s. Anm. 6), 510ff.

53 An-Nābulusī, Khamrat (s. Anm. 51), 43.

54 Also in all seinen äußeren Handlungen und inneren Gedanken und Glaubensüberzeugungen

55 Einen der Namen Gottes.

56 An-Nābulusī, Khamrat (s. Anm. 51), 44.

57 Zu diesem s. neben anderen D. Commins, The Wahhabi Mission and Saudi Arabia, London/New York 2006.

58 R. Lohlker, Eine „Bibliothek des Dschihad“: Minbar at-tauḥīd wa'l-ǧihād, in J. Pink / M. Brückner (Hg.): Von Chatforen bis Cyberjihad. Muslimische Internetnutzung in lokaler und globaler Perspektive, Würzburg 2009, 155–167.

Rubrik. Der im Dezember 1990 erstellte Text trägt den Titel „Der Dschihad, sein Vorrang, seine Abstufungen und die Gründe für den Sieg über die Feinde".[59]

Im Vorwort lesen wir: „Ich habe dieses Schreiben jedem Glaubenskämpfer (*mujāhid*) zugedacht, um das Wort Gottes zu erhöhen, im Osten der Erde und im Westen." Es handelt sich um eine allgemeine Wendung, die spezifisch immer wieder von Wahhabiten, Salafisten und auch Dschihadisten wiederholt wird.[60] Entsprechend dem Aufbau traditioneller Werke folgt dann eine lexikalische Definition des Begriffes Dschihad: die nach den Fähigkeiten mögliche Aufwendung von Anstrengung, sei es in Worten oder Taten. Religionsrechtlich ist die gegebene Definition wie folgt: „Das Aufwenden von Anstrengung durch die Muslime für den Kampf gegen die Ungläubigen, Rebellen, Abtrünnigen u.ä."

Als Quellen für diese Definitionen werden lediglich in einer Fußnote zwei Werke angegeben: eine Art Hadith-Wörterbuch und eine Art Rechtswörterbuch.
Der folgende Abschnitt über die Beurteilung (*ḥukm*) des „Dschihad auf dem Wege Gottes, er ist erhaben" sagt uns: „Er ist eine kollektive Pflicht (*farḍ kifāya*); wenn von den Muslimen diejenigen, die ihn durchführen, genügend an Zahl sind, entfällt die Sünde (*iṯm*) für die übrigen Muslime." In drei Fällen sei der Dschihad eine individuelle Pflicht (*farḍ ʿayn*). Für beide Aussagen wird ein hoch angesehenes Werk der hanbalitischen Rechtsschule des sunnitischen Islam angeführt, ein deutlicher Hinweis, dass der Autor Wahhabit ist. Dazu kommt das Zitat eines Belegverses aus dem Koran. Belegverse sind im Gegensatz zum ersten Text nicht in die Argumentation eingebunden, lediglich eine äußerliche Hinzufügung.

Fall 1: „Wenn der zum pflichtgemäßen Handeln fähige Muslim einer Schlacht beiwohnt und die beiden Heerhaufen sich treffen und die Schlachtreihen aufeinander treffen" (Bezug auf 4, *an-nisāʾ*, 102). Es werden zwei Belegverse aus dem Koran gegeben, interessanterweise wird der allgemein in der Koranexegese als der am wichtigsten angesehene Vers nicht erwähnt. Dazu kommt ein Hadith als Beleg. Interessant ist auch, dass das Standardwerk der hanbalitischen Rechtsschule (*Šarh zād al-mustaqniʿ von aš-Šinqīṭī*), auf das sich der Verfasser sichtlich in seiner Formulierung bezieht, nicht erwähnt wird.

Fall 2: „Wenn der Feind eines der Länder der Muslime besetzt, sind die Einwohner des Landes besonders verpflichtet, ihn zu bekämpfen und daraus zu vertreiben. Die Muslime müssen jenem Land helfen, wenn seine Einwohner nicht in der Lage

59 Abrufbar über http://www.tawhed.ws/ (29.12.2013). Ich zitiere nach der elektronischen Fassung ohne Paginierung.

60 Es gibt eine methodische Familienähnlichkeit zwischen diesen Strömungen, die aber nicht zu einer Ineinssetzung führen darf.

sind, den Feind daraus zu vertreiben.[61] Die Verpflichtung beginnt bei den Nächstwohnenden. Auch hier wird wieder ein Belegvers aus dem Koran angegeben.

Fall 3: „Wenn der Imam [also der religiös-politische Führer] die Leute [zum *ǧihād*] aufruft und dies von ihnen verlangt." Es folgen zwei Belegverse und eine Prophetenüberlieferung.

Abschließend lesen wir in diesem Abschnitt: „Die Arten des individuellen *ǧihād* (*farḍ 'ayn*) sind: mit dem Herzen, mit der Zunge, mit dem Eigentum oder mit der Hand." Jedem Muslim obliege es, den *ǧihād* in einer dieser Formen durchzuführen. Hier wird global auf zahlreiche Erwähnungen im Koran und eine Prophetenüberlieferung als Beleg verwiesen.

Der Dschihad habe nun vier Stufen:

1) den *ǧihād an-nafs*, der Kampf gegen die Triebseele. Dieser umfasse a) das Lehren des Glaubens, da es kein Glück außerhalb des Glaubens gebe, b) den Kampf gegen die Triebseele durch die Tat, da nur die Tat Nutzen bringe, c) den Kampf mittels der Aufforderung, dem Glauben zu folgen, denn wer dies nicht tue, müsse Gottes Strafe gewärtig sein, und d) den Kampf mittels des geduldigen Ertragens der Widrigkeiten, bei der Aufforderung zum Glauben, denn alles sei letztlich bei Gott.

Die Betonung liegt hier auf der praktischen Durchführung des Kampfes gegen die Triebseele.[62]

2) der *ǧihād aš-Šayṭān*, der Kampf gegen den Satan. Dieser umfasse a) die Zurückweisung der Glaubenszweifel, die dieser dem Gläubigen einflüstere, und b) den Kampf gegen die verderblichen Begierden, die er dem Menschen einflüstere.
Hier wird das Negative externalisiert und personifiziert.

3) der *ǧhād al-kuffār wa l-munāfiqīn*, der Kampf gegen die Ungläubigen und Heuchler [= nicht rechtgläubige Muslime] umfasse den Kampf mit dem Herzen, der Zunge, dem Eigentum und der Hand. Hier wird recht kurz resümiert: „Der Krieg gegen die Ungläubigen wird insbesondere mit der Hand geführt, der gegen die Heuchler insbesondere mit der Zunge."

4) der *ǧihād aṣḥāb aẓ-ẓulm wa-l- 'udwān wa-l-bida' wa-l-munkarāt*, der Kampf gegen die Unterdrücker und Feindseligen, die Neuerer und ablehnenswert Handelnden. Dieser umfasse a) den Kampf mit der Hand, wenn der Kämpfer dazu in der Lage ist, b) – wenn er dazu nicht in der Lage ist – den Übergang zum Kampf mit der Zunge, und c) – wenn er auch dazu nicht in der Lage ist –, den mit dem Herzen.

61 Auch an-Nābulusī hat sich auf diesen Fall bezogen.

62 Diese Betonung der Handlung gegenüber dem inneren Wandel bei an-Nābulusī ist augenfällig.

Saʿīd ibn ʿAlī führt dann eine Reihung ein: Der Kampf gegen die Feinde Gottes im Ausland (wohlgemerkt: nicht in Saudi-Arabien), der die letzten Kategorien umfasst, sei der primäre Kampf, der Kampf gegen die Triebseele die Vorbereitung. Der Kampf gegen Satan sei gewissermaßen das Supplement, denn dieser halte den Kämpfer vom Kampf gegen die Triebseele und damit auch vom Kampf gegen die Gottesfeinde ab.

Auch hier finden wir die Bezugnahme auf einige Belegverse aus dem Koran und Überlieferungen und den zweimaligen – marginalen – Rückgriff auf ein hanbalitisches Werk.

Die Ratio dieses *ğihād* wird im folgenden Abschnitt beschrieben. Drei Punkte werden angeführt: 1) die Erhöhung des Wortes Gottes, 2) der Beistand für die Unterdrückten, und 3) Abwehr des Feindes und Schutz des Islam.

Auch hier werden Überlieferungen vom Propheten und Koranverse als Belege nach den recht kurzen drei Feststellungen ausführlich angeführt.

Als Arten der Feinde Gottes werden dann genannt: a) die Ungläubigen, Heuchler und Glaubensabtrünnigen, b) die Rebellen, die sich gegen die Regierung richten, und c) die Verteidigung der Religion, des Lebens, der Familie und des Eigentums. Die Belegweise ist die bereits bekannte.

Was sind nun für Saʿīd ibn ʿAlī die Vorzüge dieses *ğihād*? Zuerst nennt er den Grundsatz: „Der Dschihad auf dem Wege Gottes ist ein gutes Geschäft (*tijāra rābiḥa*)."[63] Dies in dem Sinne, dass die göttliche Belohnung alle Mühen ausgleicht. Der zweite Vorzug ist das Ausharren an der Front (*ribāṭ*) in Bereitschaft der Abwehr des feindlichen Angriffes. Auch hier betont unser Autor die „große Belohnung" (*uğr ʿazīm*), die den Kämpfer erwartet. Der dritte ist die Wachsamkeit auf dem Wege Gottes, die zum Schutz vor dem Höllenfeuer beiträgt. Es werden insgesamt achtundzwanzig Dinge aufgezählt, die positive Effekte des Dschihad seien. Es seien noch zwei weitere genannt: „Der Wunsch des Glaubenszeugen, zehnmal getötet zu werden" und „Der Kämpfer, der selber oder mit seinem Eigentum kämpft, ist der vorzüglichste der Menschen".

Bei der Frage des Abschreckens vom Verzicht auf die Ausführung des Dschihad wird auf einen Text außerhalb der Belegstellen verzichtet. Es wird sogar vermerkt, dass es zu viele autoritative Texte (*nuṣūṣ*) gebe, um sie aufzuzählen.

Im nächsten Abschnitt werden die Arten der Glaubenszeugen aufgeführt, die außerhalb eines Kampfgeschehens getötet werden. Auch hier beschränke ich mich auf eine Auswahl: a) derjenige, der an einer Verdauungskrankheit stirbt, z.B. Durchfall, b) der Ertrunkene, c) derjenige, der in einem einstürzenden Gebäude stirbt, d)

---

63 In Anlehnung an einen durchaus üblichen vormodernen Sprachgebrauch.

der Vergiftete, e) der Verbrannte und eine Reihe weiterer unnatürlicher Todesarten. Die Argumentationsweise ist identisch mit der an anderen Stellen.

Der Text schließt mit einem Kapitel über die Gründe für den Sieg über die Feinde. Das deutliche Übergewicht liegt auf Eigenschaften, die Gottvertrauen und Frömmigkeit zum Ausdruck bringen.

Interpretation

Warum ist dieser nicht sehr reflektierte Text bedeutsam? In Hinblick auf die Zahl der Aufrufe kann er als wichtiger Text der dem militärischen Dschihad zugeneigten Subkultur(en) gelten.[64] Wir können aber eine wichtige Differenz zu dieser/diesen Subkultur(en) erkennen. In seiner Betonung des Kampfes gegen den auswärtigen Feind[65] wie auch der Rebellen, die die Regierung stürzen wollen (*buġā*), wird der Text als einer des wahhabitischen Establishments in Saudi-Arabien und ihrer Bindung an das saudische Herrscherhaus dechiffrierbar. Die dschihadistische und auch zum Teil die salafistische Strömung haben sich von dieser institutionellen Verknüpfung befreit.

Was ist aber auf der Ebene der Textauslegung – bzw. der Textausbeutung, könnte man geneigt sein zu sagen – festzustellen? Sa'īd ibn 'Alī baut eine Textkonstruktion auf, die darauf beruht, dass er Zitate aus dem Koran und der Literatur der Überlieferungen vom Propheten (mit einigen hanbalitischen Ergänzungen) als reine Belege benutzt, die seinen Kernsätzen Autorität verleihen. Eine Auseinandersetzung, eine Reflexion über die zitierten Gedanken findet nicht statt. Es ist eine Religion, die hier präsentiert wird, die ohne Gelehrten und insbesondere ohne Gelehrsamkeit auskommt, sich auf Textautomaten beschränkt, die einen Bestand an verfügbarem, positivem Wissen abrufen können.[66] Modern gesprochen: menschliche Schnittstellen der Datenbank autoritativer religiöser Belegstellen. Dies mag als religiöses Infotainment genügen...

64 S. dazu R. Lohlker, Dschihadismus, Wien 2009; ders., Religions, Weapons, and Jihadism. Emblematic Discourses, in: ders. (Hg.), Jihadism: Online Discourses and Representations, Göttingen 2012, 65–87.

65 S. zu dieser Unterscheidung zwischen saudischen Dschihadvorstellungen und denen des transnationalen Dschihadismus T. Hegghammer, Jihad in Saudi-Arabia. Violence and Pan-Islamism since 1979, Cambridge u.a. 2010.

66 Den Gedanken entnehme ich M. Metz / G. Seeßlen, Blödmaschinen. Die Fabrikation der Stupidität, Berlin 2011.

Wenden wir es anders: Die Erweckungs- bzw. Konversions- bzw. Reversionserlebnisse, die wir gerade im salafistischen Bereich (und damit auch ideengeschichtlich verwandt mit Saʿīd ibn ʿAlī, unserem Autor) in Europa finden und reichlich in einschlägigen Videos dokumentiert sind[67], zeugen von der Zuwendung zu einer dominierenden Kollektivität, nicht von immer individueller, nicht intellektueller, aber reflektierter Erkenntnis, die wir in mystischen Kontexten wie denen an-Nābulusīs finden. Sie ist Glaubensüberzeugung lediglich als Spektakel – und damit ohne Zweifel sehr zeitgenössisch.

Vergleich

Betrachten wir nun an-Nābulusīs Argumentation im Vergleich mit der Saʿīd ibn ʿAlīs, sehen wir einen grundlegenden Unterschied in der Annäherungsweise an die Texte von Koran und Hadith bzw. einschlägige Werke der gelehrten Tradition. Für Saʿīd ibn ʿAlī sind diese ein Repositorium, aus dem beliebig abgerufen werden kann und dessen Inhalte der Reflexion nicht bedürfen. Für an-Nābulusī sind sie Stoff und Begleitung der Reflexion. Hier unterscheidet sich islamische Tradition und Moderne (auch islamischer Prägung) in massiver Weise. Die Virtuosität des älteren Autoren im Umgang mit der islamischen Tradition ermöglicht es ihm, innovative Lösungen für die Problematiken seiner Zeit zu finden. Die Fixierung des jüngeren Autoren auf einen Textbestand, der lediglich als Identitätsmarker fungiert, ermöglicht keine Reflexion, da diese die Identität infrage stellen würde.

Der weitere – und vielleicht entscheidendere – Unterschied ist die Fokussierung des modernen Autors auf eine Art Drittwelt-Widerstandsideologie, gekoppelt mit einem Szenario, das auf der Bedrohung durch einen imaginierten Westen aufbaut.[68] Für unseren älteren Autoren gilt, dass er zwar ebenfalls in Zeiten kriegerischer Auseinandersetzungen lebte, diese aber für ihn nicht primär waren (für seinen Korrespondenzpartner schon). Er sagt uns deutlich: Es gibt wichtigere Dinge als den militärischen Kampf. Dass er diese wichtigere Sache aber in militärischen Formulierungen beschreibt, macht den besonderen Reiz des Textes aus.

---

67 Zu diesem Kontext fehlen nähere Untersuchungen.

68 S. zu dem dieser Orientierung zugrundeliegenden Bedrohungsszenario die Analyse von G. Marranci, Jihad beyond Islam, Oxford/New York 2006.

Abstract

Ǧihād ist ein Begriff, der sich durch die islamische Geistesgeschichte hindurch in unterschiedlich komplexer Form entwickelt hat. Zwei Beispiele verdeutlichen dies. Ein vormodernes Beispiel zeigt den Dschihad als vielschichtigen inneren Kampf, der viel wichtiger ist als der militärische Kampf. Ein modernes Beispiel zeigt die Verarmung des Begriffes, die ihn zugleich als modern dechiffrierbar macht.

Jihad is a term that has developed over the course of the history of Islamic thought with varying levels of complexity. Two examples make this clear. A pre-modern example shows Jihad as a many-layered inner struggle that is much more important than the military battle. A modern example shows the increasing poverty of the term, which at the same time makes it decipherable today.

Schriftbindung und religiöse Subjektivität im Protestantismus

Rochus Leonhardt

„Luther, du! – Großer, verkannter Mann! Und von niemandem mehr verkannt, als von den kurzsichtigen Starrköpfen, die, deine Pantoffeln in der Hand, den von dir gebahnten Weg, schreiend aber gleichgültig daher schlendern! – Du hast uns von dem Joche der Tradition erlöset: wer erlöset uns von dem unerträglichen Joche des Buchstabens? Wer bringt uns endlich ein Christentum, wie du es itzt lehren würdest; wie es Christus selbst lehren würde!“[1]

Einführung

Im Blick auf das 2017 ins Haus stehende Reformationsjubiläum gibt es, insbesondere im Rahmen der sogenannten Lutherdekade, zahlreiche Versuche einer Formulierung dessen, was gegenwärtig an der Kirchenerneuerung des 16. Jahrhunderts von Bedeutung ist. Als eines von vielen diesbezüglichen Beispielen seien hier die vom Wissenschaftlichen Beirat der Lutherdekade erarbeiteten „Perspektiven für das Reformationsjubiläum 2017“ genannt. Darin heißt es: „Die Reformation hat in einer neuen Weise den allein durch Christus gerechtfertigten Menschen als unmittelbar vor Gott stehende Person entdeckt. Sie hat Identität und Wert dieser Person allein in der Anerkennung durch Gott begründet gesehen, unabhängig von natürlicher Ausstattung (Geschlecht), gesellschaftlichem Status (Stand), individuellem Vermögen (Erfolg) und religiöser Leistung (Verdienst). So hat sie die Freiheit als wesenhafte Bestimmung dieser Person erkannt.“[2]

Mit diesen Formulierungen wird hier die *Freiheit* als Markenkern des lutherischen Protestantismus namhaft gemacht. Das ist historisch hochgradig plausibel. Denn es war ja der unter dem Namen Luder geborene spätere Reformator selbst,

---

1 G. E. Lessing, Eine Parabel. Nebst einer kleinen Bitte, und einem eventualen Absagungsschreiben an den Herrn Pastor Goeze, in Hamburg, in: ders., Werke 1778–1780, hg. v. K. Bohnen und A. Schilson, Frankfurt a. M. 1993 (Werke und Briefe in zwölf Bänden, Bd. 9), 39–52: 50.

2 Perspektiven für das Reformationsjubiläum 2017. Konzeptionsschrift des Wissenschaftlichen Beirats der Lutherdekade, Nr. 8, http://www.luther2017.de/139-perspektiven-fuer-das-reformationsjubilaeum-2017 (10.02.2014).

der seine die Reformation schließlich einleitende Handlung mit einer bezeichnenden Namensänderung verbunden hat: Jener Brief, den er am 31. Oktober 1517 zusammen mit den 95 Thesen an Albrecht von Brandenburg sandte, ist das erste Dokument, das er nicht mehr als Luder, sondern als Luther unterzeichnete. Mit dieser Änderung der Schreibweise seines Namens hat er einen etymologischen Zusammenhang mit dem Freiheitsbegriff hergestellt, erinnert die neue Schreibweise doch ersichtlich an das griechische Wort für *frei: eleutheros*[3].

Wenn die Freiheit den Markenkern des lutherischen Protestantismus bildet, was ist dann mit der Bibel? War nicht, so fragt der interessierte und historisch informierte Zeitgenosse, gerade die Heilige Schrift dasjenige Textcorpus, dem gegenüber sich Luther eben *nicht* als frei erlebte? Auch diese Überlegung ist historisch hochgradig plausibel. Denn Luther selbst hat die theologischen und innerkirchlichen Debatten, in denen er Position bezogen hat, ganz ohne Zweifel als Auseinandersetzungen um das rechte Verständnis der Heiligen Schrift verstanden. Und wenn es ein durchlaufendes Merkmal der zahlreichen Luther-Denkmäler in Mitteleuropa gibt, dann ist es die Darstellung des Reformators mit der Bibel in der Hand.

In den eben schon zitierten Perspektiven des Wissenschaftlichen Beirats der Lutherdekade kommt die Bedeutung der Heiligen Schrift im Protestantismus, namentlich ihre für Luther so wichtige Vorordnung gegenüber der kirchlichen Tradition, freilich nur am Rande vor. Der Christ, so heißt es im Perspektiven-Papier, „ist nach reformatorischer Auffassung [ein] zur Mündigkeit berufener Christ. Deswegen war es ein zentrales Anliegen der Reformation, dass die Bibel in die Volkssprachen übersetzt und dass die Predigt als an die Schrift gebundene, selbständig verantwortete Auslegung ein unverzichtbarer Bestandteil des Gottesdienstes wurde."[4] Die Schriftbindung wird hier also in den Zusammenhang von religiöser Mündigkeit des Christen und selbständig verantworteter Auslegung in der gottesdienstlichen Predigt eingebettet. Damit ist erneut deutlich, dass die Freiheit, hier nun zugespitzt zu *religiöser* Subjektivität, als protestantischer Markenkern festgehalten wird.

Diese Zuspitzung kann als grundsätzlich sachgerecht gelten. Allerdings ist sie erklärungsbedürftig. Die nachstehenden, mit dem Verhältnis von Schriftbindung und religiöser Subjektivität im Protestantismus befassten Überlegungen

---

3 „Der erste Brief, den er nicht mehr als Luder, sondern als Luther unterzeichnete, war eben jener Brief, den er am 31. Oktober 1517 zusammen mit den Thesen an Albrecht von Brandenburg sandte" (B. Hamm, Die Einheit der Reformation in ihrer Vielfalt. Das Freiheitspotential der 95 Thesen vom 31. Oktober 1517, in: ders. / M. Welker, Die Reformation. Potentiale der Freiheit, Tübingen 2008, 29–66: 40). Es handelt sich um den in WA.Br 1, 110–112 abgedruckten Brief Nr. 48. Vgl. ferner: H. Schilling, Martin Luther. Rebell in einer Zeit des Umbruchs. Eine Biographie, München 2012, 144–179, bes. 170f.

4 Perspektiven für das Reformationsjubiläum 2017 (s. Anm. 2), Nr. 12.

wollen eine Erklärung anbieten. Sie vollzieht sich in drei Schritten. Zunächst wird an die vielzitierte sogenannte Krise des Schriftprinzips erinnert. In einem zweiten Schritt wird gezeigt, dass diese Krise in gewisser Weise bereits in der reformatorischen Schrifttheologie vorbereitet und insofern unvermeidbar war. An dritter Stelle wird auf die Schriftlehre verwiesen, die Friedrich Schleiermacher am Anfang des 19. Jahrhunderts vorgelegt hat. Schleiermachers Ansatz ist deshalb von besonderer Bedeutung, weil er lange vor dem expliziten Bewusstwerden der Krise des Schriftprinzips eine auch heute noch bedenkenswerte Bewältigungsstrategie formuliert hat. Schließlich wird in Gestalt eines kurzen Epilogs versucht, die bis dahin theologiegeschichtlich begründete Einbindung der Schriftbindung in ein protestantisches Verständnis von religiöser Subjektivität an zwei Beispielen plausibel zu machen; dabei handelt es sich um einen Text aus dem Alten Testament sowie um eine Szene aus einem amerikanischen Film, der 1994 in die deutschen Kinos gekommen ist.

1. Die missratene Heilsgeschichte: Die Krise des Schriftprinzips[5]

„Auch wenn in unserer Zeit keine neue und unmittelbare Offenbarung vom Himmel ergangen ist; und wenn den biblischen Büchern kein neuer Teil hinzugefügt wurde, kann dennoch niemand, der verständig ist und im Eifer nach der Wahrheit strebt, leugnen, daß besonders die Theologie und das Licht der heiligen Wissenschaft gegenüber der ganzen alten Zeit wie der Mittag gegenüber dem Morgen leuchtet. Ich schweige angesichts der bewunderungswürdigen Bloßstellung und Austreibung des Antichrist."

Die eben zitierte Formulierung stammt aus der ersten Hermeneutik der protestantischen Tradition, also aus der 1567 in Basel publizierten „Clavis Scripturae Sacrae" („Schlüssel zur Heiligen Schrift"). Der Autor dieses Textes war der lutherische Theologe Matthias Flacius, genannt Illyricus, der im Jahre 1561 wegen seiner theologischen Auffassungen seines Amtes als Professor und Superintendent in Jena enthoben worden war. Im Jahre 1968 hat Lutz Geldsetzer eine Auswahlausgabe mit deutscher Übersetzung veranstaltet, die die Abschnitte 1–4 aus dem 1. Traktat des zweiten Teils der „Clavis" umfasst.[6]

5 Die in diesem Abschnitt vorgetragenen Überlegungen sind teilweise deckungsgleich mit: R. Leonhardt, Skeptizismus und Protestantismus. Der philosophische Ansatz Odo Marquards als Herausforderung an die evangelische Theologie, Tübingen 2003 (HUTh 44), 176ff.

6 M. Flacius Illyricus, De ratione cognoscendi sacras litteras/Über den Erkenntnisgrund der Heiligen Schrift, Lateinisch-deutsche Parallelausgabe, übersetzt, eingeleitet und mit Anmerkungen versehen von Lutz Geldsetzer, Düsseldorf 1968 (Instrumenta philosophica – Series hermeneutica 3); das oben angeführte Zitat entstammt Abschnitt II 1,1,48 (Seite 22 der genannten Edition).

Flacius' Schrift lieferte aus der Perspektive lutherischer Theologie gewissermaßen jene schulgerecht explizierte Lehre de scriptura sacra nach, die Luther selbst nicht verfasst hatte. Dies geschah vor dem Hintergrund der Beschlüsse des katholischen Konzils zu Trient, namentlich des Dekrets über die Annahme der heiligen Bücher und der Überlieferungen vom 8. April 1546 (vgl. DH 1501–1505). Darin waren die geschriebenen Bücher – also die Bibel – unterschieden worden von sogenannten ungeschriebenen Überlieferungen – also einer von den Trägern des Lehramts verwalteten, auf Jesus zurückgehenden mündlichen Tradition. Und das Konzil hatte beiden Größen (Schrift und Tradition) gegenüber das gleiche Gefühl der Dankbarkeit (affectus pietatis) und die gleiche Ehrfurcht (reverentia) zum Ausdruck gebracht (vgl. DH 1501).

Im Gegenzug dazu ging es Matthias Flacius darum, die alleinige Suffizienz der Heiligen Schrift als Grundlage theologischer Lehrbildung umfassend zu erweisen. Er wollte, mit anderen Worten, das berühmte sola scriptura der lutherischen Reformation argumentativ bewähren, also die für Luthers Bibelverständnis so zentrale Vorordnung der Schrift gegenüber der kirchlichen Tradition eingehend begründen. Von entscheidender – und eben in gewisser Weise heilsgeschichtlicher – Bedeutung war für Flacius in diesem Zusammenhang die durch den Humanismus wesentlich mitbeförderte Kenntnis der biblischen Sprachen. Die Erlangung dieser Sprachkenntnisse ist zwar, so Flacius im eingangs vorgetragenen Zitat, keineswegs „eine neue und unmittelbare Offenbarung vom Himmel". Aber die Kenntnis der biblischen Sprachen hatte doch eine neue Konstellation herbeigeführt, hinter die nicht mehr zurückgegangen werden durfte. Sie machte nämlich nach Flacius zum einen verständlich (und damit gewissermaßen entschuldbar), warum die mittelalterliche Theologie, die sich auf den lateinischen Bibeltext kapriziert hatte, den Kern der gesamtbiblischen Botschaft – nämlich die Unterscheidung von Gesetz und Evangelium – immer wieder verfehlt hatte. Zum anderen ermöglichte die Kenntnis der Sprachen nun ein wirklich authentisches Verstehen des Wortes Gottes – und machte damit die Unentschuldbarkeit eines Festhaltens an solchen theologischen Auffassungen offenbar, die auf einem überwundenen Fundament beruhten. – Die philologisch geschulte Bibelexegese wurde damit zum Instrument „der bewundernswürdigen Bloßstellung und Austreibung des Antichrist".

Eine weitere Variante einer heilsgeschichtlichen Interpretation des vom Humanismus inaugurierten philologisch-kritischen Umgangs mit den Texten der Heiligen Schrift stammt aus dem Zeitalter der Aufklärung. Ich beziehe mich hier, pars pro toto, auf einschlägige Texte von Johann Philipp Gabler. Auch Gabler war, knapp 250 Jahre nach Flacius Illyricus, nach Jena berufen worden. Er lebte und wirkte dort allerdings – anders als Flacius – bis zu seinem Tod, der ihn am 17. Februar 1826 kurz nach einer Vorlesung in seinem Arbeitszimmer ereilte. Gabler ist derjenige

Vertreter der evangelischen Aufklärungstheologie, der im Jahre 1787, damals noch an der Nürnbergischen Universität Altdorf lehrend, die Eigenständigkeit der Bibelwissenschaften gegenüber der Dogmatik durch seine Differenzierung zwischen historischer und dogmatischer Theologie auf den Begriff gebracht hat.[7]

Für Gabler ist es nun, wie er in einer im Jahre 1791 anlässlich der Übernahme seines Rektorats an der Universität Altdorf gehaltenen Rede dargelegt hat,[8] der Aufschwung der Wissenschaften im Aufklärungszeitalter, der für die evangelische Theologie eine neue Chance darstellt. Auch diese Konstellation wird sozusagen heilsgeschichtlich interpretiert. Sie wird nämlich verstanden als die Möglichkeit zur Überwindung einer Phase des evangelischen Neokatholizismus. Damit ist die Zeit zwischen der Konsolidierung des Protestantismus einerseits und dem Beginn der Aufklärung andererseits gemeint. In dieser Epoche galten die Bekenntnisschriften des 16. Jahrhunderts als definitive und keiner inhaltlichen Weiterentwicklung zugängliche Glaubensnormen. Dadurch aber wurde, so Gabler, „ein gänzlich unheilvoller Aberglaube und eine knechtische Ehrfurcht gegenüber den Erlassen der Kirche" (Zeilen 246f.) sowie eine „übertriebene Verehrung der Glaubensbekenntnisse" (Zeile 283) eingeführt. Die neue Konjunktur der Wissenschaften im 18. Jahrhundert erlaube aber eine Weiterentwicklung der evangelischen Lehre, die in einem Verständnis der Heiligen Schrift wurzelt, das dem 16. Jahrhundert überlegen ist. „Weil die menschliche Vernunft in der Tat mehr und mehr verfeinert und vervollkommnet wird und, nachdem die Hilfsmittel der Sprachen und der historischen Forschungen allmählich angewachsen sind, die angemessene und rechtmäßige Weise der Schriftinterpretation täglich größeren Zuwachs erfährt: So

---

7 J. P. Gabler, Oratio de iusto discrimine theologiae biblicae et dogmaticae regundisque utriusque finibus (30.03.1787), in: ders., Kleinere theologische Schriften, Bd. 2 (Opuscula academica), hg. von T. A. Gabler und J. G. Gabler, Ulm 1831, 179–198. Eine deutsche Übersetzung dieses Textes (unter dem Titel „Von der richtigen Unterscheidung der biblischen und der dogmatischen Theologie und der rechten Bestimmung ihrer beider Ziele") hat Otto Merk vorgelegt in: Biblische Theologie des Neuen Testaments in ihrer Anfangszeit. Ihre methodischen Probleme bei Johann Philipp Gabler und Georg Lorenz Bauer und deren Nachwirkungen, Marburg 1972 (MThSt 9), 273–284. Diese Übersetzung ist erneut abgedruckt in: G. Strecker (Hg.), Das Problem der Theologie des Neuen Testaments, Darmstadt 1975 (WdF 367), 32–44, sowie – gemeinsam mit dem lateinischen Text – in: K.-W. Niebuhr / C. Böttrich (Hg.), Johann Philipp Gabler 1753–1826 zum 250. Geburtstag, Leipzig 2003, 15–41.

8 J. P. Gabler, De librorum ecclesiae symbolicorum et legis regiae pro tuenda eorum auctoritate *Leopoldo II. scriptae* (Wahlcapitulation Artic. II. §. VIII.) iusta ratione ad libertatem coetibus evangelicis propriam, in: ders., Schriften (s. Anm. 7), 259–280. Eine 476 Zeilen umfassende deutsche Übersetzung dieser Rede liegt vor in: R. Leonhardt, Johann Philipp Gablers Rektoratsrede über die Autorität der Symbolischen Bücher (1791). Ein Dokument politischer Ethik vom Ende der Stabilisierungsmoderne (1), KuD 59 (2013), 164–185: 172–183.

kann es durchaus sein, daß vieles heute von uns besser durchschaut und richtiger eingeschätzt wird, als es durch diese ersten Retter der reineren Lehre in jener Zeit geschehen konnte, der so vorzügliche Hilfsmittel des Verstehens und Auslegens fehlten" (Zeilen 131–137)[9]. – Das Zentralanliegen Luthers, vom Studium der biblischen Texte her die Lehre und Praxis der Kirche auf ihre Schriftgemäßheit hin zu überprüfen und ggf. zu kritisieren, kann nach Gabler im Zeitalter der Aufklärung wieder neu zur Geltung gebracht werden. „Dieser neueren Freiheit des Denkens und Schreibens verdanken wir aber jenen aufrechteren Charakter des Geistes, weil wir den Inbegriff des evangelischen Glaubens nicht ängstlich und abergläubisch im Festhalten einzelner Ansichten der öffentlichen Lehre suchen, sondern im freieren Charakter unserer Kirche, gleichermaßen weit entfernt von aller menschlichen Autorität und knechtischem Geist" (Zeilen 249–253).

Nach Flacius Illyricus und Johann Philipp Gabler ist noch ganz kurz ein dritter Vertreter einer nun nicht mehr eigentlich heilsgeschichtlichen, aber doch theologischen Deutung des Durchbruchs des Schriftprinzips in der Reformation zu nennen. Gemeint ist der 2001 verstorbene evangelische Theologe Gerhard Ebeling. Im Eröffnungsaufsatz zur neuen Serie der „Zeitschrift für Theologie und Kirche" nach dem Zweiten Weltkrieg hat Ebeling 1950 „Die Bedeutung der historisch-kritischen Methode für die protestantische Theologie und Kirche" erfragt. Seine Antwort ist mehrschichtig und teilweise durchaus hellsichtig. Auf der einen Seite behauptet Ebeling einen „tiefen inneren Sachzusammenhang [scil. der historisch-kritischen Methode] mit der reformatorischen Rechtfertigungslehre": „Wie auf der ganzen Linie der reformatorischen Theologie, so ist auch hier im Hinblick auf das Verhältnis zur Geschichte das Ja zur Ungesichertheit nur die Kehrseite der Heilsgewißheit sola fide."[10] Anders formuliert: Dass sich aus reformatorischer Sicht die Gewissheit des Heils nicht auf empirisch vorzeigbare Werke des Menschen stützen kann, sondern dass die Heilsgewissheit allein im Glauben an die kontrafaktische Rechtsprechung des Sünders durch Gott ergriffen wird, ist ein Sachverhalt, der sich in Analogie zu einer bibeltheologischen Einsicht befindet. Und diese Einsicht lautet: Die historisch-kritisch ausgelegten Texte der Bibel bilden als solche kein fundamentum inconcussum fidei, kein unerschütterliches Glaubensfundament. Im Gegenteil: Die Hoffnung auf eine Begründung des Glaubens als Folge einer umfassenden Praktizierung der historisch-kritischen Methode in der Theologie ist ähnlich aus-

---

9 Vgl. zur Übersetzung den Hinweis im Kommentar zu Zeilen 135f: R. Leonhardt, Johann Philipp Gablers Rektoratsrede über die Autorität der Symbolischen Bücher (1791). Ein Dokument politischer Ethik vom Ende der Stabilisierungsmoderne (2), KuD 59 (2013), 272–307: 281f.

10 G. Ebeling, Die Bedeutung der historisch-kritischen Methode für die protestantische Theologie und Kirche, ZThK 47 (1950), 1–46: 41f.

sichtslos wie das Verlangen nach einer in den Werken des Menschen begründeten Heilsgewissheit.

Spätestens hier wird deutlich, dass Ebeling bereits als ein Diagnostiker der Krise des Schriftprinzips gelten kann – auch wenn dieser Begriff so erst zwölf Jahre nach Ebelings Aufsatz von Wolfhart Pannenberg geprägt wurde.[11] Denn das für die Anwendung der historischen Bibelkritik in der Theologie nach Ebeling erforderliche „Ja zur Ungesichertheit" steht offensichtlich in einem klaren Gegensatz zu der sowohl von Luther selbst wie auch von Flacius und Gabler gehegten Erwartung einer definitiven – also *gesicherten* – Klärung theologischer Differenzen auf biblischer Basis. Es ist offensichtlich, dass hier die erst nach der Aufklärung relevant gewordene Einsicht in das relativierende Potential der historischen Methode durchschlägt. Es ist bekanntlich Ernst Troeltsch gewesen, der dieses relativierende Potential in unüberbietbarer Klarheit vor Augen geführt hat. Der „Geist historischer Forschung" lehrt, so Troeltsch, „daß jeder Moment und jedes Gebilde der Geschichte nur im Zusammenhang mit anderen und schließlich mit dem Ganzen gedacht werden kann, daß jede Bildung von Wertmaßstäben deshalb nicht vom isolierten Einzelnen, sondern nur von der Ueberschau des Ganzen ausgehen kann". Indem die historische Methode „auch das angeblich Selbstverständlichste und die die weitesten Kreise beherrschenden Mächte als Erzeugnisse des Flusses der Geschichte betrachtet", verdränge sie „die ältere absolute oder dogmatische Betrachtungsweise, die bestimmte Zustände und Gedanken als selbstverständlich betrachtete und daher zu unveränderlichen Normen verabsolutierte"[12]. – „Droht nicht", so hat Ebeling deshalb ganz nachvollziehbar gefragt, „unter der Freigabe der historisch-kritischen Methode die theologische Substanz selber [...] der Zerstörung anheimzufallen?"[13]

„Die missratene Heilsgeschichte" – so ist dieser Abschnitt überschrieben. Damit soll ausgedrückt werden, was sich im exemplarischen historischen Durchgang vom 16. bis zum 20. Jahrhundert gezeigt hat: Dass die – etwa von Flacius vorgetragene – Behauptung der alleinigen Suffizienz der Heiligen Schrift als Grundlage theologischer Lehrbildung zwar lange Zeit mit optimistischen Prognosen verbunden war. Doch die – von Gabler noch engagiert genährte – Hoffnung, durch gründliche Exegese ein solides Glaubensfundament zu gewinnen,

---

11 Vgl. W. Pannenberg, Die Krise des Schriftprinzips (1962), in: ders., Grundfragen systematischer Theologie 1, Göttingen 1967, 11–21.

12 E. Troeltsch, Ueber historische und dogmatische Methode in der Theologie (1898), in: ders., Gesammelte Schriften 2 (Zur religiösen Lage, Religionsphilosophie und Ethik), Tübingen 1913, 729–753: 735–737.

13 Ebeling, Bedeutung (s. Anm. 10), 35.

das gar zur Klärung theologischer Differenzen dienen könne, wurde schließlich enttäuscht. Diese Enttäuschung wurde im deutschen Nachkriegsprotestantismus zuerst durch Ebeling und Pannenberg namhaft gemacht und hat – diese allzu pauschale und oberflächliche Formulierung sei hier gestattet – zu jenem komplizierten Verhältnis von historisch-kritischer Methode und theologischer Lehrbildung geführt, das die Situation des evangelischen Christentums in Deutschland bis heute prägt.

2. Die Ambivalenz der Anfänge: Martin Luther[14]

In diesem Abschnitt wird die Behauptung aufgestellt und begründet, dass die Krise des Schriftprinzips in gewisser Weise bereits in der reformatorischen Schrifttheologie vorbereitet war. Dafür ist die Position Luthers heranzuziehen, wobei in erster Linie die schrifttheologisch einschlägigen Formulierungen aus „De servo arbitrio“[15] zu berücksichtigen sind. In diesem Text setzt sich Luther bekanntlich mit der Freiheitsschrift des Erasmus von Rotterdam auseinander[16] und kritisiert dabei auch dessen Behauptung von der Ergänzungs- bzw. Präzisierungsnotwendigkeit der Schrift durch das kirchliche Lehramt.

„Es gibt nämlich“, so formuliert Erasmus, „in den heiligen Schriften gewisse unzugängliche Stellen, in die Gott uns nicht tiefer eindringen lassen wollte“ (Ia7: 10). So gebe es „Dinge, die Gott uns gänzlich unbekannt lassen wollte“ (Ia9: 12). „Er wollte, daß wir gewisse Dinge so untersuchen, daß wir ihn in mystischem Schweigen verehren“ (Ia9: 14). „Er wollte, daß wir gewisse Dinge genau erkennen, von welcher Art die Vorschriften für ein gutes Leben sind“ (ebd). „Weiter gibt es noch Dinge von der Art, daß es, auch wenn sie wahr wären und gewußt werden könnten, dennoch nicht vorteilhaft wäre, sie gewöhnlichen Ohren preiszugeben“ (ebd). – Dieser erasmischen Unterscheidung der Schriftinhalte, die darauf zielt, bestimmte theologische Fragen für auf biblischer Basis unentscheidbar zu erklären, setzt Luther eine andere Differenzierung entgegen: „Zwei Dinge sind Gott und die Schrift Gottes. Und zwar nicht weniger, als auch Schöpfer und Geschöpf Gottes zwei Dinge

14 Die in diesem Abschnitt vorgetragenen Überlegungen sind teilweise deckungsgleich mit: Leonhardt, Skeptizismus und Protestantismus (s. Anm. 5), 145ff.

15 M. Luther, De servo arbitrio (1525), in: WA 18, 600–787; Cl 3, 94–293; StA 3, 177–356; LDStA 1, 219–661; die Zitatnachweise im Text folgen der von Athina Lexutt angefertigten Übersetzung in LDStA 1.

16 E. von Rotterdam, De libero arbitrio Diatribe (1524), in: ders., Ausgewählte Schriften, hg. v. W. Welzig, Bd. 4, Darmstadt 1969, 1–195 [lat.-dt.]; die Zitatnachweise im Text nennen zuerst die Abschnittsnummer von „De libero arbitrio“ und danach die Seitenzahl der Edition von Welzig.

sind“ (235,18f.). Luther nimmt also zunächst eine konsequente ‚Säkularisierung‘ der Schrift vor: Sie ist Geschöpf und nicht Gott. Die Pointe dieser Differenzierung besteht darin, dass der Unterschied zwischen den für uns Menschen in der Tat unerreichbaren Geheimnissen *Gottes* und den dunklen Stellen der *Schrift* eingeschärft wird. Zwar gilt: „Niemand zweifelt daran, daß in Gott vieles verborgen ist, was wir nicht wissen“ (235,19f.). Mit der Schrift aber verhält es sich anders. Sie hat, als creatura, an der von Luther selbstverständlich zugestandenen Unerkennbarkeit des Creator keinen Anteil. Im Gegenteil: Sie ist „uns zur Lehre geschrieben“ (Röm 15,4) und daher, als „von Gott eingegeben, [...] nütze zur Lehre“ (2 Tim 3,16). Sie muss deshalb für uns verständlich und mithin klar sein. Wenn Gott wirklich, wie Erasmus behauptet, in der Schrift für uns unzugängliche Geheimnisse hätte verbergen wollen, hätte er auf die Schrift auch verzichten können.

Die von Luther betonte Kreatürlichkeit der scriptura manifestiert sich darin, dass sie in menschlicher Sprache verfasst wurde. Sie ist daher – jedenfalls potentiell – für alle Menschen gleichermaßen verständlich. Was also von Gott her für die Menschen zu wissen (heils-)notwendig ist, hat er ihnen durch *das* Medium zugänglich gemacht, das er auch für zwischenmenschliche Kommunikation und Verständigung ‚bereitgestellt‘ hat. Diese Auffassung führt unweigerlich zu einer von Erasmus' Behauptungen unterschiedenen Einschätzung der – Luther ja hinlänglich bekannten – Verstehensprobleme biblischer Texte. Wo Erasmus schon die dem Menschen unzugängliche Majestät Gottes in Anspruch nehmen zu müssen meinte, dort hat Luther lediglich mangelnde Kenntnisse der Wörter und der grammatischen Zusammenhänge diagnostiziert, ein kognitives Defizit, das er für durchaus überwindbar hält. Es kommt also zu einer schöpfungstheologisch begründeten Entschärfung der obskur und abstrus wirkenden Stellen in der Bibel zu semantisch-grammatischen Quisquilien.[17]

Für die Bibelauslegung im Sinne Luthers ergibt sich daraus, dass bereits die Überwindung der Unkenntnis von Wörtern und Grammatik (ignorantia vocabulorum et grammaticae) an das Verständnis dessen heranführt, was Gott uns zur Lehre geschrieben hat; modern ausgedrückt: Die Exegese hat eine eminent theologische Dimension. Die Hinweise auf die theologische Bedeutung des natürlichen Wortgebrauchs und der grammatischen Zusammenhänge erwecken daher gelegentlich den Eindruck, als könne nach Luther die rechte Schrifterkenntnis ohne Weiteres schon durch nüchterne Exegese herbeigeführt werden.[18] Wichtig ist

17 „Freilich bekenne ich, dass viele Stellen in der Schrift undeutlich und dunkel sind, und zwar nicht wegen der Erhabenheit der Dinge, sondern wegen der Unkenntnis der Vokabeln und der Grammatik. Aber das hindert nicht die Kenntnis aller Dinge in der Schrift“ (235,33–36).

18 „Luther hat die Richtigkeit seines Schriftverständnisses nicht mit einer besonderen propheti-

dabei freilich, dass nach Luther die unter Herbeiziehung des vorhandenen exegetischen Instrumentariums angestrebte Überwindung der Unkenntnis von Wörtern und Grammatik nie zu jener Auflösung theologischer Substanz führen kann, die Ebeling als Folge einer Freigabe der historisch-kritischen Methode apostrophiert hatte. Denn nach Luther wird der sorgfältige Bibelleser, sofern er den natürlichen Sprachgebrauch zu seinem Recht kommen lässt, unweigerlich auf Christus als die eine Sache der gesamten Schrift gestoßen. Die gründliche Bibellektüre führt also zu einer christologisch-rechtfertigungstheologischen Reduktion der Schriftkomplexität auf *einen* hermeneutischen Schlüssel, der dann einen wirklich sachgemäßen Zugang zur *gesamten* Schrift eröffnet.

Diese Behauptung einer Evidenz des rechtfertigungstheologischen Skopus der Schrift als Ganzer war für Luther deshalb von großer Bedeutung, weil sie die exegetische Kontrollierbarkeit seiner theologischen Überzeugungen verbürgte. Diese exegetische Kontrollierbarkeit wollte und musste er in seinem schrifttheologischen Zweifrontenkrieg gegen die Schwärmer mit ihrem subjektivistischen Geistanspruch einerseits und die Papstkirche mit ihrem Anspruch auf Auslegungshoheit andererseits sicherstellen.

Obwohl Luther im beschriebenen Sinn die allgemeine Evidenz der Bibel und damit ihre *prinzipielle* Tauglichkeit als Schiedsinstanz in Glaubensfragen behauptet hat, sah er sich mit der Erfahrung konfrontiert, dass eine Einigung über theologische Kontroversen auf der Basis der Schrift *faktisch* nicht zustande kam. Diese Diskrepanz hat er zunächst auf eine fehlende Präsenz des erwähnten christologisch-rechtfertigungstheologischen Skopus der Schrift im Bewusstsein ihrer Leser zurückgeführt. Dieses Defizit hat er, vor allem unter Berufung auf 2 Kor 4,2f., dämonologisch begründet, es auf ein Verblendungswerk des Teufels zurückgeführt: „Dass aber vielen vieles dunkel bleibt, geschieht nicht durch die Undeutlichkeit der Schrift, sondern durch die Blindheit und den Stumpfsinn derer, die nichts tun, um die überaus klare Wahrheit zu sehen" (237,27–30). Angesichts der damit deutlichen Macht des Satans erkennt Luther auch die Grenzen seiner eigenen hermeneutischen Überzeugungskraft an. Zwar wird die Klarheit der Schrift als solche durch das teuflische Verblendungswerk nicht im Geringsten beeinträchtigt. Die Akzeptanz dieses Sachverhalts durch die Gegner lässt sich aber mit menschlichen Mitteln nicht erzwingen, sondern ist eine Wirkung des Heiligen Geistes. Der Heilige Geist ist es also, der allein die Evidenz der rechtfertigungstheologischen Mitte der Schrift herbeiführen und damit die Verstockung der falschen Schriftausleger

---

schen Begabung begründet, sondern ganz nüchtern als Resultat strenger exegetischer Bemühung verstanden" (W. von Loewenich, Luther und der Neuprotestantismus, Witten 1963, 324).

aufbrechen kann; ohne ihn wäre nach Luther das gesamte Menschengeschlecht verblendet und außerstande, die Schrift recht zu verstehen.

Dieser Gedanke von der Unverzichtbarkeit des Geistes für das rechte Verständnis der Schrift liegt der Profilierung von Luthers Schriftlehre durch den Gedanken der doppelten Klarheit (duplex claritas) zugrunde. „Wenn du von der inneren Klarheit sprichst, sieht kein Mensch auch nur ein Jota in den Schriften, es sei denn, er hätte den Geist Gottes. [...] Wenn du von der äußeren [Klarheit] sprichst, ist ganz und gar nichts Dunkles oder Zweideutiges übrig. Vielmehr ist alles durch das Wort ans ganz und gar sichere Licht gebracht, und der ganzen Welt ist erklärt, was immer in der Schrift ist" (239,27–29.36–39).

Hier stellt sich freilich die Frage, in welchem Verhältnis innere und äußere Klarheit zueinander genau stehen. Zunächst hatte es ja so ausgesehen, als wäre die äußere Klarheit der Schrift so offensichtlich, dass – die Erfassung der grammatischen Zusammenhänge und die Berücksichtigung des natürlichen Sprachgebrauchs vorausgesetzt – die innere Klarheit gar nicht ausbleiben könne. Nun aber macht Luther deutlich, dass es doch nicht ganz von selbst zur rechten Schrifterkenntnis kommt, sondern dass es dafür, über die genannten philologischen Einsichten hinaus, der für den Menschen unverfügbaren Gabe des Heiligen Geistes bedarf. Offensichtlich transzendiert die geistgeleitete Schrifterkenntnis noch einmal die Einsichten, die sich aus einer ‚rein' grammatischen Exegese ergeben. Denn erst und nur durch den Heiligen Geist wird nach Luther der Bibelleser wirklich konsequent an die eine Hauptsache der gesamten Schrift gebunden, nämlich das im Christusgeschehen verbürgte Heil. Wo der Geist nicht gegeben ist, dort bleibt deshalb auch das zunächst so stark gemachte, der äußeren Klarheit zuzurechnende Kriterium der exegetischen Kontrollierbarkeit wirkungslos. Freilich: Aus der Perspektive der geistgewirkten Einsicht in die eine Sache der gesamten Schrift ist die Bibel nicht mehr alternativ interpretierbar, ist, mit anderen Worten, ihre äußere Gestalt nichts anderes als der der inneren geistgewirkten Einsicht vorgegebene Inhalt. Doch das ändert nichts daran, dass der rechtfertigungstheologische Skopus der Schrift ohne den heiligen Geist nicht identifizierbar ist. Die Faktizität der claritas externa kann also überhaupt nur aus der Perspektive der claritas interna behauptet werden. Es ist eben ein bestimmtes innerliches Ergriffensein des Menschen, das dazu führt, dass sich ihm, wie es Luther 1545 formuliert hat, ein anderes äußerliches Gesicht der ganzen Schrift zeigt.[19]

19 M. Luther, Vorrede zum ersten Band der Gesamtausgabe der lateinischen Schriften (1545), in: WA 54, 179–187; Cl 4, 421–428; StA 5, 618–638; LDStA 2, 491–509 („alia mihi facies totius Scripturae apparuit": 506,8).

An dieser Stelle sei eine etwas gewagte, aber im Blick auf das Verhältnis von Schriftbindung und religiöser Subjektivität im Protestantismus jedenfalls interessante These formuliert. Sie lautet: Luthers Betonung der äußeren Klarheit der Schrift, jenes Theorem also, wonach ein theologisch richtiges und Heilsgewissheit schaffendes Verständnis der Schrift als Resultat strenger exegetischer Bemühung verstanden werden kann, hat zwar die Entwicklung der historischen Kritik vorbereitet. So hat Hans Weder festgestellt: „Luther bestand (gerade gegen Erasmus) darauf, daß der Sinn eines Textes mit den Mitteln der Grammatik und der Beachtung des Sprachgebrauchs erkannt werden kann. Daraus folgt die für die Folgezeit sehr wichtige hermeneutische Annahme, daß die Schrift mit den Mitteln der Vernunft verstanden werden kann."[20] Zugleich aber war Luthers Behauptung einer quasi glaubensunabhängig vorgegebenen Evidenz des rechtfertigungstheologischen Skopus der Schrift als Ganzer der Ausdruck eines nachvollziehbaren produktiven Selbstmissverständnisses. Nachvollziehbar einerseits deshalb, weil sich Luthers theologisches Denken noch ganz konventionell als Auslegung vorgegebener autoritativer Lehrgrundlagen artikuliert hat. Nachvollziehbar andererseits deshalb, weil Luther, um im erwähnten schrifttheologischen Zweifrontenkrieg bestehen zu können, die exegetische Kontrollierbarkeit seiner theologischen Überzeugungen behaupten musste. Nachvollziehbar schließlich deshalb, weil die reformatorische Erkenntnis auch auf der ganz geist- und glaubensunabhängig gewonnenen exegetischen Einsicht Luthers beruhte, nach der das biblische Verständnis der Gerechtigkeit Gottes vom aristotelischen Gerechtigkeitsbegriff zu unterscheiden ist. Um ein Selbstmissverständnis Luthers aber handelte es sich gleichwohl, nämlich deshalb, weil er seine – unabhängig vom, ja gegen das Lehramt erarbeiteten – Einsichten rechtfertigungstheologischer Art zwar in der Begegnung mit der (ihm gleichsam objektiv vorgegebenen) Schrift gewonnen hat, aber eben aufgrund einer subjektiven Aneignung des Schriftzeugnisses, in deren Vollzug die Schrift *ihm* ein anderes Gesicht gezeigt hat (alia *mihi* facies apparuit: LDStA 2, 506,8; Hervorh. von mir, RL), natürlich ohne dass sie ihren Wortlaut geändert hätte. Zugespitzt gesagt lautet die hier vertretene These also: Die von Luther geltend gemachte Schriftbindung war im frühneuzeitlichen Protestantismus der Platzhalter der religiösen Subjektivität.

Im Blick auf Luther selbst könnte diese These noch durch den Hinweis auf die von ihm geübte innerbiblische Sachkritik[21] und seine regelmäßig vorgetragene

20 H. Weder, Art. Bibelwissenschaft II. Neues Testament, in: RGG⁴ 1 (1998), 1529–1538: 1532.

21 M. Luther, Thesen für fünf Disputationen über Römer 3,28 (1535–1537), in: WA 39 I, 44–53. 82–86. 202–204; LDStA 2, 401–441: 408,9f./409,12f. (Thesenreihe I: De fide, These 49): „Quod si adversarii scripturam urserint contra Christum, urgemus Christum contra scripturam" („Wenn nun die Gegner die Schrift gegen Christus treiben, dann treiben wir Christus gegen die Schrift").

Kritik der Schriftlichkeit[22] des in der Bibel enthaltenen Wortes Gottes gestützt werden. Zu dem zuletzt genannten Aspekt hat Ulrich Barth einmal eine treffende Formulierung beigesteuert: „Dem äußeren Wort kommt unabhängig von seiner Vehikelfunktion für das innere Wirken des Geistes keine selbständige religiöse Bedeutung zu."[23] Luthers innerbiblische Sachkritik und seine Kritik der Schriftlichkeit des Wortes Gottes verdienten also durchaus eine über die hier vorgetragenen Andeutungen hinausgehende Befassung, weil sie die Ambivalenz der Anfänge, um die es in diesem Abschnitt geht, noch genauer vor Augen führen. Luther, so lässt sich diese Ambivalenz auf den Punkt bringen, hat zwar jene Dynamik in Gang gesetzt, die schließlich zur Etablierung der historisch-kritischen Methode in der Theologie führte; aber er hat selbst – mindestens implizit – auf die durch die Unverfügbarkeit des Heiligen Geistes bedingten theologischen Grenzen der kritischen Schriftauslegung hingewiesen. – Theologie ist zwar ohne historisch-kritische Schriftauslegung nicht denkbar, aber solche Schriftauslegung ist nicht per se theologisch.

Diese Bemerkung schließt die Ausführungen zum Reformator ab. Nun erfolgt ein Sprung: vom früh*neuzeitlichen* Protestantismus, als die Schriftbindung (der oben formulierten These nach) der Platzhalter der religiösen Subjektivität war, zum früh*modernen* Protestantismus. Als dessen maßgeblicher Protagonist kann zweifellos Friedrich Schleiermacher gelten.

3. Die verschmähte Klärung: Friedrich Schleiermacher

In seinem oben bereits herangezogenen Aufsatz von 1950 hat Gerhard Ebeling u. a. die Frage gestellt, „ob nicht das allzu schnelle Sichhinwegsetzen über die Probleme, mit denen die Theologie des 19. Jahrhunderts rang, die immer spürbarer werdende Schwäche der theologischen Lage der Gegenwart ist"[24]. In dieser Frage steckt eine klar erkennbare Kritik an der evangelischen Theologie der ersten Hälfte des 20. Jahrhunderts, die sich mit Hilfe eines dezidierten Antihistorismus der Geltungsprobleme meinte entledigen zu können, zu denen zunächst die konsequente Anwendung der historischen Bibelkritik und schließlich die historische Methode

22 M. Luther, Weihnachtspostille: Evangelium am Tage der heiligen drei Könige, Mt 2,1–12 (1522), in: WA 10 I 1, 555–728: 627,1–3: „Das man aber hatt mussen bucher schreyben, ist schon eyn grosser abbruch und eyn geprechen des geystis, das es die nott ertzwungen hatt, und nit die artt ist des newen testaments."

23 U. Barth, Die Entdeckung der Subjektivität des Glaubens. Luthers Buß-, Schrift- und Gnadenverständnis (1992), in: ders., Aufgeklärter Protestantismus, Tübingen 2004, 27–51: 41.

24 Ebeling, Bedeutung (s. Anm. 10), 8.

in der Theologie insgesamt geführt hatten. Und in der Tat: Ein Problem dadurch lösen zu wollen, dass man es erstens ignoriert und zweitens all diejenigen, die es benennen, als glaubensvergessene Zeitgeistopportunisten diskreditiert, ist kein langfristig tragbarer Ansatz.

Bei Schleiermacher stößt man dagegen auf ein schrifttheologisches Konzept, das – so die hier vertretene These – eine auch heute noch bedenkenswerte Bewältigungsstrategie für die Krise des Schriftprinzips anbietet. Allerdings war dieser Ansatz, nicht zuletzt durch die antihistoristische Revolution im deutschen Protestantismus seit 1918,[25] länger aus dem Blickfeld der hermeneutischen Reflexion geraten.

Nimmt man Schleiermachers Überlegungen in den Blick, dann zeigt sich schnell, dass das Verhältnis von Schriftbindung und religiöser Subjektivität gegenüber Luther neu sortiert wird. Man kann es so formulieren: Während bei Luther und im gesamten frühneuzeitlichen Protestantismus die Schriftbindung noch der Platzhalter der religiösen Subjektivität war, gewinnt nun die religiöse Subjektivität eine gewisse Eigenständigkeit gegenüber der Schriftbindung. Beim frühen Schleiermacher, namentlich in den 1799 anonym publizierten, von der frühromantischen Genieästhetik affizierten Reden „Über die Religion", scheint es sogar auf eine Ersetzung der Schrift durch die religiöse Subjektivität zuzulaufen. „Jede heilige Schrift", so heißt es in diesem als theologisches Modernisierungsprogramm bezeichneten Text,[26] „ist nur ein Mausoleum der Religion ein Denkmal, daß ein großer Geist da war, der nicht mehr da ist; denn wenn er noch lebte und wirkte, wie würde er einen so großen Werth auf den todten Buchstaben legen, der nur ein schwacher Abdruk von ihm sein kann? Nicht der hat Religion, der an eine heilige Schrift glaubt, sondern der welcher keiner bedarf, und wohl selbst eine machen könnte."[27] Mit diesen steilen Formulierungen nimmt der junge Berliner Charité-Prediger nicht nur die Kritik der Verächter der Religion an jenen „armseligen und kraftlosen Verehrer[n] der Religion" auf, „in denen sie aus Mangel an Nahrung vor der Geburt schon ge-

25 Vgl. zu diesem Begriff: K. Nowak, Die ‚antihistoristische Revolution'. Symptome und Folgen der Krise historischer Weltorientierung nach dem Ersten Weltkrieg in Deutschland, in: H. Renz/F. W. Graf (Hg.), Umstrittene Moderne. Die Zukunft der Neuzeit im Urteil der Epoche Ernst Troeltschs, Gütersloh 1987 (TrSt 4), 133–171; F. W. Graf, Die ‚antihistoristische Revolution' in der protestantische Theologie der zwanziger Jahre (1988), in: ders., Der heilige Zeitgeist. Studien zur Ideengeschichte der protestantischen Theologie in der Weimarer Republik, Tübingen 2011, 111–137.

26 U. Barth, Die Religionstheorie der ‚Reden'. Schleiermachers theologisches Modernisierungsprogramm, in: ders., Protestantismus (s. Anm. 23), 259–289.

27 F. Schleiermacher, Über die Religion. Reden an die Gebildeten unter ihren Verächtern (1799), in: KGA I/2, 185–326: 242,11–17 (Zweite Rede).

storben ist" (242,171–19). Es handelt sich hier zugleich um eine radikalisierende Fortschreibung von Luthers oben erwähnter Kritik an der Schriftlichkeit des Wortes Gottes, eine Kritik, die auf komplexe Weise mit jener augustinischen Differenzierung von Geist und Buchstabe zusammenhängt, die auch von Schleiermacher aufgerufen wird.

Freilich ist bei Schleiermacher – und dies gilt für seine Schriftlehre nicht weniger als für die klassischen materialdogmatischen Themen – eine Entwicklung zu konstatieren, in deren Verlauf die enthusiastischen Innovationen der Frühzeit herabgedimmt und sowohl mit der volkskirchlichen Realität abgeglichen als auch an die dogmatische Tradition zurückgebunden werden. Dies geschieht sowohl in den Folgeauflagen der Reden[28] wie auch vor allem in der Glaubenslehre, die hier in ihrer Gestalt von 1830/31 Berücksichtigung findet[29].

Schleiermacher hat seine materialdogmatischen Entscheidungen mehr oder weniger explizit in den 31 Paragraphen der Einleitung in die Glaubenslehre konzeptionell vorbereitet. Auch im Blick auf die Schriftlehre werden bereits in der Einleitung entscheidende Weichenstellungen erkennbar. Von der Heiligen Schrift ist erstmals in § 14 die Rede. Dieser Paragraph enthält den letzten der Lehnsätze aus der Apologetik. In den die §§ 11–14 umfassenden apologetischen Lehnsätzen hatte Schleiermacher die individuelle Spezifik (das Wesen) des Christentums benannt und erläutert (§ 11). Dann wurde das Verhältnis des Christentums zu Judentum und Heidentum als den Frömmigkeitsgemeinschaften diskutiert, die zur Zeit seiner Entstehung in seinem Umfeld existierten (§ 12). Daraufhin wurde der Offenbarungscharakter des Christentums geklärt (§ 13). In § 14 schließlich betont Schleiermacher die exklusive Teilhabemöglichkeit an der christlichen Gemeinschaft durch den Christusglauben: „Es giebt keine andere Art an der christlichen Gemeinschaft Antheil zu erhalten, als durch den Glauben an Jesum als den Erlöser" (KGA I/13,1, 115,1–3).

Nachdem Schleiermacher im ersten Abschnitt dieses Paragraphen (KGA I/13,1, 115,4–117,18) festgehalten hat, dass der Glaube durch das Zeugnis der christlichen

---

28 Der letzte Satz aus der eben zitierten Passage von 1799 wurde bereits in der 2. Auflage von 1806 geändert; nun lautet die Formulierung: „Nicht Jeder hat Religion, der an eine heilige Schrift glaubt, sondern nur der, welcher sie lebendig und unmittelbar versteht, und ihrer daher auch am leichtesten entbehren könnte". Die 3. Auflage von 1821 hat den letzten Halbsatz nochmals ergänzt: „und ihrer daher für sich allein auch am leichtesten entbehren könnte" (F. Schleiermacher, Über die Religion [2.–]4. Auflage, in: KGA I/12, 1–321: 116,22–25; Hervorh. RL).

29 F. Schleiermacher, Der christliche Glaube nach den Grundsätzen der evangelischen Kirche im Zusammenhange dargestellt, Bd. 1, Berlin ^{2}1830; Bd. 2, Berlin ^{2}1831, in: KGA I 13,1/13,2. Die Seiten- und Zeilenangaben im Text folgen dieser (seit 2008 auch als Studienausgabe vorliegenden) Edition.

Verkündigung entsteht, betont er in Abschnitt 2 (KGA I/13,1, 117,19–118,20), dass dieser Christusglaube nicht die Form einer *objektiven* Gewißheit gewinnen kann. Denn weder kann das nach Schleiermacher für die Glaubensentstehung erforderliche Bewusstsein der Erlösungsbedürftigkeit als ein allgemeinmenschliches Phänomen erwiesen werden; noch könnte, wenn ein solcher Beweis dennoch erfolgreich zu führen wäre, zwingend dargetan werden, dass nur Christus der Erlöser sein kann.[30] Zwar ist, wie Schleiermacher dann in Abschnitt 3 (KGA I/13,1, 118,21–119,11) erwähnt, in manchen neutestamentlichen Zusammenhängen davon die Rede, dass Juden durch Schrift*beweise* von der Messianität Jesu überzeugt wurden. Diese Argumente hatten aber lediglich im Zusammenhang des Judenchristentums eine historisch bedingte Bedeutung.

In einem umfangreichen Zusatz zu § 14 (KGA I/13,1, 119,12–127,8) wendet sich Schleiermacher dann gegen die Annahme von Hilfsmitteln, die das Verkündigungszeugnis unterstützen oder ersetzen sollen. Gemeint sind erneut Faktoren, die objektiv gültige und damit glaubensunabhängig verbindliche Beweise für die Wahrheit des Verkündigungszeugnisses aufbieten können. Dabei widmet er sich auch der Frage nach der Inspiration der biblischen Zeugnisse (KGA I/13,1, 125,24–127,8). Deren Behauptung und umfängliche Begründung hatte in der Zeit der altprotestantischen Orthodoxie bekanntlich eine große Rolle gespielt. Im Unterschied zu dieser Tradition weist nun Schleiermacher den Inspirationsgedanken im Namen seines christologisch profilierten sola fide konsequent zurück. Das entscheidende – und schrifttheologisch maßgebliche – Argument besteht in der Feststellung, dass die Abfassung und Kanonisierung der neutestamentlichen Schriften bereits ein *Resultat* und nicht der *Ursprung* der christlichen Verkündigung war. Weil also die Entstehung des Neuen Testaments den – durch die Verkündigung geweckten – Glauben bereits voraussetzt, wäre es nicht plausibel, eine vermeintliche Inspiration der biblischen Schriften als Unterstützung oder Ersatz für die Glauben schaffende Kraft der Verkündigung in Anschlag zu bringen. Am Beginn seiner materialen Schriftlehre, im Leitsatz zu § 128, hat Schleiermacher diese Überlegung aufgenommen: „Das Ansehen der heiligen Schrift kann nicht den Glauben an Christum begründen, vielmehr muß dieser schon vorausgesezt werden um der heiligen Schrift ein besonderes Ansehen einzuräumen" (KGA I/13,2, 316,3–6). In der

30 Es ist nicht möglich, „die Nothwendigkeit der Erlösung jemanden anzudemonstriren; sondern wer sich durch sich selbst beruhigen kann, wird auch immer ein Mittel finden auszuweichen" (117,21–23). Doch auch wenn das Faktum der Erlösungsbedürftigkeit anerkannt wäre, „wenn das Selbstbewußtsein hiefür geweckt ist", kann weder im speziellen „demonstrirt werden, daß Christus der Einzige ist, der die Erlösung bewirken kann" (117,24f.); noch kann „im Allgemeinen, daß eine solche Erlösung kommen müsse, ... bewiesen werden" (118,5f.).

hier betonten Nachrangigkeit der schriftlichen Fixierung der biblischen Zeugnisse gegenüber dem durch die Christusverkündigung erweckten Glauben erkennen wir unschwer Luthers Priorisierung des lebendigen Verkündigungswortes gegenüber seiner schriftlichen Verfestigung wieder.

Wenn Schleiermacher, wie an der zuletzt zitierten Stelle, betont, dass der Glaube schon „vorausgesezt werden [muss], um der heiligen Schrift ein besonderes Ansehen einzuräumen", dann hebt er auch darauf ab, dass die Anerkennung kanonisierter Texte als heiliger Schriften immer eine Interpretationsgemeinschaft voraussetzt, innerhalb derer diese Schriften „ein besonderes Ansehen" genießen. Mit anderen Worten: Die der auf Glauben zielenden Verkündigung zugrunde liegende Schriftauslegung ist stets eingebunden in die Deutungsüblichkeiten einer bestimmten Frömmigkeitsgemeinschaft bzw. Kirche. Diese Auffassung kommt in § 27 zum Ausdruck, also in einem Zusammenhang, in dem es um die Gestaltung der Dogmatik geht. Schleiermacher benennt hier eine Kriterienhierarchie im Blick auf die Zugehörigkeit theologischer Sätze zu einer evangelischen Glaubenslehre. „Alle Säze, welche auf einen Ort in einem Inbegriff evangelischer Lehre Anspruch machen, müssen sich bewähren theils durch Berufung auf evangelische Bekenntnißschriften und in Ermangelung deren auf die Neutestamentischen Schriften, theils durch Darlegung ihrer Zusammengehörigkeit mit andern schon anerkannten Lehrsäzen" (KGA I/13,1, 175,9–14).

Bemerkenswert und – aus Schleiermachers eigener Sicht – erläuterungsbedürftig ist hier die Vorordnung der Bekenntnisschriften gegenüber dem neutestamentlichen Zeugnis. Denn es gehört eigentlich zum guten Brauch der evangelischen Theologie, die Bekenntnisschriften als eine der Schrift als norma normans *nach*geordnete norma normata zu betrachten. Schleiermachers Argument für *seine* Hierarchie ist auffallend schlicht: „Durch die Schrift unmittelbar kann aber immer nur nachgewiesen werden, daß ein aufgestellter Lehrsaz christlich sei, wogegen der eigenthümlich protestantische Gehalt desselben dahin gestellt bleibt" (KGA I/13,1, 176,1–4). Hier wird deutlich, dass Schleiermacher die Schriftautorität nicht denken kann, ohne dass sie sich zugleich als die in einer bestimmten Frömmigkeitsgemeinschaft geltende Interpretationstradition manifestiert. Eine von solcher Interpretationstradition unabhängige Schriftauslegung mag möglich sein. Aber im Sinne Schleiermachers würde es sich dabei um eine Schriftauslegung extra usum theologicum handeln, und diese würde nicht in eine evangelische Dogmatik gehören. Im Horizont des protestantischen Christentums aber ist die Reichweite der Schriftautorität eben durch die Bekenntnisschriften abgesteckt. Auch diese Einsicht kommt übrigens in der materialen Schriftlehre seines theologischen Hauptwerks zum Ausdruck, nämlich durch die Tatsache, dass die Lehre von der Heiligen Schrift systematisch der Ekklesiologie inkorporiert und eben nicht als eine Prinzipienlehre der Dogmatik vorgeschaltet ist.[31] Für Schleiermacher ist es nämlich dezidiert so, dass eine Lehre nicht deshalb zum Christentum gehört, weil sie in der Schrift enthalten ist; vielmehr ist sie deshalb in der Schrift enthalten, weil sie zum Christentum gehört (vgl. § 128,3: KGA I/13,2, 319,25–320,1).

Die Darstellung der Position von Schleiermacher sei hier abgebrochen. Rückblickend auf Luther ist bezüglich des Verhältnisses von Schriftbindung und religiöser Subjektivität Folgendes festzuhalten: Der Anspruch auf eine allgemein plausibilisierbare exegetische Kontrollierbarkeit theologischer Einsichten – bei Luther als claritas externa konzeptualisiert – wird von Schleiermacher im Namen des sola fide aufgegeben. Damit verbindet sich eine Klärung des oben diagnostizierten Selbstmissverständnisses Luthers. Schleiermacher legt einen Sachverhalt offen, der faktisch bereits bei Luther eine Rolle gespielt hatte, von diesem aber noch nicht reflexiv eingeholt werden konnte. Die schon bei Luther festgestellte Herabstufung des äußeren Wortes zu einem Vehikel für das innere Wirken des Geistes enthielt ja in nuce bereits die These Schleiermachers, nach der eine Schriftauslegung extra usum theologicum religiös irrelevant ist. Die Möglichkeit einer untheologischen Schriftauslegung konnte freilich erst durch die historische Kritik ins Bewusstsein treten, so dass sich die religiöse Subjektivität bei Luther noch direkt an die Schrift in ihrer äußeren Gestalt andocken konnte. Der Schleiermacher der Glaubenslehre konnte dagegen die religiöse Subjektivität nur noch mit einer immer schon in spezifischer Weise religionskulturell imprägnierten Schriftorientierung verbinden, so dass es die Bekenntnisschriften waren, die – gleichsam als eine protestantische Tradition – den Rahmen evangelischer Schriftauslegung bildeten.

Auch am Ende dieses Abschnitts soll eine (wiederum etwas pauschale) Allgemeinformulierung stehen: Der Blick auf die Situation des Schriftgebrauchs in Theologie und Kirche des Gegenwartsprotestantismus[32] zeigt, dass die der Moderne vom

31 Im Zweiten Sendschreiben an Lücke von 1829 (KGA I 10, 337–394) hat Schleiermacher im Blick auf die Positionierung und Behandlung der Schriftlehre in der (ersten Auflage seiner) Glaubenslehre bemerkt, er hätte sich gewundert, dass er „nicht stärker ... angefochten und der Annäherung an den Katholicismus beschuldigt worden" sei (356,5f.).

32 Zu denken ist hier etwa an die vor einigen Jahren engagiert geführten Debatten über die ethische Zulässigkeit der Gewinnung von und der Forschung an embryonalen menschlichen Stammzellen (vgl. dazu R. Leonhardt, Moralische Urteilsbildung in der evangelischen Ethik. Hermeneutische und anthropologische Überlegungen, ZEE 54 (2010), 181–193) sowie an die Auseinandersetzungen über die EKD-Orientierungshilfe „Zwischen Autonomie und Angewiesenheit" von 2013, http://www.ekd.de/EKD-Texte/orientierungshilfe-familie/familie—als—verlaessliche—gemeinschaft.html (10.02.2014); in beiden Fällen hängen die positionellen Differenzen eng mit unterschiedlichen (und selten zureichend durchgeklärten!) Auffassungen zur Normativität der biblischen Zeugnisse zusammen.

konfessionellen Zeitalter gestellten und von Schleiermacher angegangenen ‚Hausaufgaben', was das Verhältnis von Schriftbindung und religiöser Subjektivität angeht, noch nicht hinreichend erledigt sind. Insofern muss der zuletzt dargestellte Ansatz, der ein bemerkenswert hohes Niveau des Problembewusstseins anzeigt, letztlich als eine *verschmähte* Klärung bezeichnet werden. Dennoch ist diese Klärung insofern hochgradig plausibel, als sich gerade am faktischen Schriftumgang immer wieder zeigt, dass ohne die konstitutive Rolle der religiösen Subjektivität im Zusammenspiel mit dem Schriftzeugnis dessen theologisches Potential gar nicht identifizierbar ist. Im abschließenden Epilog, mit dem die bisher überwiegend abstrakt gehaltenen Überlegungen einen lebensweltlich geerdeten Abschluss finden sollen, wird dies an zwei Beispielen demonstriert.

Epilog: Du bist der Mann – von Nathan und David zu Quentin Tarantino

Das erste Beispiel stammt aus dem Alten Testament, konkret: aus dem 12. Kapitel des Zweiten Samuelbuches. Die Geschichte ist bekannt: König David wird, nachdem er für den Tod von Uria gesorgt hatte, dessen Ehe mit Bathseba er gebrochen hatte, vom Propheten Nathan mit dem Wort Gottes konfrontiert. Dies geschieht zunächst ganz simpel in Form einer Geschichte. Sie handelt von einem Reichen, der einem Armen etwas genommen hat, das er selbst eigentlich im Überfluss hatte. David ist angesichts dieser offenkundigen Ungerechtigkeit moralisch schwer empört. „So wahr der HERR lebt", ruft er zornig aus, „Der Mann [gemeint ist natürlich der Reiche] ist ein Kind des Todes, der das getan hat!" (2 Sam 12,5). Damit hat David die ethische Pointe der Nathansgeschichte exegetisch durchaus sachgerecht erfasst. Zum Wort Gottes ist ihm die Geschichte gleichwohl nicht geworden, weil er sie zunächst gar nicht auf seine eigene Situation bezieht. Erst als ihn Nathan bei dem behaftet, was im Titel dieses Beitrages als religiöse Subjektivität bezeichnet wird, fällt der Groschen: „Du bist der Mann!" (2 Sam 12,7), belehrt Nathan den König. „Uria, den Hetiter, hast du erschlagen mit dem Schwert, seine Frau hast du dir zur Frau genommen, ihn aber hast du umgebracht durchs Schwert der Ammoniter" (2 Sam 12,9). Erst dieser, man könnte sagen durch die Verkündigung hergestellte Bezug einer Geschichte auf die spezifische Situation des Angesprochenen bewirkt eine religiöse Affektion: „Da sprach David zu Nathan: Ich habe gesündigt gegen den HERRN" (2 Sam 12,13).

Die so hergestellte *innere* Klarheit über die theologische Relevanz von Nathans Erzählung steht zwar nicht im Gegensatz zu ihrer *äußerlichen* Gestalt. Aber die claritas externa hatte ja ersichtlich nicht genügt, um selbst schon diese innere Klarheit zu bewirken. Und selbst Nathans Ansprache „Du bist der Mann!" hätte David theoretisch zurückweisen können, aber 2 Sam 12 zielt ja gerade darauf, die – im Sinne Luthers geistgewirkte – Ansprechbarkeit Davids für das Wort Gottes zu zeigen.

Das zweite Beispiel dafür, dass die religiöse Subjektivität für die Wahrnehmung der Schrift als des für die eigene Lebensorientierung belangvollen Wortes Gottes konstitutiv ist, ist dem Film „Pulp Fiction" entnommen, bei dem Quentin Tarantino Regie geführt hat.[33] Er besteht aus einer Reihe von miteinander zusammenhängenden Einzelepisoden, die jeweils durch Kapitelüberschriften markiert sind. Hinzu kommt eine Rahmenhandlung, und diese ist hier von Interesse. Die Geschichte ist schnell erzählt. Zwei Auftragskiller erledigen in der von ihnen gewohnten Weise einen Job. Dazu gehört ein Ritual. Einer der Killer hat die Angewohnheit, die tödlichen Schüsse mit einer Formulierung aus der Bibel einzuleiten. Freilich handelt es sich nicht wirklich um einen biblischen Text, aber die Formulierungen, als Quelle wird Ez 25,17 angegeben, könnten schon aus einer prophetisch überlieferten Gottesrede stammen: „Der Pfad der Gerechten ist auf beiden Seiten gesäumt mit Freveleien der Selbstsüchtigen und der Tyrannei böser Männer. Gesegnet sei der, der im Namen der Barmherzigkeit und des guten Willens die Schwachen durch das Tal der Dunkelheit geleitet, denn er ist der wahre Hüter seines Bruders und der Retter der verlorenen Kinder. Ich will große Rachetaten an denen vollführen, die da versuchen meine Brüder zu vergiften und zu vernichten, und mit Grimm werde ich sie strafen damit sie erfahren, ich sei der Herr, wenn ich meine Rache an ihnen vollstreckt habe!"[34]

Für die im Film dargestellte Situation ist nun wichtig, dass die beiden Killer ihrerseits unter Beschuss geraten, aber unerwarteter Weise völlig unverletzt bleiben. Während einer der beiden, der von John Travolta gespielte Vincent Vega, das Ganze als einen glücklichen Zufall abhakt und zur Tagesordnung übergeht, interpretiert der andere, der von Samuel L. Jackson dargestellte Jules Winfield, dieses Ereignis als ein Wunder Gottes. Er beschließt daher, sein Leben von Grund auf zu

---

33 Jörg Herrmann hat in seiner praktisch-theologischen Dissertation diesen Film analysiert, ohne jedoch auf den nachstehend behandelten Zusammenhang einzugehen: Sinnmaschine Kino. Sinndeutung und Religion im populären Film, Gütersloh [2]2002 (PThK 4), 112–131.

34 „The path of the righteous man is beset on all sides by the inequities of the selfish and the tyranny of evil men. Blessed is he who, in the name of charity and good will, shepherds the weak through the valley of darkness, for he is truly his brother's keeper and the finder of lost children. And I will strike down upon thee with great vengeance and furious anger those who attempt to poison and destroy my brothers. And you will know my name is the Lord when I lay my vengeance upon thee."

ändern. In einem Coffeeshop in Los Angeles geraten die beiden beim Frühstück in eine kontroverse Debatte über die Plausibilität der Wundertheorie sowie über die Sinnhaftigkeit von Jules' neuer Lebensorientierung.

Dann wird der Coffeeshop überfallen. Jules gelingt es allerdings, das vom Haupttäter ausgehende Bedrohungspotential zu neutralisieren. Als versierter Profikiller ist er dem Amateurgangster Pumpkin an Kaltblütigkeit weit überlegen. Er tötet den unterlegenen Kontrahenten allerdings nicht, sondern er erläutert ihm vielmehr, dass er sich gerade in einer Phase des Umdenkens befindet. Dabei zitiert er erneut jene (vermeintliche) Bibelstelle aus dem Ezechielbuch. Und er macht dann den sozusagen schrifttheologischen Hintergrund seiner Neuorientierung deutlich. Ein längeres Zitat kann dies zeigen.

„Also, den Spruch bring ich jetzt schon seit Jahren. Und wer immer ihn gehört hat, wusste, es geht um seinen Arsch. Ich hab nie viel darüber nachgedacht, was er bedeutet. Ich fand einfach, das ist ein ziemlich kaltblütiger Spruch, den ich einem Wichser erzählen konnte, bevor ich ihn umlegte. Aber heute Morgen habe ich etwas gesehen, das mir zu denken gab. Verstehst du, im Moment denke ich, vielleicht bedeutet es: Du bist der böse Mann und ich bin der rechtschaffende Mann. Und Mr. Neun Millimeter hier ist der Hirte, der meinen schwarzen Hintern im Tal der Dunkelheit beschützt. Es könnte auch bedeuten, du bist der rechtschaffende Mann und ich bin der Hirte und dass es die Welt ist, die böse und selbstsüchtig ist. Tja, das gefällt mir. Aber dieser Quatsch ist nicht die Wahrheit. Die Wahrheit ist: Du bist schwach, und ich bin die Tyrannei der bösen Männer. Aber ich bemühe mich, Ringo, ich verspreche, ich gebe das Beste, was ich kann, um der Hirte zu sein."[35]

„[I]ch bin die Tyrannei der bösen Männer" – diese Formulierung entspricht ersichtlich dem oben zitierten Bekenntnis Davids: „Ich habe gesündigt gegen den HERRN" (2 Sam 12,13). An die Stelle der Nathansansprache, die David zu jenem Sündenbekenntnis befähigt hat, ist allerdings bei Jules die Erfahrung eines göttlichen Wunders getreten. Und es war diese Erfahrung, durch die ihm dann, um eine schon mehrfach bemühte Luther-Formulierung erneut aufzunehmen, die Schrift, hier repräsentiert durch die angebliche Ezechiel-Formulierung, eine facies alia zeigte,

35 „I been saying that shit for years. And if you heard it, that meant your ass. I never gave much thought to what it meant. I just thought it was some cold-blooded shit to say to a motherfucker before I popped a cap in his ass. But I saw some shit this morning made me think twice. See, now I'm thinking, maybe it means you're the evil man, and I'm the righteous man, and Mr. 9 millimeter here, he's the shepherd protecting my righteous ass in the valley of darkness. Or it could mean you're the righteous man and I'm the shepherd and it's the world that's evil and selfish. I'd like that. But that shit ain't the truth. The truth is, you're the weak, and I'm the tyranny of evil men. But I'm trying, Ringo. I'm trying *real hard* to be the shepherd."

ein anderes Gesicht. Dass es sein eigenes Handeln war, das im Text als „Tyrannei der bösen Männer“ bezeichnet ist, war ihm vor dieser wunderkausierten Gesichtsänderung unklar; er betont ja selbst, dass er über den Bibelspruch nie viel nachgedacht hat. Und auch David musste erst darauf gebracht werden, dass Nathans Geschichte eigentlich von ihm handelt.

An den zwei zuletzt dargestellten Beispielen sollte nochmals verdeutlicht werden, was sich bereits aus den theologiegeschichtlichen Analysen der ersten drei Abschnitte ergeben hatte: dass ohne den konstitutiven Beitrag der religiösen Subjektivität den biblischen Texten keine theologisch ernsthaft relevanten Pointen abgewonnen werden können. Und daraus ergibt sich in der Tat die Berechtigung des in der Einführung erwähnten Vorgehens des Wissenschaftlichen Beirats der Lutherdekade, sofern darin die (in religiöser Subjektivität verankerte) Freiheit als Markenkern des lutherischen Protestantismus betont und die Schriftbindung als Funktion der religiösen Mündigkeit erklärt wird. Denn dadurch wird Ernst gemacht mit dem oben für Luther festgestellten Sachverhalt, dass die Schriftbindung beim Reformator der Platzhalter der religiösen Subjektivität war.

Abstract

Aufgrund seiner reformatorischen Ursprünge („sola scriptura“) sollte für den Protestantismus die Orientierung an der Heiligen Schrift eine besondere Rolle spielen. Gegenwärtig freilich wird primär der Begriff der Freiheit als protestantischer Markenkern festgehalten. Der Artikel fragt danach, wie es zu dieser Umstellung gekommen ist und ob sie als sachgerecht gelten kann. Es wird gezeigt, dass das sog. Schriftprinzip faktisch bereits bei Luther selbst in gewisser Weise als Ausdruck religiöser Subjektivität fungiert hat. Infolge der sogenannten Krise des Schriftprinzips wurde die Rolle der religiösen Subjektivität im Zusammenspiel mit dem Schriftzeugnis nochmals enorm gesteigert. Sofern nun auch für den gegenwärtigen Schriftumgang gilt, dass ohne den konstitutiven Beitrag der religiösen Subjektivität den biblischen Texten keine theologisch ernsthaft relevanten Pointen abgewonnen werden können, steht die Freiheit der Schriftauslegung durchaus in der Tradition des Lutherschen „sola scriptura“.

On account of its source in the Reformation (‚sola scriptura'), the orientation around the Holy Scriptures was to play a special role for protestantism. Presently, the concept of freedom is admittedly maintained as the core of the protestant brand. The article asks how this transition came to pass and whether it can be regarded as appropriate. It is shown that, already with Luther himself, the so-called scripture principle functioned de facto in a certain fashion as the expression of religious subjectivity. In consequence of the so-called crisis of the scripture principle, the role of religious subjectivity in interplay with the witness of scripture increased again enormously. In as far as it holds for the present approach to the scripture that no points of genuine theological relevance can be gleaned from the biblical texts without the constitutive contribution of religious subjectivity, the freedom in interpretation of scripture stands very much in the tradition of Luther's "sola scriptura".

Gottes Wort und menschliche Deutung
Überlegungen zum Verhältnis von islamischer Schriftauslegung und historischer Kritik

Nicolai Sinai

Einleitung

Der Standpunkt des vorliegenden Beitrags ist nicht der eines neutralen Beobachters islamischer Diskurse, sondern der eines historisch-kritisch arbeitenden und nicht-muslimischen Koranwissenschaftlers, der Rechenschaft über die hermeneutischen Voraussetzungen seines eigenen Tuns abzulegen versucht.[1] Selbstredend ist dieses Anliegen auch durch die Tatsache motiviert, dass der Gegenstand meiner Forschung die Heilige Schrift einer noch lebendigen Weltreligion ist: Gerade heutzutage kann sich die historisch-kritische Koranwissenschaft nicht mehr davon dispensieren, in aller Klarheit nicht nur auf den Ertrag, sondern auch auf die religiösen Kosten hinzuweisen, die sich aus ihrer konsequenten Anwendung ergeben. Insbesondere geht es mir deshalb um das Verhältnis zwischen historisch-kritischer Koranforschung und systematischer islamischer Theologie, wobei ich „Theologie" hier im Sinne einer zugleich wissenschaftlichen und bekenntnisorientierten Explikation des islamischen Glaubens verstehe, wie sie derzeit an mehreren deutschen Universitäten etabliert wird.[2] Vorausschicken möchte ich, dass ich es für unangemessen halte, eine uneingeschränkte Bejahung des historisch-kritischen Ansatzes mit den im Folgenden von mir ausbuchstabierten Konsequenzen zu einem Maßstab für die Demokratie- oder Integrationsfähigkeit des Islams zu stilisieren. Es handelt sich um einen sehr spezifischen Zugang zu religiöser Literatur, dessen Aneignung eine beträchtliche theologische Anfangsinvestition verlangt; man kann sich deshalb als islamischer, aber auch als christlicher oder jüdischer Theologe durchaus aus guten Gründen zu Vorbehalten gegen diesen Ansatz entschließen, ohne damit seine Unfähigkeit zum friedlichen Zusammenleben in einem pluralistischen Staatswesen zu dokumentieren.

---

1 Mein Gebrauch des Begriffs „Hermeneutik" knüpft nicht an Gadamer und Ricœur an, sondern meint lediglich die Gesamtheit der impliziten Geltungsmaßstäbe und expliziten Auslegungsregeln, die eine bestimmte exegetische Praxis – etwa die mittelalterliche islamische Koranexegese oder die historisch-kritische Bibel- und Koranforschung – definieren.

2 Ich benutze „Theologie" hier also nicht einfach als Pendant des arabischen Wortes kalām.

Als Ausgangspunkt einer Verhältnisbestimmung von historisch-kritischer Koranwissenschaft und systematischer islamischer Theologie eignet sich Johann Philipp Gablers berühmte Abgrenzung von biblischer und dogmatischer Theologie, vorgenommen in seiner Altdorfer Antrittsvorlesung aus dem Jahre 1787.[3] Biblische Theologie, so Gabler, ist eine historische Disziplin (*e genere historico*), die „überliefert (*tradens*), was die heiligen Schriftsteller über die göttlichen Dinge gedacht haben".[4] Aufgabe der biblischen Theologie ist es also, die religiösen Ideen der biblischen Schriften zu bestimmen. Dabei ist, „damit wir nicht den Anschein erwecken, etwas, das irgendeiner Beweisführung bedarf, wie schon Anerkanntes anzunehmen", jeglicher Rekurs auf die göttliche Inspiration (*divina inspiratio*) der biblischen Schriften zu vermeiden.[5] Biblische Exegese stellt sich so als eine konsequent von glaubensmäßigen Vorannahmen zu emanzipierende Wissenschaft dar. Ihr Ziel ist es, im Ausgang von der gründlichen Behandlung biblischer Einzelpassagen ein „System der biblischen Theologie" zu erarbeiten, als dessen Vorbild Dietrich Tiedemanns *System der stoischen Philosophie* (1776) angeführt wird.[6] Trotz dieses synthetischen Endziels stellt Gabler klar, dass die religiösen Vorstellungen der biblischen Schriftsteller bzw. Bücher einzeln zu erfassen und erst hernach vergleichend aufeinander zu beziehen sind; die geforderte Synthese soll also nicht auf Kosten historisch gebotener Differenzierungen geschehen.[7]

Was die dogmatische Theologie betrifft, so wird sie von Gabler nicht dem historischen, sondern dem „didaktischen" Genre zugeordnet (*e genere didactico*): Sie „lehrt (*docens*), was jeder Theologe kraft seiner Fähigkeit oder gemäß dem Zeitumstand, dem Zeitalter, dem Ort, der Sekte, der Schule und anderen ähnlichen Dingen dieser Art über die göttlichen Dinge philosophiert".[8] Als „dogmatische Theologie" versteht Gabler folglich eine eigenständige (‚philosophische') Ergründung der „göttlichen

---

3 Der lateinische Text findet sich in: D. Johann Philipp Gabler's kleinere theologische Schriften, herausgegeben von T. A. Gabler und J. G. Gabler, 2 Bde., Ulm 1831, Bd. 2, 179–198; deutsche Übersetzung: O. Merk, Biblische Theologie des Neuen Testaments in ihrer Anfangszeit. Ihre methodischen Probleme bei Johann Philipp Gabler und Georg Lorenz Bauer und deren Nachwirkungen (MThSt 9), Marburg 1972, 273–284. Zu den wesentlichen Thesen der Rede siehe Merk, Biblische Theologie, 31–45, sowie M. Sæbø, Der Weg der Biblischen Theologie von Gabler zu von Rad, in: P. D. Hanson, B. Janowski und M. Welker (Hg.), Biblische Theologie. Beiträge des Symposiums „Das Alte Testament und die Kultur der Moderne" anlässlich des 100. Geburtstags Gerhard von Rads (1901–1971) Heidelberg, 18.–21. Oktober 2001 (ATM 14), Münster 2005, 1–25: 3–11.

4 Gabler, Schriften (s. Anm. 3), 183f.; Merk, Biblische Theologie (s. Anm. 3), 275f. (leicht modifiziert).

5 Gabler, Schriften (s. Anm. 3), 186; Merk, Biblische Theologie (s. Anm. 3), 277.

6 Gabler, Schriften (s. Anm. 3), 190; Merk, Biblische Theologie (s. Anm. 3), 279.

7 Gabler, Schriften (s. Anm. 3), 186f.; Merk, Biblische Theologie (s. Anm. 3), 277f.

8 Gabler, Schriften (s. Anm. 3), 183f.; Merk, Biblische Theologie (s. Anm. 3), 275f. (leicht modifiziert).

Dinge", deren Ergebnisse ihm zufolge unweigerlich von der historischen Situation des jeweiligen Theologen abhängig sind. Dogmatische Theologie hat insofern die - durchaus argumentativ verfasste und damit wissenschaftliche - Suche nicht nur nach geschichtlicher, sondern nach religiöser Wahrheit zum Gegenstande. Wichtig ist dabei, dass die von dogmatischen Vorgaben befreite biblische Theologie gleichwohl als Fundament der dogmatischen Reflexion fungieren soll: „Und nachdem diese sicheren Grundlagen der Biblischen Theologie [...] gelegt sind, muss endlich die Dogmatische Theologie, wenn wir keinen unsicheren Methoden folgen wollen, aufgebaut werden, und zwar eine unseren Zeiten angemessene."[9]

Zumindest auf den ersten Blick liefert Gablers Modell einer Fundierung der Dogmatik durch die historisch-kritische Exegese eine durchaus bestechende Antwort auf die Frage, wie historisch-kritische Exegese und bekenntnisorientierte Theoriebildung sowohl als autonome Fächer voneinander abzugrenzen als auch produktiv aufeinander zu beziehen sind. Dass Gablers Ansatz auch über seinen christlichen Entstehungskontext hinaus attraktiv ist, illustriert der pakistanische Islamwissenschaftler Fazlur Rahman (gest. 1988), der eine doppelte koranexegetische Schrittfolge, ein „double movement", skizziert. Zwar begreift Rahman den Koran in erster Linie als Quelle ethischer Normen und nicht theologischer Wahrheiten, doch lässt sich ansonsten eine strukturelle Parallele zum Gabler'schen Paradigma erkennen: Zunächst, so Rahman, sind koranische Einzelaussagen in ihren historischen Kontext einzubetten, um so ein System der koranischen Ethik zu entwickeln (vgl. Gablers biblische Theologie), welches dann in einem zweiten Schritt in zeitgemäße Verhaltensorientierung zu übertragen ist.[10] Für die historisch-kritische Koranwissenschaft bietet es sich insofern an, der islamischen Theologie gegenüber Gablers und Rahmans Grundidee einer Fundierung der systematischen Theologie durch historisch-kritische Exegese aufzugreifen: Die zeitgenössische islamische Theologie hätte dann die Resultate der historischen Koranforschung einerseits zur Kenntnis zu nehmen, sie andererseits jedoch bekenntnisorientiert - d.h. auf eine von der historisch-kritischen Forschung nicht zu determinierende Weise - fortzuentwickeln.

Ich hege große Sympathie für eine solche Arbeitsteilung.[11] Gleichwohl drängt sich angesichts der Erfahrungen, welche die christliche Theologie im Laufe der letzten

---

9 Gabler, Schriften, (s. Anm. 3), 193; Merk, Biblische Theologie (s. Anm. 3), 281 (leicht modifiziert). Vgl. Saebø, Weg (s. Anm 3), 9–11.

10 F. Rahman, Islam & Modernity. Transformation of an Intellectual Tradition, Chicago 1982, 4ff.

11 Siehe N. Sinai, Spinoza and Beyond. Some Reflections on Historical-Critical Methodology, in: W. Schmidt-Biggemann und G. Tamer (Hg.), Kritische Religionsphilosophie. Eine Gedenkschrift für Friedrich Niewöhner, Berlin/New York 2010, 193–214.

drei Jahrhunderte mit der historisch-kritischen Methode gemacht hat, die Frage auf, ob Gablers Modell – welches ja der zweiten Hälfte des 18. Jahrhunderts entstammt und insofern der Blüte historisch-kritischer Exegese im 19. Jahrhundert vorausliegt – die Sprengkraft historisch-kritischer Schriftauslegung nicht nachhaltig unterschätzt. Untergräbt die historisch-kritische Exegese die systematische theologische Reflexion nicht vielmehr, anstatt ein belastbares Fundament für sie abzugeben? Dieser Problematik soll im Folgenden speziell aus koranwissenschaftlicher Perspektive nachgegangen werden, wobei ich zwei Fragekomplexe behandele:

1) Inwiefern stellt eine koranische Theologie im Sinne Gablers, sofern sie konsequent historisch-kritisch betrieben wird, eine Herausforderung für eine systematische – also auf religiöse Wahrheit hin orientierte – islamische Theologie dar?

2) Warum überhaupt sollte der islamischen Theologie daran gelegen sein, diese Herausforderung anzunehmen? Inwiefern ist die historisch-kritische Koranforschung geeignet, die islamische Theologie zu bereichern?

Bevor ich mich diesen beiden Fragenkomplexen nähere, dürfte es jedoch von Nutzen sein, mit einer gewissen Ausführlichkeit auf den spezifischen Charakter historisch-kritischer Schriftauslegung einzugehen. Worin liegt ihre Sprengkraft begründet?

Was heißt „historisch-kritisch"?

Als Hinführung möchte ich ein Fallbeispiel aus der vormodernen islamischen Exegese in den Blick nehmen, also ein Beispiel für eine Art der Koranlektüre, die gerade nicht historisch-kritisch vorgeht, sondern dem Koran den Status einer Heiligen Schrift zuerkennt und hier als ‚kanonisch' apostrophiert werden soll. Ich betrachte dazu die Deutung des Eröffnungsverses von Sure 6 im Korankommentar Faḫr ad-Dīn ar-Rāzīs (gest. 1210). Der Vers beginnt: „Lob sei Gott (*al-ḥamdu li-llāh*), der die Himmel und die Erde geschaffen hat ..." Warum, fragt ar-Rāzī, heißt es hier eigentlich „*Lob* sei Gott" und nicht beispielsweise „*Preis* sei Gott"?[12] Seine Antwort fußt auf einer semantischen Analyse der arabischen Verben *ḥamida* („loben") und *madaḥa* („preisen"), die ergibt, dass „preisen" ein allgemeinerer Begriff als „loben" sei: Gegenstand des Preisens könnten sowohl rationale als auch nicht-rationale Entitäten – etwa ein Edelstein – sein, während Lob sich immer auf einen „mit Willen begabten Handelnden" (*fāʿil muḫtār*) beziehe. Gegen das

---

12 Zum Folgenden siehe Faḫr ad-Dīn ar-Rāzī, Tafsīr Faḫr ad-Dīn ar-Rāzī al-muštahir bi-t-Tafsīr al-Kabīr wa-Mafātīḥ al-Ġaib, Beirut 1981 (1401 AH), 32 Bde., Bd. 12, 150f.

philosophische Verständnis Gottes als unpersönlicher Erstursache konnotiere der koranische Lobruf *al-ḥamdu li-llāh* deshalb einen personalen Gottesbegriff.

Warum aber gebraucht der Koran nicht eine verbale Ausdrucksweise wie „Ich lobe Gott"?[13] Ar-Rāzī gibt mehrere Gründe, unter denen ich hier nur einen herausgreifen möchte. „Lob sei Gott" impliziere, anders als „Ich lobe Gott", nicht, dass der Sprecher aus eigener Kraft imstande sei, Gott zu loben: Die erstere Formulierung „enthält keine Behauptung, dass der Gottesdiener [selbst] das Loben und Rühmen vollbringt, sondern nur, dass Gott es verdient, gelobt und gerühmt zu werden, unabhängig davon, ob er [der Sprecher] dazu imstande ist oder nicht." Für ar-Rāzī ist deshalb „Lob sei Gott" die treffendere Ausdrucksweise.[14] Im Hintergrund dieser Position steht sein durchgängiger psychologischer Determinismus: Eine menschliche Handlung kommt unweigerlich zustande, wenn das Subjekt erstens imstande und zweitens motiviert dazu ist, die betreffende Handlung auszuführen – wobei die letztendliche Ursache für das Vorliegen von Handlungsfähigkeit und Motivation immer Gott ist.[15]

Ar-Rāzīs Ausführungen zu Koran 6,1 operieren auf der Grundlage der Voraussetzung, dass an der koranischen Wortwahl nichts zufällig ist, weshalb selbst die Tatsache, dass es „Lob sei Gott" statt „Preis sei Gott" heißt, eine exegetisch präzisierbare Bedeutung haben muss. Diese Unterstellung einer profane Äußerungen weit übertreffenden Sinnfülle der Schrift begegnet auch in jüdischer und christlicher Schriftauslegung; so gehen etwa frühe rabbinische Exegeten davon aus, dass der Gebrauch der hebräischen Akkusativpartikel *et* oder eines absoluten Infinitivs dem betreffenden Vers eine zusätzliche Bedeutungsnuance hinzufüge.[16] Indem

13 Zum Folgenden siehe Faḫr ad-Dīn ar-Rāzī, Tafsīr, Bd. 12 (s. Anm. 12), 152f.

14 Ar-Rāzī illustriert diesen Sachverhalt mit einer Anekdote über König David: Gott befiehlt David, ihm zu danken, worauf dieser entgegnet: „O Herr, wie solch ich dir danken? Dass ich dir danke, geschieht nur, wenn du es mir gelingen lässt, dir zu danken; und dieses Gelingenlassen ist ein zusätzlicher Gnadenerweis, der seinerseits meinen Dank erfordert. Das setzt sich unendlich so fort, und ich vermag nicht, etwas Unendliches zu vollbringen." Daraufhin habe Gott David offenbart: „Weil du dein Unvermögen erkannt hast, mir zu danken, hast du mir [wahrhaftig] gedankt."

15 Siehe ausführlicher A. Shihadeh, The Teleological Ethics of Fakhr al-Dīn al-Rāzī (Islamic Philosophy, Theology and Science: Texts and Studies 64), Leiden/Boston 2006, 13–44.

16 Siehe G. Stemberger, Einleitung in Talmud und Midrasch, München [8]1992, 30–34. Zur Deutung scheinbar „subsemantischer" Aspekte des biblischen Textes siehe J. Barton, The Significance of a Fixed Canon of the Hebrew Bible, in: M. Sæbø (Hg.), Hebrew Bible / Old Testament. The History of Its Interpretation, Bd. 1: From the Beginnings to the Middle Ages (Until 1300), Göttingen 1996, 67–83: 73, 77. Vgl. mit weiteren Literaturangaben N. Sinai, Fortschreibung und Auslegung. Studien zur frühen Koraninterpretation (Diskurse der Arabistik 16), Wiesbaden 2009, 14.

ar-Rāzī der koranischen Wendung *al-ḥamdu li-llāh* eine vergleichbare Sinnfülle zuschreibt, generiert er allererst die Frage, welche Aussage denn eigentlich damit getroffen ist, dass der Koran die Formulierung „Lob sei Gott" und nicht eine *prima facie* äquivalente Wendung wie „Preis sei Gott" oder „Ich lobe Gott" gebraucht. Ar-Rāzī erklärt dies damit, dass der Gebrauch von „Lob sei Gott" grundlegende theologische Sachverhalte zum Ausdruck bringe – nämlich dass Gott ein wollendes Subjekt sowie der letztendliche Urheber aller menschlichen Handlungen sei. Der spezifische Sinn von „Lob sei Gott" gegenüber scheinbar gleichbedeutenden Ausdrucksweisen besteht also darin, etwas auszusagen, was ar-Rāzīs Meinung nach sowohl *wahr* ist und – insofern es das Wesen Gottes und das Problem menschlicher Handlungsfreiheit betrifft – den Leser in höchstem Maße *angeht*. Verallgemeinernd kann man deshalb sagen, dass kanonische Schriftexegese von einer dreifachen hermeneutischen Unterstellung geleitet ist: nämlich der Unterstellung, dass der in Frage stehende Text Aussagen trifft, von denen jede für sich *wahr* und *relevant* ist und die zudem miteinander *konsistent* sind.[17] Oft tritt zu diesem Dreifachpostulat noch, wie bei ar-Rāzī, die Unterstellung einer absoluten Semantizität oder Sinnfülle des Kanons hinzu.

Wie würde nun ein historisch-kritischer Exeget ar-Rāzīs Frage beantworten? Zunächst einmal ist gar nicht ausgemacht, dass ein historisch-kritischer Koranwissenschaftler die Frage überhaupt stellen würde: Falls er den genauen Wortlaut des Korans nicht ernster nimmt als denjenigen profaner Texte, mag er sich damit zufriedengeben, die Wendung „Lob sei Gott" als im Wesentlichen austauschbar mit „Preis sei Gott" oder „Ich lobe Gott" zu betrachten. Falls er den koranischen Wortlaut jedoch wie ar-Rāzī als erklärungsbedürftig empfindet, bietet sich als Antwort Anton Baumstarks Auskunft an, dass die Formulierung „Lob sei Gott" (*al-ḥamdu li-llāh*) die griechische Doxologieformel *doxa* + *Dativ* bzw. ihr syrisch-aramäisches Äquivalent *shubḥā le-* abbilde.[18] Aus Baumstarks Sicht drückt das koranische *al-ḥamdu li-llāh* also nicht in erster Linie tiefschürfende theologische Wahrheiten aus, sondern stellt zunächst einmal nur die Arabisierung einer gängigen christlichen Formel dar. Das Beispiel illustriert sehr gut die ganz unterschiedliche Weise, auf die ein kanonischer und ein historisch-kritischer Exeget ein und dasselbe Aus-

17 Sinai, Fortschreibung (s. Anm. 16), 1–22 sowie konziser ders., Die klassische islamische Koranexegese: Eine Annäherung, ThLZ 136 (2011), 123–134: 123–128. – Dieses Dreifachpostulat kann in verschiedener Hinsicht abgemildert werden: So gibt die islamische Koranexegese durchaus zu, dass gewisse koranische Verhaltensnormen, etwa die Aussagen zum Weingenuss, einander widersprechen, und geht davon aus, die jeweils späteste Aussage habe alle früheren „abrogiert".

18 So A. Baumstark, Jüdischer und christlicher Gebetstypus im Koran, Der Islam 16 (1927), 229–248: 234–236.

gangsproblem lösen: Ar-Rāzī erklärt den spezifischen Wortlaut des Textes damit, dass er zeigt, wie er religiöse Wahrheiten artikuliert; Baumstark erklärt ihn damit, dass er ihn in den religiösen Sprachgebrauch und die Vorstellungswelt seines Ursprungsmilieus einbettet – wobei völlig offen bleibt, ob das, was der Text besagt, irgendwie wahr und triftig ist.

Wissenschaftsgeschichtlich hat sich der historisch-kritische Ansatz in der Absetzung von kanonischer Exegese im Stile ar-Rāzīs konstituiert. Wohl die früheste umfassende Artikulierung der Grundprinzipien historisch-kritischer Hermeneutik findet sich in Spinozas (gest. 1677) *Tractatus theologico-politicus*, der gemeinsam mit Richard Simons *Histoire critique du Vieux Testament* (1678) einen ersten Meilenstein der modernen Bibelwissenschaft darstellt.[19] Spinoza bricht ausdrücklich mit der Voraussetzung, die Schrift sei „überall wahr und göttlich", welche den Interpreten nur in Versuchung führe, seine eigenen „Figmente und Meinungen aus der Heiligen Schrift herauszuwinden"[20]: Die apriorische Voraussetzung, die Schrift treffe nur wahre Aussagen, hat nach Spinoza zur Folge, dass der Exeget diejenigen Überzeugungen, die er sowieso als wahr ansieht, auf die Schrift projiziert. Die von Spinoza entworfene Hermeneutik klammert deshalb das für kanonische Exegese konstitutive Dreifachpostulat von Wahrheit, Konsistenz und Relevanz systematisch ein: „Wir sind nicht mit der Wahrheit des Gesagten befasst, sondern allein mit seinem Sinn"[21] – womit nicht mehr, wie bei kanonischer Exegese, *a priori* ausgeschlossen ist, dass die Bibel eine beträchtliche Menge an falschen, inkonsistenten oder trivialen Aussagen enthält. Die Richtigkeit exegetischer Behauptungen muss sich nach Spinoza stattdessen an unserem sprachlichen und historischen Hintergrundwissen über das Ursprungsmilieu der biblischen Schriften erweisen. So ist eine metaphorische Deutung der in Deuteronomium 4,24 stehenden Aussage, Gott sei ein „verzehrendes Feuer", für Spinoza nur dann statthaft, wenn man Belege dafür beizubringen vermag, dass die Behauptung „X ist ein Feuer" im biblischen Hebräisch einen übertragenen Sinn haben kann. Andernfalls habe man an der wörtlichen Bedeutung der Stelle festzuhalten – selbst dann, wenn diese in klarem Widerspruch zu dem steht, was der Exeget selbst philosophisch oder wissenschaftlich als wahr anerkennen kann.[22]

---

19 Zu Spinozas Hermeneutik siehe ausführlicher und mit weiteren Literaturverweisen N. Sinai, Historical-Critical Readings of Abrahamic Scriptures, in: G. Stroumsa und A. Silverstein (Hg.), The Oxford Handbook of the Abrahamic Religions, Oxford 2015 (im Erscheinen).

20 Spinoza, Opera. Im Auftrag der Heidelberger Akademie der Wissenschaften herausgegeben von Carl Gebhardt, 4 Bde., Heidelberg 1925, Bd. 3, 97.

21 Spinoza, Opera (s. Anm. 20), 100.

22 Spinoza, Opera (s. Anm. 20), 100f.

Eine differenzierte Würdigung der modernen Bibelforschung würde offensichtlich den Rahmen des vorliegenden Beitrages sprengen. Dennoch erfordert unser Thema, dass wir uns zumindest die Grundlinien der mit dem Bindestrichadjektiv „historisch-kritisch" apostrophierten Hermeneutik vergegenwärtigen. Vor dem Hintergrund der vorangehenden Bemerkungen zu Spinoza erscheinen die folgenden beiden Komponenten als konstitutiv:

1) Das Prinzip kritischer *epoché*: Einen Text *kritisch* zu lesen bedeutet, einen Akt methodischer Einklammerung bzw. der *epoché*, der Urteilsenthaltung zu vollziehen. Diese Urteilsenthaltung bezieht sich zunächst auf traditionelle Gewissheiten über Ursprung, Überlieferungsgeschichte und Bedeutung des betreffenden Textes und hat zum Ziel, wie Thomas Hobbes fordert, allein „dem Lichte zu folgen, welches uns die Bücher [der Schrift] selbst darbieten"[23] – also zu ermitteln, in welchem Maße bestehende Vormeinungen *über* den Text *aus* dem Text selbst begründbar sind. Spinoza verlangt, wie wir gesehen haben, einen noch weitergehenden Akt der Einklammerung, dessen Gegenstand das hermeneutische Postulat von der „Wahrheit und Göttlichkeit" der Schrift ist, also die Voraussetzung, dass der Kanon in einem normale Texte weit übersteigenden Maße wahr, konsistent und relevant ist. Erst mit diesem weitergehenden *epoché*-Akt ist wirklich garantiert, dass der Kanon, wie es eine im 18. Jahrhundert aufkommende hermeneutische Maxime verlangt, interpretiert wird „wie jeder andere Text".[24]

2) Das Prinzip historischer Sagbarkeit: Einen Text *historisch* zu lesen bedeutet, die Richtigkeit exegetischer Behauptungen daran zu messen, ob sich die einem Passus zugeschriebene Bedeutung plausibel in das Bild einpassen lässt, welches wir uns – sei es aufgrund anderer Stellen des betreffenden Werkes, sei es aufgrund weiterer Quellen – vom historischen, sprachlichen, religiösen und kulturellen Herkunftsmilieu des Textes machen.[25] Einer Textstelle darf folglich nur ein Sinn beigelegt werden, der innerhalb ihres Entstehungskontexts nachweislich ‚denkbar' und ‚sagbar' war. (Es ist bedeutsam, dass der hier in Anschlag gebrachte Möglichkeitsbegriff von der Annahme einer grundsätzlichen Gleichartigkeit aller Geschichtsperioden

23 T. Hobbes, Leviathan, hg. von J. C. A. Gaskin, Oxford 1996, 252.

24 Siehe H. Graf Reventlow, English Deism and Anti-Deist Apologetic, in: M. Sæbø (Hg.), Hebrew Bible / Old Testament. The History of Its Interpretation, Bd. 2: From the Renaissance to the Enlightenment, Göttingen 2008, 851–874: 860–1 (John Toland, 1696) und W. G. Kümmel, Das Neue Testament. Geschichte der Erforschung seiner Probleme, München 1958, 53 (Johann Jakob Wettstein, 1751–2), 65 (Jean Alphonse Turretini, 1728), 69 (Johann August Ernesti, 1761), 103 (Johann Gottfried Eichhorns Einleitung in das Neue Testament, 1804–1827) und 128–130 (K. A. G. Keil, 1810).

25 Selbstverständlich sind die Quellen, aus denen dieser Hintergrund rekonstruiert wird, wiederum kritisch zu behandeln.

bestimmt ist und sich damit der neuzeitlichen Rekonzeptualisierung der Natur als ein geschlossenes und von unveränderlichen Gesetzmäßigkeiten bestimmtes kausales System verdankt: Weil die wundersame Außerkraftsetzung von Naturgesetzen oder ein echtes Vorherwissen um zukünftige Ereignisse keine Gegebenheiten unserer eigenen Lebenswelt darstellen, fallen sie auch als historische Hypothesen aus.[26] Der alltägliche Erfahrungshorizont des heutigen Interpreten wird so zum Maßstab des geschichtlich Möglichen.) Entsprechend würde ein historisch-kritischer Exeget gegen ar-Rāzīs Interpretation der Formel „Lob sei Gott" wohl geltend machen, dass die theologischen Pointen, welche sie dem Koran zuschreibt, weniger in dessen spätantiken Ursprungskontext als in den Kontext nachkoranischer theologischer und philosophischer Debatten passen.

Nun ist keineswegs ausgemacht, dass sich die historisch möglichen bzw. nichtanachronistischen Interpretationsweisen einer bestimmten Textstelle allesamt als unvereinbar mit einem modernen Weltbild erweisen müssen. Gleichwohl fordert Spinozas Hermeneutik, dass dem Prinzip der historischen Sagbarkeit im Zweifelsfalle die Wahrheit, Konsistenz und Relevanz des ausgelegten Textes zu opfern sind: Sie eröffnet also die sehr reale Möglichkeit, dass der Interpret sich zu dem Schluss gezwungen sieht, die Bibel treffe falsche, unvereinbare oder – aus der Perspektive des Auslegers – triviale Aussagen über einen bestimmten Gegenstand. Ob dies der Fall ist oder nicht, hängt vorrangig von der philologischen und historischen Beweislage ab, nicht vom exegetischen Einfallsreichtum des Interpreten: *amica veritas, sed magis amica historia*. Einen kanonischen Text historisch-kritisch zu bearbeiten, hat somit genuinen Wagnischarakter.

Historisch-kritische Exegese als Herausforderung

Der letzte Abschnitt dürfte deutlich gemacht haben, worin das grundsätzliche Konfliktpotential zwischen historisch-kritischer Forschung und Religionen, die – wie Judentum, Christentum und Islam – bestimmte Textkorpora als offenbart oder göttlich inspiriert anerkennen, wurzelt: Auch wenn sich sowohl zwischen diesen drei Religionen als auch innerhalb derselben signifikante Unterschiede im Offenbarungsverständnis ausmachen lassen, so schreiben sie der jeweiligen Heiligen Schrift doch einen religiösen Status zu, dessen hermeneutische Einklammerung gerade das Spezifikum historisch-kritischer Exegese ausmacht. Im Folgenden soll

26 Zum „Prinzip historischer Analogie" vgl. J. A. C. Brown, Hadith. Muhammad's Legacy in the Medieval and Modern World, Oxford 2009, 202.

es speziell um die Herausforderungen gehen, welche hieraus für den islamischen Glauben und für die systematische islamische Theologie folgen und von denen ich drei benennen möchte. Dazu gehört übrigens *nicht* die gelegentlich geäußerte, mir jedoch fragwürdige erscheinende Ansicht, der Islam sei in besonderer Weise unfähig, eine historische Erforschung seiner Heiligen Schrift zuzulassen, weil dies die Aufgabe des grundlegenden islamischen Glaubenssatzes verlange, dass der Koran wörtliche Gottesrede sei.[27]

a) Infragestellung der Symbiose von Koran und außerkoranischer Tradition

Das traditionelle islamische Bild von der Entstehung des Korans und von Muhammads Wirken beruht in so beträchtlichem Maße auf einer Rahmung koranischer Passagen durch außerkoranisches Erzählgut, dass man geradezu von einer literarischen Symbiose von Schrift und Tradition sprechen kann. Überlieferungen über die „Offenbarungsanlässe“ (*asbāb an-nuzūl*) einzelner Koranverse – also über die Situationen, in denen Muhammad bestimmte koranische Aussagen offenbart worden sein sollen – sind, wenn auch in unterschiedlicher Dosierung, in so gut wie allen klassischen islamischen Korankommentaren zu finden. Weil eine konsequent historisch-kritische Koranlektüre traditionelle Vormeinungen über Bedeutung und Herkunft des Textes systematisch einzuklammern hat und die historische Richtigkeit solcher außerkoranischen Überlieferungen so gut wie niemals sicher zu erweisen ist, wird der historisch-kritische Interpret die Sachhaltigkeit derartiger Rahmungen nachdrücklich in Frage stellen und bei der konkreten exegetischen Arbeit weitgehend auf sie verzichten müssen. Zudem hat ein historisch-kritischer Koranwissenschaftler auch und gerade die Authentie von Überlieferungen über Aussprüche und Taten Muhammads, des sogenannten Ḥadīṯ, unter Vorbehalt zu

27 Es ist durchaus keine abwegige Position, die Vorstellung einer koranischen Verbalinspiration mit dem Hinweis zu kombinieren, dass sich Gott selbstverständlich dem geschichtlich bedingten Verständnishorizont seiner Adressaten habe anpassen müssen, um überhaupt von diesen verstanden zu werden. So hat etwa der ägyptische Literaturwissenschaftler Muḥammad Aḥmad Ḫalaf Allāh argumentiert, die koranischen Erzählungen über frühere Propheten würden in erster Linie darauf abzielen, durch eine rhetorisch wirkungsvolle Adaption von zur Zeit Muhammads verbreiteten Erzählstoffen einen bestimmten psychologischen Einfluss auf ihr Publikum zu erzeugen (siehe R. Wielandt, Offenbarung und Geschichte im Denken moderner Muslime, Wiesbaden 1971, 134–152). Das impliziert selbstverständlich, dass etwa die koranischen Abrahamserzählungen nicht einfach als Wiedergabe historischer Fakten aufgefasst werden können; es impliziert aber *nicht*, dass der Koran nicht durchgängig wörtliche Gottesrede sein könnte. Moderne islamische Theologen und Koranwissenschaftler wie Amīn al-Ḫūlī, Muḥammad Aḥmad Ḫalaf Allāh, Faḍl ar-Raḥan und Naṣr Ḥāmid Abū Zaid insistieren insofern zu Recht darauf, dass eine göttliche Verfasserschaft des Korans nicht seine Historizität ausschließt.

stellen. Gewissheiten, die mehr als ein Jahrtausend hindurch integraler Bestandteil islamischer Identität gewesen sind – etwa die bekannte Erzählung über Muhammads erste Offenbarung in einer einsamen Berghöhle –, müssen so unweigerlich zweifelhaft werden.[28] Angesichts der Tatsache, dass der Koran auf die Identität seines Verkünders und auf zeitgenössische Ereignisse allenfalls anspielt, ist auch gar nicht von vornherein abzusehen, wo die Infragestellung solcher außerkoranischen Rahmennarrative aufzuhören hätte. Auch wenn ich selbst keinen überzeugenden Grund dafür sehe, die Lokalisierung der Korangenese im spätantiken Westarabien sowie die Historizität Muhammads aufzugeben, ist die Problematisierung solcher Annahmen, sofern sie denn auf akademischem Niveau geschieht, doch wissenschaftlich genauso legitim, ja potentiell produktiv, wie der von David Friedrich Strauß in seinem *Leben Jesu* (1835/1836) unternommene Versuch, die neutestamentlichen Evangelien als Produkt gemeindlicher Mythenbildung zu erklären. Es wäre deshalb unangemessen, die berufsbedingte Skepsis des historisch-kritisch arbeitenden Wissenschaftlers auf eine islamfeindliche Grundgesinnung zurückzuführen oder als neokolonialen Herrschaftsgestus zu verdammen: Ganz analog haben etwa christliche Neutestamentler damit zu rechnen, dass sich der nachösterliche Glaube der frühchristlichen Gemeinde an Christus als den auferstandenen Erlöser nachhaltig von der Verkündigung des historischen Jesus unterscheiden könnte und dass deshalb bei allem, was irgendwie ‚nachösterlich' anmutet, höchste Wachsamkeit geboten ist. Es steht jedenfalls zu erwarten, dass einer islamischen Theologie, die sich zu historischer Kritik bekennt, das, was man sich guten Gewissens über den historischen Muhammad zu sagen getraut, in ähnlicher Weise zusammenschrumpfen wird, wie einem sich zur historisch-kritischen Forschung bekennenden Christentum der historische Jesus zusammengeschrumpft ist.

Negativ gesehen verlangt die historische Kritik somit, den Koran aus einem Textfeld herauszuheben, mit dem er für die Mehrheit der Muslime intim verwachsen war und ist, nämlich der Ḥadīṯüberlieferung, der Prophetenbiographie (*sīra*) sowie den in der Koranexegese überlieferten *asbāb*-Erzählungen. Positiv verlangt die historische Kritik, den Koran in ein ganz anderes und islamischen Gelehrten in der Regel weitaus weniger vertrautes Textfeld hineinzustellen, nämlich in die spätantike christliche und rabbinische Literatur. Es ist nachvollziehbar, dass eine solche Umsiedlung Muslimen

28 Zur Erzählung über Muhammads erste Offenbarung siehe G. Schoeler, The Biography of Muḥammad. Nature and Authenticity, übers. von Uwe Vagelpohl, hg. von James E. Montgomery, Abingdon 2011, 38–79; A. Görke und G. Schoeler, Die ältesten Berichte über das Leben Muḥammads. Das Korpus ʿUrwa ibn az-Zubair, Princeton 2008, 22–37. Schoeler und Görke verfolgen die Erzählung zu dem Überlieferer ʿUrwa ibn az-Zubair zurück (gest. zwischen 711 und 713); zu Muhammad selbst bleibt also mindestens ein Abstand von mehreren Jahrzehnten.

als hermeneutische Vereinnahmung ihrer Heiligen Schrift erscheinen kann, welche die koloniale Durchdringung und Unterwerfung der islamischen Welt im 19. und 20. Jahrhundert wissenschaftlich flankiert. Dennoch ist sie nur das folgerichtige Gegenstück zur Einbettung des Alten Testaments in die altorientalische Kultur oder des Neuen Testaments in die zwischentestamentliche Apokalyptik, die für europäische Bibelexegeten ähnliche Sprünge ins Unvertraute darstellten (auch wenn sie nicht durch reale oder imaginierte äußere Bedrohungssituationen erschwert wurden).

Ein islamischer Theologe, der für einen historisch-kritischen, also von allen theologischen Vorgaben freigestellten Zugang zum Koran plädiert, wird seinen Frieden mit den gerade genannten Konsequenzen machen müssen: einerseits mit einem weitreichenden Verlust an vermeintlichem historischen Wissen über Muhammad und seine Gefährten, andererseits mit der Angewiesenheit des Koranexegeten auf wissenschaftliche und sprachliche Kompetenzen außerhalb der islamisch-arabischen Auslegungstradition. Er wird sich nicht überzeugend auf die Position zurückziehen können, dass zumindest eine beträchtliche Menge der Traditionen über Leben, Aussprüche und Handlungen Muhammads zuverlässig sein müsse, weil eine systematische Geschichtsfälschung nicht in Betracht komme und islamische Gelehrte selbst das überkommene Überlieferungsgut bereits kritisch gesichtet hätten. Denn es geht gar nicht um die Hypothese einer systematischen Geschichtsfälschung, sondern um die potentiell beträchtliche mythopoetische Kreativität der ersten Generationen von Muslimen; und die Überlieferungskritik mittelalterlicher islamischer Gelehrter beruht ganz offenkundig auf anderen Maßstäben als der historisch-kritische Ansatz, sollte also nicht als unanstößiges indigenes Substitut für denselben präsentiert werden.

b) *Die Vielstimmigkeit des Korans*

Das *epoché*-Prinzip hat zur Folge, dass historisch-kritische Interpreten in der Regel äußerst sensibel für Spannungen und Widersprüche innerhalb eines Textes sowie zwischen dem Text und späteren Ansichten und Glaubenssätzen sind; das Sagbarkeitsprinzip wiederum führt dazu, dass historisch-kritische Exegeten eine ausgemachte Abneigung dagegen verspüren, derartige Spannungen und Widersprüche durch allegorische Deutungen oder komplexe Harmonisierungsversuche zu beseitigen, die sich nicht durch historische Belege absichern lassen. Aus diesem Grund wird eine historisch-kritische Koranlektüre unweigerlich eine signifikante Vielstimmigkeit des Korans zutage fördern, die sich auch auf grundlegende theologische und anthropologische Themen erstrecken dürfte (auch wenn diese Vielstimmigkeit, nach allem was sich vorläufig wissenschaftlich absehen lässt, kaum dasselbe Ausmaß erreichen wird wie in der Bibel).

Ich möchte dies anhand der koranischen Auffassung vom Wesen religiöser Normen illustrieren. Koransuren mit kurzen und mittellangen Versen, die üblicherweise der Zeit vor Muhammads „Auswanderung" nach Medina zugeordnet werden, beschränken sich zumeist auf allgemeine Aufrufe zum Glauben und zu guten Werken. Es scheint ihnen nicht darum zu gehen, die Hörer allererst darüber zu belehren, welches Verhalten gestattet oder verboten ist, sondern darum, sie durch Ermahnungen, Drohungen und Versprechungen dazu zu bewegen, bekannte moralische Normen auch zu befolgen. Ihr Anliegen ist also nicht die Vermittlung von moralischem Wissen, sondern eine paränetische Kultivierung des rechten Wollens.[29] In Koransuren mit sehr langen Versen, die von den meisten islamischen und westlichen Interpreten Muhammads medinensischer Periode zugewiesen werden, finden sich dagegen detaillierte kasuistische Bestimmungen von gebotenem und verbotenem Verhalten. Die medinensischen Suren bereiten insofern das spätere islamische Recht vor: Aufgabe der Offenbarung ist es jetzt auch, allererst darüber zu informieren, was genau zu tun und zu lassen ist.[30]

Lässt sich angesichts solcher innerkoranischer Spannungen, für die ich hier nur ein Beispiel gegeben habe, überhaupt ein einheitliches religiöses Lehrgebäude aus dem Koran ableiten? Eine historisch-kritisch fundierte „koranische Theologie" jedenfalls wird nicht umhin können, das theologische und anthropologische Gedankengut des Koran nach chronologischen Perioden oder verschiedenen Textschichten sortiert zu entwickeln, so wie auch Gabler der biblischen Theologie aufträgt, sie müsse „die einzelnen Perioden der alten und neuen Religion, die einzelnen Autoren und schließlich die einzelnen Redeformen, die jeder je nach Zeit und Ort gebraucht hat, trennen".[31] Damit ist der systematischen islamischen Theologie, lutherisch gesprochen, die Frage nach der „Mitte der Schrift" gestellt, deren überzeugende Beantwortung den gegenwärtigen Stand historisch-kritischer Koranforschung voll zu berücksichtigen hätte.[32]

---

29 Zum Begriff der „paränetischen Frömmigkeit" siehe F. Donner, Narratives of Islamic Origins. The Beginnings of Islamic Historical Writing (Studies in Late Antiquity and Early Islam 14), Princeton 1998, 64–97.

30 Vgl. J. E. Lowry, When Less is More: Law and Commandment in Sūrat al-Anʿām, Journal of Qur'anic Studies 9 (2007), 22-42.

31 Gabler, Schriften (s. Anm. 3), 186f.; Merk, Biblische Theologie (s. Anm. 3), 277.

32 Die Frage, ob die paränetische Perspektive der mekkanischen Suren oder die religionsgesetzliche Perspektive der medinensischen Suren als „Mitte der Schrift" zu verstehen sind, ist von modernen islamischen Denkern gegensätzlich beantwortet worden. So findet sich im Korankommentar des ägyptischen Islamisten Sayyid Quṭb (hingerichtet 1966) eine lange Passage, welche die Frage diskutiert, warum koranische Rechtssetzungen erst in medinensischer Zeit vorkommen (Sayyid Quṭb, Fī ẓilāl al-Qurʾān, 6 Bde., Kairo 2003/1423, Bd. 2, 1005ff. = Einleitung zu Sure 6). Als Erklä-

c) Unterminierung exegetischer Modernisierungsversuche

Die gerade im deutschen Kontext immer wieder an Muslime herangetragene Erwartung, sie hätten ihre religiöse Tradition auf ‚grundgesetzkonforme' Weise zu verstehen, kann dazu verlocken, solche Koranstellen, die vor dem Hintergrund moderner westlicher Werte anstößig wirken, möglichst rasch zu entschärfen. Der historisch-kritische Ansatz aber unterminiert solche Modernisierungsversuche nachhaltig. Als Beispiel hierfür kann Sure 4,34 dienen, wo nicht nur eine generelle Überlegenheit von Männern über Frauen ausgesagt zu sein scheint, sondern dem Manne zumindest als *ultima ratio* auch die körperliche Züchtigung seiner Ehefrau gestattet wird: „Die Männer stehen den Frauen vor, weil Gott die einen vor den anderen ausgezeichnet hat und weil sie von ihrem Vermögen ausgegeben haben. Die rechtschaffenen Frauen sind gehorsam und wahren das Verborgene, da Gott es wahrt. Die, deren Widerwille ihr fürchtet, die ermahnt, meidet in den Betten und schlagt! Wenn sie euch dann gehorchen, dann geht nicht weiter gegen sie vor! Gott ist erhaben und groß."[33] Um diese nach modernen westlichen Maßstäben skandalöse Billigung häuslicher Gewalt zu eliminieren, ist behauptet worden, das in der obigen Übersetzung mit „schlagen" wiedergegebene Wort (arabisch: *ḍaraba*) sei eigentlich im Sinne von „sich trennen von" zu verstehen. Da *ḍaraba* in anderen Koranversen jedoch zweifellos im Sinne von „schlagen" verwendet wird (vgl. Koran 2,73; 24,31; 37,93; 47,4), während die Nebenbedeutung „jemandem etwas vorenthalten" die Präposition *'an* anstelle eines direkten Objekts verlangt (vgl. Koran 43,5), erscheint ein solcher Lösungsversuch philologisch äußerst fragwürdig. Allgemein wird die historisch-kritische Exegese darauf insistieren müssen, dass auch sperrige, mit zeitgenössischen Werten konfligierende Aussagen des Korans wie auch der Bibel nicht verleugnet oder zurechtgebogen werden.

---

rung macht Quṭb, verkürzt gesagt, didaktische Überlegungen geltend: Erst nachdem sich unter dem Einfluss der mekkanischen Suren eine Gemeinde konstituiert hatte, welche der grundlegenden Botschaft des Korans – nämlich der alleinigen Souveränität und Verehrungswürdigkeit Gottes – treu ergeben war, und diese Gemeinde sich aus der heidnischen mekkanischen Gesellschaft herausgelöst hatte, sei es sinnvoll gewesen, ein eigenständiges islamisches Normensystem zu begründen. Quṭb postuliert also eine Art göttlichen Erziehungsprozess, der in den detaillierten Verhaltensregelungen der medinensischen Suren kulminiert; die religionsgesetzliche Sichtweise der späteren Texte wird somit teleologisch privilegiert. Einen dazu genau spiegelbildlichen Entwurf hat der sudanesische Denker Maḥmūd Muḥammad Ṭāhā (hingerichtet 1985) vorgelegt (M. M. Ṭāhā, The Second Message of Islam, Syracuse 1987): Für ihn ist die eigentliche Botschaft des Islam in den mekkanischen Suren enthalten, die medinensischen Rechtssetzungen wertet er lediglich als zeitbedingte Anpassung an die Bedürfnisse der frühen islamischen Gemeinde.

33 Ich diskutiere dasselbe Beispiel in N. Sinai, Die Heilige Schrift des Islams. Die wichtigsten Fakten zum Koran, Freiburg 2012, 121–125.

Eine wesentlich aussichtsreichere Umgangsweise mit solchen anstößigen Textstellen könnte darin bestehen anzuerkennen, dass nicht jede koranische Aussage bereits allein aufgrund ihres von Muslimen bekannten Offenbarungsstatus unweigerlich auch als übergeschichtlich verbindliche Verhaltens- und Glaubensnorm zu betrachten ist. Hieraus würde die Forderung folgen, dass prinzipiell keine koranische Einzelaussage direkt als theologischer oder rechtlicher *locus probans* verwertbar ist, sondern, wie von Fazlur Rahman gefordert, zunächst auf exegetisch sachkundige Weise in den Kontext aller sonst irgendwie einschlägigen koranischen Äußerungen eingebettet werden muss – ähnlich wie auch Gabler dazu anhält, die „einzelnen Meinungen [der Schrift] [...] den allgemeinen Vorstellungen (*notionibus universis*) unterzuordnen".[34] Sofern sich mit einer solchen holistischen Herangehensweise exegetisch in Frage stellen lässt, dass der Koran eine generelle Überordnung und Verfügungsgewalt von Männern über Frauen lehrt, wäre ein Standpunkt eröffnet, von dem aus die Billigung ehelicher Gewalt in Sure 4,34 effektiv eingehegt werden könnte. Dabei ist allerdings darauf zu insistieren, dass eine solche holistische Kontextualisierung von Einzelaussagen nicht opportunistisch gehandhabt werden darf: Sie ist prinzipiell auch auf solche koranischen Äußerungen anzuwenden, die einem modernen Koranleser auf den ersten Blick zwar attraktiv scheinen mögen, deren Sinn im koranischen Zusammenhang jedoch ein ganz anderer sein könnte – etwa die vielzitierte Feststellung „Es gibt keinen Zwang in der Religion" (2,256).[35]

Die historisch-kritische Exegese als Bereicherung?

Die im letzten Abschnitt in den Raum gestellten Anfragen an die systematische islamische Theologie sollen keinesfalls dem Vorurteil das Wort reden, die islamische Tradition sei grundsätzlich außerstande, sich die historisch-kritische Hermeneutik zu eigen zu machen: Ich zweifle keineswegs daran, dass es Muslimen grundsätzlich möglich ist, auf theologisch überzeugende Weise mit den oben benannten Herausforderungen umzugehen. Warum aber sollte sich ein islamischer Theologe überhaupt der Mühe unterziehen, den historisch-kritischen Ansatz zu akquirieren? Welchen theologischen Nutzwert hat dieser, welche „Kompensationen" für die aus ihm folgenden Zumutungen verspricht er?[36] Als

34 Gabler, Schriften, (s. Anm. 3), 190; Merk, Biblische Theologie (s. Anm. 3), 279.

35 Siehe hierzu P. Crone, No Pressure, Then. Religious Freedom in Islam, http://www.opendemocracy.net/patricia-crone/no-compulsion-in-religion (18.12.2013).

36 Vgl. N. Calder, Studies in Early Muslim Jurisprudence, Oxford 1993, viii: „For Muslims, to date, the activities of Western scholars, when they turn their attention to the origins of revelation or to

mögliche Antworten auf diese sehr berechtigte Rückfrage scheinen mir vor allem zwei Punkte triftig:

1) Historische Kritik als Garant der Unverfügbarkeit der Schrift: Wie weiter oben referiert, rechtfertigt Spinoza seine neue Hermeneutik in erster Linie mit der Diagnose, dass Interpreten, die von der Wahrheit und Göttlichkeit der Heiligen Schrift ausgehen, allzu häufig der Versuchung erlägen, ihre vorgefassten „Figmente und Meinungen aus der Heiligen Schrift herauszuwinden“.[37] Auch Gablers Rede prangert das „unheilbringende Unternehmen vieler“ an, „den Verfassern der Heiligen Schrift selbst leichtfertig jeweils ihre eigenen, selbst die unwichtigsten Meinungen unterzuschieben“.[38] In seiner Auseinandersetzung mit der Schriftdeutung Immanuel Kants wird Gabler noch deutlicher: Die Bibel bekomme so „eine wächserne Nase, die man drehen kann, wie man will: Jeder trägt nun sein philosophisches System hinein, an das der alte Schriftsteller nicht gedacht hat.“[39] Immer wieder ist so als Alleinstellungsmerkmal historisch-kritische Hermeneutik hervorgehoben worden, dass sie die Schrift davor bewahrt, zur bloßen Projektionsfläche für eigene oder traditionell etablierte Vorurteile, zu einer beliebig instrumentalisierbaren Zitatensammlung zu degenerieren – ein Schriftgebrauch, den man nicht nur intellektuell unbefriedigend finden mag, sondern der auch verheerende politische Konsequenzen haben kann, wie sie sowohl von den europäischen Konfessionskriegen des 17. Jahrhunderts wie auch von gegenwärtigen Entwicklungen in der islamischen Welt illustriert werden. Die historisch-kritische Hermeneutik sichert der Schrift also eine exegetische Unverfügbarkeit, die sie für einen kanonischen Exegeten wie ar-Rāzī, der *a priori* von einer weitgehenden Übereinstimmung der Weltanschauung des Textes mit seiner eigenen ausgeht, niemals haben kann. Nicht nur aus protestantischer, sondern auch aus islamischer Perspektive müsste diese Unverfügbarkeit der Offenbarung eigentlich als ein wertvolles Gut erscheinen, zumal gerade das moderne islamische Denken ein großes Interesse am traditionskritischen Potential von Schriftexegese bzw. an der Einsetzung des Korans als höchstem Prüfstein für die Legitimität außerkoranischer Überlieferungen, Praktiken und Glaubenssätze gezeigt hat.

Auch aus islamischer Perspektive scheint es deshalb durchaus möglich, die historisch-kritische Hermeneutik als den einzig folgerichtigen Weg zu bejahen,

---

the early history of the community, have seemed to offer few or no compensations, which must be inevitable, until Muslim scholars participate more widely in the game, and in the rules, of textual scholarship.“

37 Spinoza, Opera (s. Anm. 20), 97.

38 Gabler, Schriften (s. Anm. 3), 181; Merk, Biblische Theologie (s. Anm. 3), 274.

39 Zitiert nach Merk, Biblische Theologie (s. Anm. 3), 63.

der Schrift wirklich Gehör zu verschaffen. Was sich dann allerdings als das von der Schrift Gesagte herausstellt, bleibt unkalkulierbar: Schließlich soll es sich bei der historischen Kritik ja um ergebnisoffene wissenschaftliche Forschung handeln. Das Schriftverständnis erhält damit eine äußerst riskante Offenheit – mit Gerhard Ebeling gesagt: „Der Glaube ist der ganzen Anfechtbarkeit und Zweideutigkeit des Historischen preisgegeben."[40] Die Tatsache, dass der historisch-kritische Exeget unbarmherzig den Wortsinn von Koran 4,34 festhalten muss, ohne dass er dem Vers dabei irgendwelche Praxisrelevanz wünschen dürfte, illustriert eindrücklich, welche gravierenden Konflikte zwischen der Schrift und dem eigenen Glaubensstand und Wertbewusstsein die historische Kritik aufreißt. Ob und wie das emphatische „Ja zur Ungesichertheit",[41] mit dem Ebeling dem Dilemma begegnet, auch aus islamischer Perspektive nachvollzogen werden kann, wäre sicherlich eine von der islamischen Theologie mit Gewinn zu bedenkende Frage.

2) Historische Kritik als Schlüssel zu neuen literarischen und theologischen Tatbeständen: Trotz des im Vorigen ausdrücklich hervorgehobenen Wagnischarakters historischer Kritik ist emphatisch festzuhalten, dass keineswegs alle Resultate historisch-kritischer Schriftforschung religiöse Zumutungen darstellen. Als eindrucksvolle Beispiele hierfür sei nur auf die in den letzten Jahrzehnten insbesondere von Angelika Neuwirth vorangetriebene Durchleuchtung der literarischen Qualitäten des Korans verwiesen[42] sowie auf die zunehmende Beachtung der eigenen Akzentsetzungen, welche die koranische Adaption biblischer oder nachbiblischer Traditionen auszeichnen.[43] Solche historisch-kritischen Entdeckungen verleihen dem Koran eine neue ästhetische und theologische Strahlkraft, die gerade deshalb auch von Gläubigen als Bereicherung empfunden werden kann, weil ihre Zurkenntnisnahme den Glauben nicht voraussetzt. Ebeling bringt eine ähnliche Erfahrung zum Ausdruck, wenn er schreibt: „Statt daß, wie befürchtet, Schritt für Schritt alles einer kritischen Zersetzung anheimfiel, hat die historisch-kritische Methode gerade wieder auf Tatbestände achten gelehrt, für die die herrschende Theologie keinerlei Blick besaß."[44] Dass die historische Kritik Unerhörtes zutage

---

40 G. Ebeling, Die Bedeutung der historisch-kritischen Methode für die protestantische Theologie und Kirche, ZThK 47 (1950), 1–46: 42.

41 Ebeling, Bedeutung (s. Anm. 40), 42.

42 Siehe A. Neuwirth, Studien zur Komposition der mekkanischen Suren (Studien zur Geschichte und Kultur des islamischen Orients, n. F., Bd. 10), Berlin [2]2007.

43 Siehe programmatisch S. Griffith, Christian Lore and the Arabic Qur'ān. The 'Companions of the Cave' in *Sūrat al-Kahf* and in Syriac Christian Tradition, in: Gabriel S. Reynolds (Hg.), The Qur'ān in Its Historical Context (Routledge Studies in the Qur'ān), Abingdon 2008, 109–137: 115f.

44 Ebeling, Bedeutung (s. Anm. 40), 44.

fördert, erweist sich damit nicht nur als eine Gefahrenquelle, die aus prinzipiellen Gründen in Kauf zu nehmen ist, sondern zugleich als reiches Reservoir theologischer Anregungen.

Kehren wir kurz zu Gabler zurück. Ein Bekenntnis der systematischen islamischen Theologie zur historisch-kritischen Forschung würde zweifellos verlangen, dass dieser eine methodische Vorgängigkeit gegenüber jener eingeräumt wird, dass sich die systematische Reflexionsarbeit also in – durchaus kreativer – Anknüpfung an eine nach historisch-kritischen Maßstäben durchzuführende koranische Theologie vollzieht. An Gablers prägnanter Forderung „Dogmatik muß von Exegese, und nicht umgekehrt Exegese von der Dogmatik abhängen"[45] wird ein islamischer Theologe also nicht vorbeikommen, wenn er sich die historische Kritik zu eigen machen will: Anerkennung der historisch-kritischen Methode heißt, dass die bekenntnisorientierte Perspektive der systematischen Theologie ihren Anspruch auf unmittelbaren Schriftzugriff abtreten, gleichsam outsourcen muss. (Das schließt selbstverständlich nicht aus, dass ein und derselbe Wissenschaftler in Personalunion an beiden Diskursen partizipiert.) Trotz dieser unaufgebbaren Vorgängigkeit der historischen Kritik wäre es aber angesichts der sich aus ihr für islamische wie auch für jüdische und christliche Gläubige ergebenden Zumutungen beschönigend, sie mit Gabler als stabiles Fundament und bekenntnisorientierte Theologie als sicher darauf fußenden Überbau anzusprechen. Wie wir gesehen haben, besteht zwischen den beiden Disziplinen vielmehr ein durchaus komplexes Spannungsfeld: Ob die stimulierenden und stabilisierenden Impulse, welche die historisch-kritischen Arbeit der bekenntnisorientierten Reflexion zu geben vermag, in ihrer Gesamtsumme die destabilisierenden Impulse übersteigen, dürfte *in abstracto* kaum abzusehen sein.

Wie lohnend das Wagnis historische Kritik für islamische Theologen ist, wird sich vielleicht erst dann wirklich beurteilen lassen, wenn die historisch-kritische Koranforschung, die im Vergleich zur Bibelwissenschaft immer noch rückständig ist, substantiellere Ergebnisse vorzuweisen hat. Andererseits dürfte nichts die historisch-kritische Bibelwissenschaft so sehr vorangebracht haben wie die Tatsache, dass die protestantische Theologie der Aufklärungszeit ihr das Bürgerrecht gewährte: Erst dadurch wurde sie von einem Projekt genialer Einzelgänger wie Spinoza zu einem kollektiven Unterfangen mit hinreichender Personalkapazität, um systematisch das zeitraubende Geschäft detaillierter Quellenkritik zu betreiben, Irrwege zu hinterfragen, neue Methoden zu entwickeln und die einschlägigen Erkenntnisse von Nachbardisziplinen wie der Archäologie umfassend zu integrieren.

45 Zitiert nach Merk, Biblische Theologie (s. Anm. 3), 52.

Eine wirkliche Konjunktur der historisch-kritischen Koranforschung ist deshalb möglicherweise erst zu erwarten, wenn sich eine nennenswerte Zahl von islamischen Wissenschaftlern mit institutionellem Rückhalt auf die Disziplin einlässt – was wiederum unwahrscheinlich ist, solange die Ansicht vorherrscht, die historische Kritik habe nur Zumutungen und keinerlei „Kompensationen“[46] zu offerieren. Ob die Schaffung von Lehrstühlen für islamische Theologie in Deutschland als Katalysator einer solchen Entwicklung dienen kann, während zugleich in vielen Teilen der islamischen Welt ein ideologisch verengter Islam auf dem Vormarsch ist, wird sich zeigen.

Schlusswort: Kanonische Exegese als Bereicherung historisch-kritischer Forschung?

Ich möchte damit schließen, auch umgekehrt zu fragen, was der historisch-kritisch arbeitende Koranwissenschaftler von einer Koranlektüre lernen kann, welche, mit Spinoza gesprochen, die Wahrheit und Göttlichkeit ihres Gegenstandes unterstellt und insofern bekenntnisorientiert ist, also etwa von einer Koranlektüre im Stile ar-Rāzīs. Dabei ist zunächst darauf zu insistieren, dass auch der historisch-kritische Exeget gut daran tut, seinem Gegenstand mit einem gehörigen Maße an hermeneutischem Wohlwollen entgegenzutreten: Nur wenn er subsidiär, im Rahmen der Prinzipien kritischer *epoché* und historischer Sagbarkeit, davon ausgeht, dass der Koran seinen ursprünglichen Adressaten etwas Belangvolles zu sagen hatte, wird ein Forscher etwa Ausschau danach halten, welche interessanten Pointen die koranische Aneignung eines christlichen oder rabbinischen Stoffes setzt (anstatt einfach zu postulieren, dass der Koran gängiges Material neu ausbreite) oder welche literarischen Ordnungsprinzipien sich in den auf den ersten Blick oft verworren wirkenden koranischen Langsuren ausmachen lassen (anstatt sich mit der Ansicht zufriedenzugeben, diese Texte stellten willkürliches redaktionelles Stückwerk dar). Auch für die historisch-kritische Bearbeitung des Korans dürfte es deshalb förderlich sein, wenn der Wissenschaftler es sich mit seinem Gegenstand nicht zu einfach macht. Woraus aber kann sich ein solcher Triftigkeitsverdacht, ohne welchen der historisch-kritische Forscher einer beständigen Versuchung zur leichtfertigen Reduktion seines Gegenstandes ausgesetzt ist, speisen? Ich möchte zu bedenken geben, dass er sich u. a. aus einem durch die Lektüre vormoderner Koranexegese wachgehaltenen Bewusstsein speisen kann, es mit einem Text zu tun

46 Siehe das Zitat in Anm. 36.

zu haben, dem zahlreiche Leser, unter ihnen intellektuell überragende Gestalten vom Range ar-Rāzīs, als Heilige Schrift begegnet sind und begegnen – wobei dieses Bewusstsein natürlich keinesfalls zur wissenschaftlichen Selbstzensur führen, sondern lediglich der Feiung gegen exegetische Trägheit dienen soll.

Wiederum ist ein Vergleich mit der modernen Bibelwissenschaft erhellend. Denn zumindest in einer Hinsicht ist es so, dass diese die Bibel keineswegs so behandelt „wie jeden anderen Text". Sie tut dies zwar in methodischer Hinsicht, im Hinblick auf das Wie der Schriftauslegung, insofern das für kanonische Exegese konstitutive Dreifachpostulat von Wahrheit, Konsistenz und Relevanz systematisch eingeklammert wird. Dass mit der Bibel verfahren wird „wie mit jedem anderen Text", gilt aber gerade nicht, insofern Scharen von Wissenschaftlern in einer über zweihundertjährigen Gemeinschaftsarbeit wohl so gut wie jeden biblischen Halbvers mehrfach durchleuchtet und auf seinen historischen Ort und seine literarische Herkunft befragt haben. Ein derartiges Übermaß an Aufmerksamkeit schenkt man einem Text nur dann, wenn man ihm zumindest implizit doch noch einen Sonderstatus einräumt, der denjenigen profaner Schriften weit übersteigt. Auch die historisch-kritische Bibelforschung zehrt also noch von jenem kanonischen Rang der Schrift, den sie in ihrem methodischen Vorgehen bewusst unter Vorbehalt stellt. In freier Variation des berühmten Böckenförde-Diktums: Die historisch-kritische Exegese lebt von Voraussetzungen, die sie selbst nicht garantieren kann. Diese Feststellung führt erneut zu der weiter oben gemachten Bemerkung zurück, dass eine wirkliche Blüte der historisch-kritischen Koranforschung analog zur Bibelwissenschaft vielleicht nur zu erwarten ist, wenn sich eine signifikante Zahl von Muslimen auf sie einlässt, denen es bei aller zu fordernden methodischen Konsequenz doch nicht einfach um einen Text unter anderen, sondern um ihre Heilige Schrift geht.

Abstract

Der vorliegende Beitrag versucht auszuleuchten, inwiefern der historisch-kritischen Koranforschung ein Potential sowohl zur Bereicherung als auch zur Destabilisierung systematischer islamischer Theologie (verstanden als eine zugleich wissenschaftliche und bekenntnisorientierte Explikation des islamischen Glaubens) innewohnt. Auf der Grundlage von Faḫr al-Dīn ar-Rāzīs Interpretation von Koran 6,1 arbeitet der Artikel die wesentlichen Aspekte historisch-kritischer Hermeneutik heraus, identifiziert drei sich daraus für die islamische Theologie ergebende Herausforderungen und zeigt abschließend auf, warum es sich bei der historisch-kritischen Koranexegese dennoch um ein theologisch lohnendes Wagnis handeln könnte.

This article explores the potential of the historical-critical study of the Qur'an to both destabilize and enrich systematic Islamic theology (by which I mean an explication of Islamic belief that is both academic and confessional). Against the background of Faḫr ad-Dīn ar-Rāzī's interpretation of Qur'an 6,1 I characterise the constitutive features of historical-critical hermeneutics, identifies three challenges to Islamic theology that are entailed by it, and outline why contemporary Islamic theologians might nevertheless find it attractive to endorse the historical-critical method.